CONQUISTADORES

colección andanzas

Obras de Éric Vuillard
en Tusquets Editores

Conquistadores
La batalla de Occidente
14 de Julio
El orden del día
La guerra de los pobres
Una salida honrosa

ÉRIC VUILLARD

CONQUISTADORES

Traducción de Félix Terrones

TUSQUETS
EDITORES

Título original: *Conquistadors*

1.ª edición: octubre de 2024

Diseño de la colección: Guillemot-Navares

Tusquets Editores, S.A. - Av. Diagonal, 662-664 - 08034 Barcelona
www.tusquetseditores.com
ISBN: 978-84-1107-516-9
Depósito legal: B. 14.101-2024
Fotocomposición: Realización Tusquets Editores
Impresión y encuadernación: Rotoprint By Domingo, S.L.

PEFC Certificado
Este libro procede de bosques gestionados de forma sostenible
PEFC
PEFC/14-38-00305
www.pefc.es

Índice

Para Ada y Pablo

Yo suscribo contigo un convenio, enteramente en perjuicio tuyo y enteramente en beneficio mío, que yo acataré mientras me plazca, y que tú acatarás mientras a mí me plazca.

JEAN-JACQUES ROUSSEAU, *El contrato social*

El ascenso

Una vez franqueadas las primeras quebradas, la hierba se vuelve más menuda y pálida. Los abruptos desniveles del terreno esconden arbustos mustios y la mayoría de las plantas crecen a ras de suelo para protegerse del frío y el viento. Sus hojas y tallos se retuercen, tupidos, rugosos. Estrechos senderos trazan sus surcos entre el desmonte. Escasean las flores. La tierra se desmorona fácilmente en los flancos verticales de los cerros. La rápida corriente de los ríos atraviesa valles profundos y angostos. Hileras de árboles siguen a cimas pequeñas de tierra blanda que se derrumban. Los cascajos crujen bajo las herraduras de los cascos. A intervalos regulares hay que cruzar a caballo fríos torrentes, pasar entre peñascos enormes que rasgan el cielo.

Estamos a comienzos del verano de 1532, y por esos parajes avanzaba Francisco Pizarro —conquistador, hijo bastardo de Gonzalo Pizarro Rodríguez de Aguilar, analfabeto y, como sugiere López de Gómara, ex porquerizo, hombre astuto cuando posee el mando, que junto a Vasco Núñez de Balboa había empujado a las tropas a través de pantanos de la costa y había descubierto el Pacífico, y que después, a las órdenes del gobernador Pedro Arias Dávila, había arrestado y ahorcado al mismo Vasco Núñez de Balboa—, acompañado de Hernando de Soto —conquistador de Nicaragua que había participado en numerosas conspiraciones, que había llegado adolescente a América después de una infancia pobre y solitaria, sin saber leer ni escribir, fogoso, independiente, y que dejaría bruscamente el Perú para lanzarse, años después, a la conquista de la Florida y del norte del continente, y terminar muriendo, tras dejar detrás de sí infinidad de cadáveres, a orillas del Mississippi a la edad de cuarenta años— y de Sebastián de Benalcázar —cuyo verdadero nombre era Sebastián Moyano, pero que él mismo se cambió para rebautizarse Benalcázar, como su pueblo, y luego Belalcázar, cambiando la *l* por la *n* no se sabe bien por qué, y que había huido de su país después de matar una mula que le habían confiado, hijo de labradores, iletrado, hombre valiente y derrochador pero desprovisto de virtud—; y esos tres que marchaban, guiados a lo largo del camino, de estación en estación de esa vía dolorosa, por el deseo y la Providencia, como una estrecha fila de insectos, cuerpos separados del mundo por una sólida y rutilante cáscara de metal, ¿qué habían ido a buscar a esas alturas?, ¿y qué iban a encontrar?

Sangre y lodo. Pero también una especie de aturdimiento, de embriaguez, un inmenso cansancio, un suspiro que reverberaba en los barrancos. Porque es Dios, el Dios del pueblo y del perdón, el Dios de la piedad mariana, el de los retablos y la luz, visible en el círculo posado sobre la cabeza de los reyes, el que a cada disparo de arcabuz recogería las grandes lluvias de oro.

Y el sol, más allá de todas las cosas, hizo que emanara de ellos la potencia; por una cruel ironía, él, padre de los incas, habló en una lengua de fuego, les donó a los cristianos como ofrenda la sangre de sus fieles, les concedió un goce nunca visto sobre la tierra: el de destruir y fundar; les permitió que destruyeran incluso la propia idolatría de los incas, y, después, dejó que lo sagrado manara de una fuente más profunda, les permitió recorrer —bestias nómadas— miles de colinas, y que herraran sus mulas con oro, que llegaran hasta los límites de la certeza, hasta los confines de la afirmación y de la negación; les permitió matarse entre sí, unirse, separarse como quizá nadie antes tuvo la oportunidad ni la fuerza para hacer; y ellos, ya libres, lo profanaron todo con una iniquidad considerable, llevando en el corazón una noción rabiosa de lo real, viendo sin cesar cómo la riqueza se volvía fuego y cenizas, y cómo su luz iluminaba una fundación y una devastación desmedida, el fin de un mundo; la gloria.

En muchos aspectos, sin embargo, aquellos hombres eran mediocres, simples mercenarios. Destinados a enfrentarse entre sí, ninguno de ellos tendrá el tiempo de disfrutar de lo que han logrado con sus esfuerzos, ninguno conocerá algo más que insurrecciones, monarquía errante, blasfemia. Porque, ignorando las leyes del mundo que ellos mismos componen a sablazos, cegados por la omnipotencia de su reino, impulsados por una violencia primigenia, se mantendrán, a través del espejo de Occidente, como cadáveres secos sobre el talud galileano del progreso, después de haber estirado con todas sus fuerzas los rieles del vasto tren que parte de Toledo y termina su recorrido, quinientos años más tarde, en los Barrios Altos de Lima.

Los preparativos habían sido extremadamente largos. Las numerosas etapas que precedieron a esta interminable marcha habían sido agotadoras, llenas de obstáculos: empantanarse en las ciénagas de Colombia, llegar al vasto mar del Sur, recabar datos, prestar oídos a las leyendas.

Fue necesario acercarse varias veces a este imperio enigmático y lejano. Pascual de Andagoya descubrió el río San Juan. Pizarro, en su primer intento, ni siquiera pudo alcanzar ese río. Dos años después, un segundo intento no tuvo mayor fortuna. Pero, desde 1528, Pizarro había explorado una parte del litoral; algunos pueblos y un poco de oro bastaron para confirmar sus sueños. Y partió a España para conseguir dinero y reclutar hombres.

Después compraron armas, caballos y todo lo necesario para una campaña militar de la que no se sabía nada, porque no sabían a qué adversarios tendrían que enfrentarse, ni cuánto tiempo duraría, ni adónde se dirigirían.

Habían desembarcado en la costa ecuatoriana y se habían dirigido hacia el sur. En 1532, Pizarro decidió el emplazamiento de la primera ciudad española que fundaron en Perú: San Miguel de Piura, que es hoy una hilera polvorienta de ladrillos y cemento. Varios cambios de asentamiento, un sismo, derrumbes y la explotación de petróleo acabaron con la añeja belleza de Piura. Sólo queda el jirón Lima, pobre arteria a lo largo de la plaza Pizarro, con su iglesia de San Francisco y su restaurante vegetariano, el Ganimedes.

Pero ¿cuántos ladrillos se moldearon en los encofrados de madera? ¿Cuántas clavijas de madera y muescas se hundieron en las vigas, haciendo babear a los árboles tropicales su espuma de serrín? ¿Cuántas azuelas descuartizaron los troncos? ¿Cuántas cortezas cayeron? ¿Cuánta savia se pegó a los dedos?

Se convertía al indio a la extracción de metales. En el sofocante calor de la mina, los indios se arrodillan para extraer de la tierra ese material tan preciado. Eso sin duda destruye en ellos el mito solar. Cuando uno se ha arrastrado hasta las venas de la tierra, la obra de Dios queda para siempre vinculada a la miseria. Al final, el metal se trabajaba a fuego y tomaba la forma necesaria para la navegación y la guerra. Así, José María de Águila asía con fuerza la empuñadura de su ropera, una espada cuya hoja demasiado fina resultaba aquí un signo de distinción inútil, pero que había insistido en traer, pues con ella había atravesado el pecho de Niño Jerez. Mientras avanzaba, iba soltando ¡Ohs! a su caballo cuando cruzaban un río, sin imaginar que ese mismo caballo, un año más tarde, se inclinaría para beber del Apurímac, a cientos de kilómetros al sur, y a más de tres kilómetros sobre sus cabezas.

Y ahora, después de todo aquello, después de esos viajes de reconocimiento fastidiosos, después de haber ido a España para arrodillarse delante del Emperador, después de las conversiones, las explotaciones de toda índole, después del transporte de árboles, la construcción de navíos, del avituallamiento, después de embarcar a hombres y bestias en naves miserables, después de atracar en muchas costas húmedas y lúgubres, esos hombres habían fundado una ciudad. Pero lo que habría podido constituir el objetivo de un viaje o de toda una vida, lo que habría debido ser el fruto de acciones tan dolorosas, de energías tan fieras, fundar una ciudad, no sería en verdad más que un punto de partida, una estrella minúscula contemplada aisladamente dentro de un tubo, como los árabes sabían hacer desde mucho antes de la Edad Media. Lo que habría debido ser el lugar en el que convergen y se refractan los rayos sólo era un punto de apoyo, un vulgar punto de apoyo, porque enseguida había que reanudar una ruta interminable, la ruta colorida y confusa que lleva hacia los objetos más lejanos, los menos conocidos y los más deseados. Había que seguir, sudar, hundirse en un paraje vacío y desnudo, en las pampas vírgenes, en los cañones estériles, trepar por gargantas húmedas, sin saber qué descubrirían.

¿Encontrarían a ese pueblo loco y divino que arrojaba, como se decía, el oro a un lago? Y ese pueblo ¿acudiría a postrarse a sus pies para depositar los collares y el silencio de sus dioses? ¿Existía ese jardín en el que cada animal estaba representado en oro, a tamaño natural, y cuyas estatuas se arrodillaban para beber?

*

La peste negra e interminables guerras asolaban Europa. Por doquier, en la sociedad todo eran castas, mayorazgos, jerarquías inflexibles. Había impuestos, hambruna, disputas, fanatismo religioso, proscripción de judíos, persecución de moros, de herejes. No se veía un fin a todo eso. Los reyes asían sólidamente sus tronos. Y si los tronos son, como se ha dicho, meros pedazos de madera y telas, esos pedazos de madera aún no estaban lo bastante secos como para arder.

Pero he aquí que, en la otra punta de la tierra, acababa de descubrirse otro mundo. Los primeros viajeros habían trazado con carbón seductores croquis. Entonces, una sed inmensa de gloria y riquezas atrajo al soldado de más bajo rango, al bandolero, al fraile menesteroso, al artesano sin trabajo, al vagabundo, al asesino. De pronto todos podían convertirse en reyezuelos arrogantes. De pronto todos podían vivir en palacios llenos de moscas, bajo tules escarlatas y alimentados por sirvientes o esclavos; todos podían someter a pueblos enteros a sus caprichos, a sus apetitos, a sus violentas voluntades. Florecerían la poligamia, el asesinato, el canibalismo, pero el chorreo del oro impediría oír los gemidos y los gritos. Podrían arrasar reinos, desposar a princesas, prostituir a las mujeres y a las hijas de los vencidos, devorar, quemar, siempre y cuando se izase la bandera y se hubiese convertido al cristianismo a los cadáveres, para mayor gloria de Dios. Carlos V acaba de vencer en Pavía y de hacer prisionero al rey francés. Elegido emperador seis años atrás, Carlos es el soberano más poderoso de toda Europa. Reina en España, Alemania, Bélgica, Holanda y Austria, que ha recibido como herencia de su padre. Y, por herencia de su madre, también es rey de Nápoles, Sicilia y Cerdeña. En Francia sometió Borgoña, Artesia y Flandes. El tratado de Tordesillas, treinta años antes, había partido el mundo en dos. Trazaba una línea ideal, una inmensa y fina cicatriz a través del océano. España iba a reinar sobre el mundo. Eso duraría doscientos años. En Rocroi, el Gran Condé derrotaría a ese reino. Desde entonces, y hasta nuestros días, el país será una potencia de segundo orden.

*

Pizarro había partido de Panamá en enero de 1531, acompañado por cuatrocientos veinte hombres y treinta y siete caballos. Para hacerse con el Perú necesitó diez años. Una guerra civil entre los conquistadores estragó a la colonia durante años. Muchos hombres sucumbieron. Los disturbios y las luchas por la hegemonía se prolongaron unas tres décadas. La conquista de esta Tierra Prometida fue brutal: el Imperio inca desapareció, los españoles arrasaron los templos, los indios fueron reducidos a la esclavitud y su sociedad se derrumbó. Un puñado de hombres había destruido a la dinastía más poderosa de todo un continente y subyugado a un pueblo de seis millones de habitantes.

Dios había dado Palestina a Israel y le había prometido avanzar al frente de su ejército; él, fuego abrasador, humillaría a los enemigos de Israel, los perseguiría y acabaría con ellos. Yahvé expulsó y destruyó a esas naciones porque eran perversas; también para cumplir las promesas hechas a Abraham, Isaac y Jacob.

Pero ¿qué promesas cumplía Dios cuando le entregaba la Cordillera a Pizarro? ¿Qué perversidad habían cometido esas naciones? ¿Y por qué entregárselas a Pizarro, bastardo iletrado nacido en Extremadura, ávido y feroz mercenario, desprovisto de fe? Y el pueblo de España creará mil imágenes con el metal fundido, quince mil becerros de oro, y los adorará. Pizarro no bajará de la montaña en llamas, sino que romperá las tablas de la ley. Entonces los metales preciosos, manantial de oro y plata, fluirán hacia España. No estimularán la economía, pero financiarán la guerra. Pese a todo, Inglaterra derrotará a España. Francis Drake seguirá jugando cada vez que divise a la flota española a lo largo de las costas inglesas. «Terminemos nuestra partidita», dirá, «y luego iremos a vencer a los españoles.» La represión contra judíos y moros se intensificará. La economía se empobrecerá. Portugal recobrará su independencia, después lo harán los Países Bajos, y etcétera, etcétera, etcétera, hasta Felipe IV, quien será un nuevo Roderico.

Pizarro contemplaba el mundo desde la cruz. Pensaba en cristiano: la ruta de los Andes quizá lo lleve hacia una perfección espiritual. Caminaba recto por la senda tortuosa de sus deseos. Otro hombre ¿habría llevado a cabo la misma proeza? Otro ejército, quizá árabe, turco o chino, ¿habría alcanzado los mismos logros? Otro ejército ¿habría tenido el mismo ardor, el mismo deseo, la misma sed de gloria? ¿Hasta qué punto él era consciente de sus fuerzas? ¿Había calibrado cuánto había de anómalo en el hecho de arrojarse con cuatrocientos soldados al asalto de todo un imperio? ¿Le horrorizó el esplendor de las montañas, o más bien su propio apetito? Tal vez su sed de ser amado era tan grande que nunca le dejó abrir su corazón a nadie. Tal vez sus dudas eran tan punzantes que nunca pudo formularlas sin sentir un asco insalvable. Tal vez su ardiente deseo de poseer un mundo que creía virgen lo empujó al olvido exacerbado de su propia ternura.

*

La carne no existe. La impunidad es total. ¡Al diablo las fronteras y las futuras querellas! Pizarro sabe sacar partido de la oportunidad más vertiginosa. Cree merecer un mundo entero. Le atraían los comienzos. Amaba la esperanza, y también las situaciones en las que no había ya esperanza. La muerte más lenta era una guerra continua y sin cuartel. La violencia y la voluntad se fundían en la misericordia divina. Sólo había que dar rienda suelta a una fuerza, a un ciclón. Había que poblar la noche y el desierto con gritos, con fuego. A partir de una idea embrionaria, quería establecer su reino sobre miles de kilómetros, rebajar el horizonte. El Emperador, en España, le ha encomendado anexionar al dominio español el imperio de los incas y lo había investido de plenos poderes en una franja de tierra de doscientas leguas, a lo largo de las costas, y de profundidad desconocida. Y él trepó, trepó, trepó con la avidez de una cabra cuando mordisquea las bayas.

Hombre irrespetuoso con la autoridad, prefería una ganancia fortuita a un trabajo regular y honesto, y los excesos de su carácter no le habrían permitido lograr el éxito en otros empeños. Pizarro era un degollador. Necesitaba entrar en las ciudades a galope tendido, con el arma en ristre. Amaba las expediciones largas, los ataques súbitos. Anhelaba una recompensa extraordinaria, pero no quería merecerla.

A Pizarro lo movía una ardiente pasión por imitar la soberanía de Dios. Veía en sus crímenes y desórdenes una imagen radiante. Rezaba con fervor en virtud de un orgullo extraño, a la vez terrible y culpable, pero que no implicaba amor propio. Imploraba sin cesar el auxilio del Salvador, pero no reprimía sus deseos de conquista, porque se consideraba el instrumento sucio y perecedero de un horror necesario. Sabía que, cuando Dios tarda en socorrernos, es para probarnos de un modo mejor, pues está concediéndonos una gracia más extraordinaria que la de las armas, para que así derrotemos a un mal más secreto y peligroso que el hierro. Porque todo nuestro poder proviene de Dios, él es quien forja en todos nosotros nuestra voluntad, y él es quien decide el resultado de nuestros actos. Así, Pizarro destrozó e incendió el becerro de oro. Lo trituró entero en el fuego del amor eterno, después moldeó con él ladrillos pequeños y fríos y, en gruesas alcancías de madera y hierro, lo envió a España.

Ciénagas

Los hombres rezan en la oscuridad del abismo. Avanzan, ateridos, por la selva húmeda. En ocasiones, un incendio asusta a los caballos y hay que dar rodeos inverosímiles. Un día vieron a un animal parecido a un gato, enorme y de pelaje oscuro. El intérprete les ofreció una palabra, «puma»; la palabra cayó dentro de ellos como una hermosa ágata, transparente, inútil.

Cruzaron aldeas vacías. Los pobladores habían ido a esconderse y no se los veía. Sólo uno de ellos se había quedado; estaba sobre un peñasco, bien alto, fuera del alcance de sus armas. Se mantenía perfectamente inmóvil. Los hombres, al pasar por delante de él, volvían las cabezas para no perderlo de vista. Los monos se pusieron a chillar, volaron las cotorras. De repente, el hombre había desaparecido. Su sortilegio planeó sobre ellos hasta el final del día.

Eso era mucho antes de la ascensión a los Andes, mucho antes de que se toparan con los primeros desfiladeros, los cerros áridos. Era en febrero de 1531, un año y medio antes de que las pezuñas de los caballos desgastaran los primeros declives, cuando todavía estaban empezando a conocerse a sí mismos. En aquel entonces, sólo Pizarro encabezaba la agotadora marcha. Quizá Benalcázar ya se había embarcado en el bergantín que, bordeando la costa, habría de llevarlo hasta Pizarro. Y De Soto llegó mucho más tarde y, por esos meses, debía de seguir peinando la ciudad de León a fin de aparejar sus dos navíos y armar a sus hombres. Así pues, Pizarro y su tropa acababan de llegar a las playas lodosas, se adentraban en la selva espesa. El agua les llegaba hasta las rodillas, y en su superficie flotaban trozos de lianas, restos de todo tipo de plantas podridas. El sudor les perlaba el rostro. A veces tenían que pasarse varios días echados sobre un montón de helechos. Los hombres se quejaban de dolor de estómago, algunos vomitan una hiel aceitosa. Un hombre murió mientras defecaba. Se quedó en cuclillas, muerto, con un hilo gris, seco, colgando de su trasero.

El hombre identifica una parcela de su espíritu con la morfología de un árbol o de un arroyo, porque está solo y percibe la dureza del suelo y de las rocas como una propiedad de su propio cuerpo. Pizarro expulsaba lentamente el aire de sus pulmones, y ese aire le parecía más pesado que de ordinario, lo notaba al recorrer sus bronquios, al pasar por su garganta, al salir por su boca un poco como si fuera una substancia menos densa que el agua pero infinitamente más pesada y densa que el aire.

El ruido de los pasos y de los cascos de los caballos cobraba, en medio del silencio, una nitidez nueva. Cada roce de rama, cada crujido, pero también el ruido de su propia respiración, se convirtieron en algo así como un segundo estado de la materia. Cuanto más avanzaban los españoles por ese país desconocido donde no encontraban a nadie, más parecía que los árboles y los ríos se diluían y que sus propios cuerpos vivían otra vida, inconmensurable.

Alrededor de cada sensación se formaba un vacío completo, un tornado de silencio. Todo se volvía inodoro, insípido, como si bruscamente una enfermedad hubiese despojado de toda vida a las cosas, que ahora sólo subsistían bajo la forma de fantasmas. Los inmensos helechos, las enormes nutrias que se deslizaban por la superficie de los ríos, las raíces que dibujaban grandes círculos sobre el suelo parecían los signos abstractos de su existencia anterior. Sí, los soldados venían de otra vida, de otra época, procedían de Jerusalén, de Antioquía, de Alepo. Los turcos habían ido desplazándolos hasta aquí, hasta estas aguas profundas, este terreno denso, arcilloso, este mundo de hojas y brotes nuevos. Y, ahora, cada vez se oía más alto un murmullo, un vaivén regular, el jadeo de los hombres y de los animales. Cada paso del caballo anclaba al hombre al suelo y a su propia carne. La armadura les roía la piel, les cortaba las junturas de los miembros. El humus asfixiaba su orgullo. ¡Tanta profusión de vida para que apeste a podrido!

Por todas partes, sobre los árboles, penetrando la corteza, los hongos formaban tumores gordos y multicolores. Y Pizarro tenía la impresión de que su propia armadura estaba completamente destrozada, que los hongos le crecían en el cuello, en la espalda, bajo las axilas.

De pronto, a Pizarro le pareció que su cuerpo se hinchaba y se encogía con rapidez. Ya había sufrido ese delirio de niño, acostado en un rincón de su cama. Había sentido como si le soplaran por dentro y que él se hinchaba, se hinchaba, lo suficiente como para ahogarse, ¡tan exigua se había vuelto su habitación! Ocurrió en casa de su tío, donde su padre lo había dejado. No quería a ese tío. En cuanto pudo, se marchó.

No era la primera vez que sentía algo parecido. Le ocurría a menudo cuando todavía vivía en casa de su madre, pero hacía muchos años que no experimentaba esa percepción fluctuante. En pocos segundos pasó de sentir que se hallaba en un lugar donde reinaba un orden asfixiante, minúsculo y limitado, a otro con un desorden tan vasto que lo invadió una inmensa soledad. El movimiento de su caballo, un poco como el del mar, debió de intensificar esta deformación de sus sentidos. Pizarro casi se cae.

No podía vivir a la escala de las cosas, como los demás capitanes. Éstos vivían con sus tropas, entre las miserias de su tiempo. Él no sabía en qué época vivía. Sentía su cuerpo demasiado pequeño como para vivir en el mundo y demasiado grande como para morir en él.

Por un instante redujo el paso; la impresión desapareció. Pero lo dejó desconcertado. Su cuerpo y su espíritu ya no formaban un ser único. Un elemento se había deslizado entre ellos y había introducido una confusión, y detrás de ella se vislumbraban innumerables posibilidades. De repente vio un destello entre los árboles, sintió mucho miedo, tomó el arcabuz de uno de sus soldados y disparó y disparó.

Había una hoguera de agujas de pino donde, un instante antes, tres indias asaban un agutí. Una de ellas tenía la garganta abierta. Se había sentado y se cogía la garganta entre las manos. La sangre le corría a borbotones sobre el antebrazo y lo cubría como una crema. Otra india, boca arriba sobre el fuego, apenas se movía; sus gemidos parecían una risita. Una tercera, de pie a diez pasos de la hoguera, gritaba palabras incomprensibles. Uno de los jinetes se acercó a ella, su caballo la sorteó; la mujer tropezó con un árbol y, sin hacer el menor esfuerzo por evitarlo, se cayó. La olvidaron. Recogieron el agutí y el montón de raíces y legumbres desconocidas que había apiñadas junto a la fogata. Cuando ya se iban, un soldado se acercó a la mujer para levantarla. Estaba muerta. Sin embargo, ni un solo golpe la había alcanzado. Volteó el cuerpo desnudo para asegurarse. No tenía ninguna herida, nada. Había muerto de miedo.

*

Vivieron apegados a las tierras más insalubres, y su historia nunca ha sido escrita. Un palo les sirve para trabajar la tierra. Se alimentan de frejoles negros. Siempre han vivido bajo el yugo de otros pueblos, en ocasiones los han utilizado como soldados y mano de obra. No dejarán tras de sí ningún monumento, ninguna huella, unas pocas cerámicas adornadas con dibujos geométricos, nada más. Muchas veces, otros pueblos los han expulsado muy lejos, desplazándolos hasta la selva vasta y oscura, y en ninguna parte pudieron detenerse, establecerse. Dieron vueltas durante generaciones, se escondieron entre las lianas y los helechos, y allí, muy lejos, se hundieron en la asfixiante espesura. Y casi se olvidaron. Pero como en la selva todo se parece, como allí la sombra es la misma, como el espesor de la carne y de la podredumbre es muy parecido, regresaron, como las golondrinas, después de muchas tribulaciones y muchas cacerías fantásticas, a las mismas colinas, cerca del mismo río, con una especie de fatalismo enfermizo. Y allí volvieron a construir cabañas horrorosas, sucias, mal hechas, y los mismos huertos estrechos. Porque ¿para qué construir mejor, si todo será destruido?

El hombre ha salido de una burbuja de barro. Su corazón está apretado en su pecho. ¿Dónde está, pues, aquel caminito que parecía seguir? El hombre es mentiroso y piensa sin cesar en lo mismo. ¡Dios, qué pobre es nuestro pensamiento, qué grueso es el cuerpo! Es imposible pensar al margen del deseo, de la falsa caridad, del sufrimiento. La conciencia se echa a sí misma falsos sermones, y todos suenan mal, como si se los soltáramos a un público de pulgas o arañas. Quizá nuestro sufrimiento sea bueno, pues nos mantiene unidos a Dios. La fe brilla en nosotros gracias al sufrimiento. En ocasiones, el rostro de un indio muerto les recuerda a los conquistadores sus propias muertes y los conmueve. Todos los días, a media tarde, empieza a llover. Una lluvia muy fina y fría. Penetra en las ropas y hiela los huesos. El suelo se tiñe de negro. Las rocas están tapizadas de musgo y helechos. El agua corre por debajo de las corazas; los hombres avanzan mudos entre los troncos lustrosos y las grandes hojas verdes. Y ese lento aguacero, esa llovizna de gotas en el pelo, cae todos los días. Los hombres siguen una delgada línea de fango entre los árboles. El agua resbala desde cada hoja, cada tallo; millares de canales se unen y se separan sin cesar, por todas partes. Ellos callan. Los cascos gotean. Los caballos van al paso. La columna se estira al cruzar ese inmenso montón de savia y podredumbre. Pero ¿adónde van? No lo saben. Avanzan en un estado de duermevela, fascinados por sus propios sufrimientos.

Una mañana vieron miles de mariposas, un tapiz de élitros, rojo y azul, sobre el suelo. Se detuvieron para observar, a sus pies, aquel gracioso revoloteo. Una cinta de color, ligera, sedosa, cubría la tierra. Hasta los más rudos contemplaban asombrados ese enjambre de alas diminutas. Luego reanudaron la marcha, lentamente, como los caballeros andantes, con toda aquella escolta de colores.

Daba la impresión de que el mundo se reducía. Los árboles, las hierbas, que se cimbreaban con el menor soplo, se quedaban quietos y luego resurgían en el reino de lo visible. De repente, el camino empezó a ascender y transcurría entre altas hierbas, luego se escindió y se ensanchó. Dejaron las hilachas vaporosas entre restos de piedra.

Cuando la voluntad deja de tener poder sobre el cuerpo, Pizarro siempre encuentra un camino hasta sus manos y sus piernas. En él, una disciplina estricta se suma a un profundo desprecio por los hombres, a vicios tan incrustados en el alma que lentamente se transformaron en un gusto malsano por la indigencia y la mugre. Pizarro no aspira al coraje ni a la audacia. No quiere ser como su hermano Hernando, capitán elegante y orgulloso. Quiere algo más duro, más rugoso. Quiere vencer con el cuerpo. Quiere vencer más allá de la voluntad, más allá de la España tórrida, quiere ser un turco, un hombre intacto. La civilización es una falsa excusa, él no quiere ser un castrado.

De noche acampan en cualquier lugar, allí donde se encuentren. Incluso duermen sobre el suelo, vestidos. Algunos, como si estuvieran más allá del cansancio, encuentran en el fondo de sí mismos un poco de sed y de amor. Sus voces ronronean en la oscuridad, alrededor del rojo remanso de una hoguera. Hernando bebe con algunos soldados. Hablan de pocas cosas, allí, entre la vegetación inmensa; uno habla de una mujer, el otro de su país. Cada uno entrega su chorrito de voz que se pierde, una confidencia.

En los bordes oscuros de la fogata extinta, diez hombres se vuelcan hacia el interior de sí mismos, ahí donde, al contar cualquier episodio de su propia vida, uno se arrodilla y llora. Y esa voz que dice algo muy nimio, mientras los demás duermen, es como una canción en medio de lo oscuro. Se entrevé el círculo de los que hablan y, más allá, un montón de cuerpos estirados, gente adormecida.

Pero ¿qué hacen aquí todos, con sus lanzas, sus espadas, sus cascos puntiagudos y sus caballos circenses?

Sueñan. Dios ha llenado para ellos enormes barreños de oro. Van a comer oro, a mear oro, a dormir entre mantas de oro. ¡Porque aquí el oro está por todas partes! Ahí mismo, bajo la sombra de ese árbol, hay oro, ¡bastaría con saber mirar, con saber alargar la mano! El oro recorre las ramas, traspasa la piel, abre el rostro. Y ellos sueñan que todo el verdor de la selva se transformará en oro. Sueñan que sus huesos serán de oro.

En plena noche se oye a los pájaros, a veces extraños silbidos. No es nadie. Ahora todos los soldados duermen, salvo los dos o tres que se han quedado alrededor de las brasas. Hernando está acostado sobre el barro. No se ha quitado el casco. Una correa le ha dejado una marca roja en la mejilla. Su labio tumefacto se estremece, muy rojo, casi violeta, en medio de los pelos de la barba. Es un hombre hecho enteramente de carne, vive sumergido en la fuente de ese deseo inagotable. Y arrastra ese deseo detrás de su caballo, como un trofeo de madera o de trapo. Es infantil, perverso e infantil. Es una persona sucia, lleva la ropa llena de hierba y de sangre. Su rostro es de cera blanda, grasienta, reluciente. Puede parecer un hombre bueno o malo, pero en los dos casos es inocente, tosco, sin consecuencias. Los rasgos de su rostro son poco marcados, como si hubieran quedado sepultados bajo montones de arena. Duerme, no respira muy a menudo, su pecho se abre lenta, plenamente. Su vida es apasionada, sus gestos reconocibles. Toda la arcilla ha sido utilizada, no quedan desechos. Sin embargo, pese a la simpatía que inspira, en su rostro hay una víbora. A veces, una crueldad fláccida recorre sus ojos y su boca, muy rápido. Reza sin arrodillarse. Después se persigna como quien se limpia en la ropa la grasa del pollo. ¿Qué estará soñando? El aire que pasa por su nariz parece un soplido de cerbatana. La flecha le atraviesa la manga y él agita la mano a cada respiración.

*

Los hombres se han echado sobre las hojas, sobre raíces huesudas. El sacerdote duerme sujetando su rosario, sarta de gotas negras y brillantes. Se ha instalado un poco apartado, cerca de los caballos. Los demás, dispersos en la oscuridad, se diría que están difuminados, convertidos en bloques de sombra. Aquí y allá, el metal lanza destellos. Parecen unos ojos inmóviles que mueren sobre los cuerpos. Es el día de Santa Águeda, virgen y mártir. «¡Reniega de Cristo y adora a los dioses o morirás en medio de terribles suplicios!» Pero ella respondió: «Cuando sufro, siento la alegría que siente aquel que se entera de una buena nueva». Ordenaron que le arrancaran los senos. Pero ella dijo: «¿No te da vergüenza cortarle a una mujer el mismo pecho que succionaste de niño para alimentarte? ¡Pero has de saber que tengo otras mamas en mi espíritu, y sobre ellas tú no tienes poder alguno!».

Los peñascos son quebradizos y la arena es irritante, pero el sueño procura cierto alivio; al menos durante una hora, protege el cuerpo, tranquiliza al alma. Al alba, incluso el sueño más agitado envuelve al cuerpo en lana y, durante un rato, lo libera del sufrimiento y del deseo.

Todos los soldados duermen. Un verdadero silencio reina por unos instantes. Hace fresco, aún no han aparecido los insectos. Es como si los hombres se hubieran quitado sus mantos de impostura. Duermen. Como niños disfrazados de cruzados. El cuerpo sucio, el alma vacía.

*

Al día siguiente llovió sin parar. Los caballos chorreaban. Se extraviaron. Un soldado desbrozaba los helechos con un arma de filo desgastado. Los porteadores indios hacían lo mismo, lentamente.

Más allá, los españoles se detuvieron en un pueblo. Las gentes no se marcharon. Los miraban como se mira algo nuevo pero que siempre se supo que se produciría. Parecía que llevaran mucho tiempo esperándolos, o que quizá los hubieran llamado ellos. Los miraron, abrigando un secreto muy íntimo, y parecían decirles: «Os esperábamos, pero no sabemos por qué. Eso tenéis que decírnoslo vosotros. Lo único que sabíamos era que vendríais. Os hemos llamado a través de la selva espesa, hemos gritado vuestro nombre. Pero a fuerza de gritarlo, lo hemos perdido, lo hemos olvidado. Y ahora estáis aquí, sobre vuestras bestias enormes y escuálidas. ¿Sabéis al menos lo que queréis? Porque aquí no hay nada. Y, aun así, nosotros os daremos lo mejor». Entonces, sin saber muy bien por qué, los españoles les entregaron un poco de harina de maíz. Tres soldados ordenaron a algunos porteadores que dejaran sus sacos en el suelo. Los del pueblo no entendían lo que hacían. El intérprete no abrió la boca. Y ellos siguieron su camino en silencio; la limosna es, sin duda, una forma de purificación.

Para ese ejército, lo efímero era un homenaje a la permanencia de las cosas, tan presente en esta selva densa, frente a un pueblo desconocido. La tropa de Pizarro se aferró de un modo tan desgarrador a lo efímero que, por un instante, dio la impresión de que era eterna.

Cada uno estaba allí por motivos diferentes, pero todos debían de tener, hasta cierto punto, un gusto por el combate, y sed de sangre. Había cocineros, arcabuceros, herreros y una larga hilera de porteadores. Había cajas, toneles, baúles, todo lo necesario, o casi, para poder perderse. Había armas, utensilios, herraduras para los caballos y pedazos de cuero, equipaje de toda clase y víveres. Había animales; caballos, por supuesto, pero también cerdos y pavos, y sacos repletos de maíz. Y si cada una de esas cosas había llegado desde la mano que las había hecho hasta allí, y si todos esos hombres habían llegado trayendo bajo sus pies el polvo de todas partes de España, entonces ahora vivirían juntos, tan apretados que terminarían por no ser más que un punto, y ese punto —porque se mantendrían tan cerca los unos de los otros, y se lanzarían con tanto ímpetu contra el mundo— deslumbraría a todos.

*

Llovió días y días. El agua les chorreaba por la barbilla. Para deshacerse de ella, Pizarro agitaba los brazos como si fueran aspas de molino. Orinaban sin desmontar. Apartaban en silencio las ramas para abrirse paso. Y así todo el día, sin parar. Esa lluvia incesante engullía al cuerpo, y las gotas lo chupaban, las ramas lo arañaban. Ya no se veía nada. La selva era una gran bestia sombría, un largo corredor de hojas y lluvia. Y esa grandiosa fertilidad de la naturaleza tenía algo de nauseabundo. Lianas, serpientes gigantes, cauchos, resinas, bálsamos, todo era vida, todo era muerte. A cada instante, cien cosas nacían y otras cien morían, se pudrían. Aquí, la vida ofrecía cuanto sabía crear de bello y precioso, cuantas zarzas y veneno podía babear. Aquí, la vida rezumaba por todas partes su secreto amarillo y verde. Era como si estuvieran en el corazón de una colmena, allí donde la reina pone sin descanso sus huevos. E, incluso, algunos árboles sangraban. Los indios se acercaban a ellos en silencio y les cortaban delicadamente el vientre. Colgaban de sus troncos cucharones en los que recogían sus lágrimas untuosas. Esas lágrimas goteaban muy lentamente, como todo lo que ocurre en lo más hondo de las cosas.

A veces asediaban aldeas que sólo eran chozas de palmas, obtenían victorias sobre la oscuridad y el silencio. No quedaba ni un palmo de tierra seca. Por un momento creyeron que se trataba del Diluvio, una crecida universal. ¿Acaso Dios no veía con buenos ojos lo que hacían? ¿Acaso debían depositar frutos y huevos en los huecos de los árboles, como habían visto hacer a los indios? Pero una hora de sol secaba un suelo anegado tras diez días de lluvia. Entonces, más animados, en unos segundos olvidaban todas sus dudas, todas sus desgracias.

Por la noche, a veces se oían rugidos muy roncos, espantosos, ruido de garras entre las sombras. Ellos enmudecían, se quedaban quietos, y todos fingían que no habían oído nada.

Más adelante, atravesaron una larga extensión húmeda donde la tierra era mullida y negra. Del suelo surgían extrañas plantas beige pálido, blandas, como lanzas de mazapán.

*

Encontraron más pueblos vacíos. Escaseaba el agua potable. La sacaban de pozos profundos con ayuda de míseras conchas que amarraban a sogas. Después, volvían a partir, llenos de tristeza y de ira. No tenían ni idea de adónde se dirigían, sólo sabían en qué dirección iban: al sur. Eso no era demasiado para mantener la esperanza. Muchas veces tuvieron que franquear brazos de mar o desembocaduras. Había que construir balsas. Juntaban maderos y los unían con cuerdas podridas. Subían los caballos a las balsas. Luego remaban. Las balsas, resbaladizas, se inundaban. Se ladeaban y, de repente, los caballos se deslizaban hasta caer al agua. Un soldado cogía las bridas y los guiaba hasta la otra ribera. La corriente se llevaba los toneles, los baúles se hundían. Luego se quedaban sentados en la orilla del río, empapados, extenuados.

Parecían los últimos jirones de un ejército, los restos de una desbandada. Los hombres sanos, vestidos con andrajos, ayudaban a caminar a los enfermos. Avanzaban en medio de una población temerosa y apenas encontraban restos de vida, cabañas hechas de hojas, fogatas apagadas. Los contactos eran escasos y difíciles. Hasta que, por primera vez, llegaron a una ciudad.

La ciudad se llamaba Coaque. Encontraron oro, esmeraldas, cosas con las que consolarse y distraerse. Pero ni a un solo indio. Esperaron. Había que descansar. El ejército de Pizarro había gastado todas sus fuerzas en la selva. La humedad corroe el cuero tanto como al alma. De pronto, la enfermedad cayó sobre ese puñado de criaturas y sus rostros se cubrieron de enormes verrugas. Estaban acampados en una ciudad desconocida, desprovistos de todo, en chozas vacías. Echados en el suelo, ese puñado de gente tuvo que despojarse de sus alabardas y sus escudos redondos. Ahora tocaba morir. Diarreas horribles los abatían en medio de espasmos y dolores. Los granos se hinchaban, después supuraban y, al abrirse, despedían un olor fétido. Un ejército somnoliento, tirado sobre esteras polvorientas, moría de una enfermedad que lo desfiguraba. Los hombres ya no hablaban. Las moscas y los tábanos movían alrededor de ellos sus ojos facetados, sus patitas peludas corrían sobre sus cuerpos.

Entonces los indios descendieron de sus colinas e incendiaron la ciudad. Parecían llegados de una antigua pesadilla, viejas figuras salidas de la mente y arrojadas sobre los cuerpos, brazos enjutos armados con fuego que dejaban aquí y allá su puñado de brasas. El incendio lo devoraba todo. Los enfermos salían arrastrando sus jergones, espada en mano. Se quedaban en el umbral de esas cabañas imaginarias, pasmados, con la mano colocada en la frente a modo de visera, pero en verdad no veían nada, sólo cómo ese enjambre de abejas inflamaba el mundo. Los tupidos techos de paja se consumían lentamente formando una espesa neblina. Los soldados se tambaleaban en medio del humo. Las flechas les atravesaban el cuerpo como picaduras de avispa. Y gritaban, gigantes ciegos que descargaban cientos de estocadas a un enemigo al que no veían. Después los indios se retiraron, llevándose a sus muertos, y abandonaron la ciudad a las pulgas y las tarántulas.

Más tarde, llegó Benalcázar. Sintieron un alivio inmenso. Traía a una treintena de hombres y más de diez caballos. Los necesitaban. Muchos hombres habían muerto. Se habían comido a algunas bestias.

Al entrar en la ciudad, Benalcázar se dio cuenta inmediatamente de lo que ocurría; vio, entre los heridos, a hombres cubiertos de horribles llagas. Se negó a descabalgar. Sus hombres arrojaron alimentos a los de Pizarro, luego partieron. Temeroso del contagio, ordenó que levantaran su campamento un poco más lejos.

Y después habían reanudado la marcha, volvían a cabalgar, aún más flacos y cansados. Y, mientras avanzaban penosamente por la costa, alguien les habló de una gran isla. Hasta allí decidieron arrastrar su miseria. Como se habían quedado sin alimentos, cuando atravesaban un pueblo perseguían a los perros que no habían huido y se los comían. Izaban el estandarte real bajo un cielo lechoso.

Se establecieron en la isla Puná durante meses. Allí vivieron, y pudieron hartarse de maíz y de pescado. Utilizaron a los indígenas como criados. Ése fue su primer reinado.

Entonces al pequeño ejército se unió Hernando de Soto, que aportó veinticinco caballos, armas y un centenar de hombres. Eso lo convertía en el jefe de una hueste nada desdeñable. Como buen cristiano que era, entre su equipaje traía a una prostituta española. Las indias no eran mujeres. Eran sólo carne, les agarraban los pechos con las manos, pero tocar a una española era algo muy distinto.

Sin duda, De Soto quiso negociar el puesto de segundo al mando. Había traído considerables refuerzos. Pizarro le hizo algunas promesas. De Soto era un excelente jinete, pero un pésimo negociador. Escuchó con impaciencia las argucias de su comandante, volvió a meterse el billetero vacío en el bolsillo y se fue a cenar.

La isla era bella y fecunda. Fue una estancia agradable. Habían jugado a los naipes y a los dados. Habían conseguido concubinas, inmolado a hombres y frito excelentes pescados. Luego, antes de proseguir, habían masacrado a todo el mundo.

Después de una difícil travesía, el ejército se había reagrupado, no sin dificultades, en la costa. Aunque habían perdido a algunos hombres y mucho cargamento, se pusieron en marcha. La naturaleza de la región incrementó su mal humor. Atravesaron varias lagunas y ciénagas siniestras. Los caballos se hundían en el fango, los hombres perdían la paciencia. Pero rápidamente llegaron a Tumbes.

Sufrieron una amarga decepción. La ciudad estaba desierta, en ruinas, y ya no quedaba nada de la riqueza con la que tanto habían soñado. ¡Habían venido desde tan lejos!, ¡las delirantes descripciones que habían oído, y que les llenaban de felicidad y alegría, los habían llevado a fantasear de una manera tan insensata! Y ahí, delante de esas ruinas, todo se hizo añicos. Soplaba un cierzo violento. Pobre Nínive de chozas. No quedaba más que su fortaleza. Pizarro decidió dejar allí a los enfermos y heridos. Hicieron incursiones por los alrededores y se proveyeron de un mejor equipo de porteadores. Prosiguieron su camino.

Cuando se habían ido de Panamá, habían bendecido las banderas; todos habían comulgado. Habían necesitado más de un año para alcanzar Tumbes. Las rompientes del mar habían destrozado la alegría con la que habían iniciado su camino. Pero Pizarro había resistido y los había arrastrado hasta allí. Fue una horrenda desilusión. La ciudad que Pedro de Candía había visitado durante el segundo viaje, y de la que les había hablado con tanto entusiasmo, no era más que un montón de ruinas.

Los hombres lloraron, perdida ya toda confianza. ¿Qué iba a ser de ellos? Habían partido desde muy lejos para encontrarse con un saco de cenizas. A su alrededor, sólo arena y lagunas. Los caballos mascaban cardos. El calor era insoportable. Pero la costa cercana era fría. Se hallaban entre el desierto, la selva tropical y el océano. Se sintieron como esos ríos que descienden de los

Andes, furiosos, arrancando sus riberas, pero que, una vez en el desierto, se pierden en la arena.

De repente, les llegó una buena noticia. Francisco Martín de Alcántara —otro hermano de Pizarro, el que venía de la rama pobre de la familia, la materna— había descubierto una ruta que penetraba en el interior. Entonces recobraron valor. La hilera de cañoncitos, caballos, porteadores y piqueros se puso de nuevo en marcha. El aire no era más que arenisca. Eran doscientos. Arrastraban sus despojos por un triste desierto donde sólo había rocas quebradizas y arena. La bruma constante afectaba a las almas. Algunos cargaban la armadura a la espalda, colgada como un espantapájaros metálico. El ruido de las placas de acero se oía a media legua.

*

Pronto, el desierto había dado paso a vastas llanuras. Los pueblos eran más grandes; las colinas, fértiles. Los españoles miraban en torno a ellos con renovado placer. Los jefes indios los abastecían; uno de ellos entregó su sobrino a Pizarro; se convirtió en su intérprete. Lo bautizaron.

Gracias a la cercanía del mar, la agricultura no requería demasiado esfuerzo. La tierra no era rica, pero sí húmeda. En sus inicios, esa zona había constituido otro imperio. Muy rápidamente, Pizarro se dio cuenta de las diferencias entre los pueblos. Imaginó que podría separarlos fácilmente de los incas, y así romper la unidad del imperio. Quería aliarse con indios menos bárbaros que los de la selva, indios de los que pudiera fiarse más. Cuando se ponía el sol, la llanura se cubría de nubes de color amarillo claro y rojo oscuro; luego, unas nubecitas negras rodaban por debajo.

El océano Pacífico no da a ningún lado. Incluso el viejo Mediterráneo, rodeado de países misteriosos, posee orillas que dan a todas partes. El Atlántico es un lugar de encuentro. Pero el Pacífico está vacío. No se encontrará a nadie en él. Es un inmenso desierto lleno de agua y de peces. Algunas islas salpican su extensión, alejadas entre sí como las estrellas en el cielo.

De este modo fueron bordeando el vacío. Sí, soñaron con el reino de Cipango, con Catay, pero, en realidad, estaban conmocionados. Rozaban una ausencia total.

*

Los españoles habían ascendido los contrafuertes andinos hasta Motupe, luego habían regresado hacia la costa, llegando a Lambayeque, para después reanudar el ascenso en dirección a Cajamarca. Cerca de Lambayeque, los indios les habían regalado turquesas, canastas y morteros de piedra. Un indio guio a Diego de Trujillo, quien creía que iba a descubrir oro. El indio le mostró un osario donde habían reunido los huesos de cientos de personas una vez desaparecida la carne. Pintados de rojo, eran sin duda el símbolo último de una esencia humana, quizá no del todo eterna, pero que merecía persistir.

Hacia el mediodía, el lento desfile de soldados parecía una veta de tonos apagados, como un pequeño cerro de gravilla en el fondo de un canalón. Pero, de noche, las luces y las sombras de esas figuras diminutas semejaban las de una procesión. Visto de lejos, el movimiento desaparecía. La estrecha hilera de conquistadores se convertía en un simple adorno de la montaña.

*

Entonces habían fundado Piura.

En Egipto, en el extremo del delta del Nilo, Alejandro, para señalar la ubicación de la ciudad que anhelaba fundar, espolvoreó harina en el suelo: los pájaros se la comieron. La mayoría vio en eso un mal presagio, pero los adivinos aseguraron que, al contrario, aquello significaba que innumerables extranjeros poblarían la ciudad. Pizarro, a su vez, trazó en el suelo con su espada los profundos surcos que debían marcar los primeros límites de la ciudad de Piura. Sin embargo, posteriormente se cambió en numerosas ocasiones su ubicación y la ciudad sufrió muchos daños.

Cuando Pizarro marcó una primera línea en la arena, recordó aquella que había trazado, cinco años antes, en la Isla del Gallo. En aquel entonces andaban escasos de víveres, de munición, de todo. Los hombres, al límite de sus fuerzas, deseaban regresar. Habían enviado dos barcos en busca de refuerzos y comida. Pero la espera había durado largos meses. Cuando, por fin, el capitán Juan de Tafur llegó de Panamá con todo un cargamento de maíz, los hombres quisieron seguirlo a él y abandonar una aventura tan a la desesperada. Pizarro había desenvainado entonces su espada y trazado una línea en la tierra. Sólo trece hombres la cruzaron: Nicolás de Ribera, Cristóbal de Peralta, Pedro de Halcón, Pedro García de Jarén, Alonso de Molina, Antón de Carrión, Francisco de Cuéllar, Juan de la Torre, Bartolomé Ruiz, Alonso Briceño, Pedro de Candía, Domingo de Soraluce, Martín de Paz. Estos trece hombres habían decidido quedarse con Pizarro. Juan de Tafur había partido con los demás, y había tirado por la borda el cargamento de maíz, que se había perdido en las corrientes.

Pizarro y sus hombres habían vivido entonces en las lindes del cielo y el agua, solos, sin otro recurso que su impaciencia. Habían vivido con esos cuerpos maltrechos y débiles. Habían levantado chozas con follaje, tallado un tronco para construir una piragua. Durante dos meses se habían deslizado en ella sobre el agua clara, y dejaron de interpretar su papel. Habían sepultado su codicia en los frutos, en las conchas; y, allí, habían olvidado muchas cosas.

Después habían venido a buscarlos. Habían tenido que levantarlos por las axilas y acarrearlos como si fuesen niños; el gobernador de Panamá había dado la orden de que regresaran. La expedición de Pizarro duraba demasiado, extenuaba a la pequeña colonia, escasa en hombres y víveres. La población entera de Panamá constaba de cuatrocientos hombres. Las expediciones de Pizarro a Perú ya habían costado doscientos. Pero Pizarro no había regresado, sino que había aprovechado los víveres que llegaron con el barco para ir más lejos, más lejos aún. Había sabido retener a los demás, y había reanudado la marcha.

Y en esos momentos, cuatro años después, el 15 de agosto de 1532, fundaba una ciudad. Atrás quedaban las primeras dudas, los miedos, las resistencias. Dejaron Piura bajo la tutela del arcángel Miguel. Engatusaron a algunos heridos, que se quedaron de centinelas en las casetas de esa ciudad recién creada.

Después habían retomado la ruta hacia el sur. Los caballos levantaban nubes de polvo. Ahora no encontraban más que pueblos abandonados, fortalezas destruidas, relatos de muerte. A medida que avanzaban, oían hablar de una guerra fratricida que desgarraba el imperio. La guerra civil los precedía. El Inca inspiraba en los indios verdadero terror. Y en medio de este terror avanzaban los españoles, un elemento extranjero que arribaba en medio de masacres, de destrucción, y cuya llegada parecía un problema menor y, a la vez, presagiaba algo que, en pleno conflicto, no podía calibrarse bien. Los indios, enfrentados entre sí, al ver aparecer de repente a otros hombres a lomos de bestias que no conocían, con armas que tampoco habían visto nunca, quizá creyeron, en medio de las luchas de su raza, que su aparición era un efecto de la fiebre. Así, les prestaron a la vez mucha y poca atención.

*

A comienzos de noviembre, los españoles descubrieron un rico valle con graneros llenos. Pero los tesoros que codiciaban aún se les escapaban. Después de meses de errancia, les parecía que jamás encontrarían la ciudad de Chincha, de la que les habían hablado los indios y que imaginaban que se hallaba en el sur. Pizarro se dijo que, sin duda, tenía que estar *realmente* detrás del horizonte, que era inalcanzable. Entonces decidió no descender más hacia el sur, sino poner rumbo hacia los cerros, en dirección a aquel rey del que hablaban los indígenas y a esa guerra que los dividía.

Fue en ese momento cuando Francisco Pizarro, Hernando de Soto y Sebastián de Benalcázar emprendieron la subida por las pendientes abruptas con la que comienza nuestro relato, y cuando aquella larga cinta de porteadores, soldados a pie y jinetes se desplegaba en zigzags verticales por la cordillera de los Andes.

Atravesar el vacío

Franquearon una quebrada y vieron por primera vez los Andes. Aquí los indios vivían en cabañas de adobe con techados de hierba. Pizarro soñaba con los paisajes de su infancia, buscaba en su memoria el recuerdo de parajes con los que había soñado.

Recordaba un largo paseo que había dado en sueños. Sin embargo, el paseo existía de verdad, cerca de la casa de su madre. Primero había tres casas bajas, una al lado de otra, sin gente dentro, con las cortinas de tul blanco corridas. Él pasaba en silencio, tratando de mirar a través de las ventanas, pero no había nadie. El camino bajaba hacia el torrente, que conocía bien, pero éste ya no era la pequeña pendiente pedregosa de siempre, sino un lindo arroyo de agua fresca que transcurría bajo árboles inmensos. Nunca había visto árboles tan altos. Los rayos del sol atravesaban las ramas, ¡era tan bello! Le habría gustado quedarse allí y sentarse en la hierba. Pero enseguida reanudaba la marcha; tenía que ascender hasta las cimas, ése era el objetivo de su paseo. Entonces dejaba la sombra y la frescura por las pendientes abruptas y secas. Y ahora, escalando los Andes, volvía a pensar en todos aquellos parajes rudos, pedregosos, en los grandes árboles del torrente. Se parecían un poco a los de aquí; y las pendientes escarpadas y pobres también le recordaban las de su sueño. Pizarro se dijo que, probablemente, el espíritu podía entrever antes que nosotros las cosas de este mundo. Esa impresión lo reafirmó en la idea de que él había elegido. No huía de una España hostil, no era uno de esos asesinos resignados, dispuestos a todo y que cavan su tumba en el océano. No. Era un hombre de futuro, con más suerte que sus compatriotas extremeños, más audaz que aquellos de sus parientes que se habían quedado en España. Él había nacido en el año de una gran desgracia, pero ya había olvidado cuál.

Sólo recordaba un caballito, las tijeras sobre la mesa, los cuernos de un animal desconocido que había visto en casa de su padre. Había vivido escasos momentos de ternura y dignos de recordar. Pero el camino era largo, y algo, de manera imperceptible, tiraba de él hacia atrás. Sus pensamientos seguían las curvas del camino. Ebrios. Eran tan imprecisos, tan invasivos como una música, pero entre la realidad y la mente estaban las ramas, los insectos, las necesidades del momento.

Un caballo se cayó. Lo descuartizaron y ahumaron su carne. Los indios portaban los bultos, los jinetes iban al paso, los piqueros los seguían, larga comitiva de funámbulos que avanzaban sobre un hilo de oro. Pizarro avivaba sin cesar su guerra, la contemplaba, la espiaba; vivía al acecho de sus pensamientos, pero, en ocasiones, le parecía que apretaba a la guerra contra sí, como un panecillo caliente.

La subida era dura y el sol abrasaba. Pero ¿por qué ascender montañas vacías y oscuras? ¿Había puesto Dios el oro en una senda que iba hacia el cielo? No lo sabía. La ruta ascendía, ascendía siempre, y cada vez se volvía más estrecha, flanqueada de tapias bajas. Entonces, por entre sus miedos y sus deseos de muerte, vio cómo una bandada de pájaros enormes atravesaba el vacío.

*

Sin duda alguna, el desespero ha estado en el origen de muchas vocaciones. Sembrar la muerte. Someter. Saquear. Otros pueblos habían abierto anteriormente este camino incierto y doloroso. Pero aquel hombre que caminaba a paso lento hacia un silencio negro era quizá uno de los más decididos, uno de los más aislados, uno de los más excesivos que la Historia ha podido conocer. Tal vez pueda compararse a Sargón, rey de Acadia, que destruyó a sus adversarios hasta los límites de poniente; avanzó sobre una ciudad vecina y la redujo a un montón de escombros, arrasándola de tal modo que ni los pájaros tenían donde posarse.

El propio Moisés había dicho a su pueblo: «El Dios antiguo te ofrece refugio, despliega sus brazos eternos debajo de ti, expulsa ante ti al enemigo, y ordena: "¡Destruye!". Israel habita tranquilo, y, apartada, la fuente de Jacob riega una tierra de grano y de mosto, bajo cielos que destilan rocío. ¡Dichoso tú, Israel! ¿Quién como tú, pueblo salvado por Yahvé, tu escudo protector y tu espada victoriosa? Tus enemigos te adularán, y tú marcharás sobre ellos». Así son los conquistadores, y así es su Dios. Ellos obligarán a los pueblos a comer de sus semillas. Pero, verdaderamente, ¿el Dios de Acadia y el Dios de los judíos y el Dios de los cristianos habían pedido a los hombres semejante tributo de huesos? ¿Había que interpretar al pie de la letra las palabras del profeta? ¿No se debía depositar un loto en la boca de Ishtar? ¿No había que asar un cordero sobre la brasa del único Dios? ¿No había que cortar la capa en dos por Cristo?

¿No curó san Martín al paralítico de Tréveris? Con el cuerpo prosternado en el suelo, ¿no se ha dicho que, para llevar a cabo el combate, recurrió «a sus armas», *ad arma recurrit?*, y sus armas, ¿no eran la oración y la unción de óleos?

*

Silencio. El grupo avanza lentamente. Los caballos sacuden la testa para espantar las moscas. Pizarro se agarra a las crines. El azul del cielo cae sobre él.

Siente una palpitación en las sienes, como un entrechocar de címbalos. «¿Qué será de mí?» En un río encontraron arena mezclada con oro. Todo el mundo saltó de sus monturas. Durante leguas pisotearon la tierra. La margen del río parece un abrevadero. Los hombres están sucios, su equipamiento está embarrado. Arañan la tierra durante una hora. Al final, no se sabe muy bien si han encontrado oro u otra cosa.

*

Un extraño retrato de Pizarro nos hurta totalmente su cuerpo. Sólo una mano sobresale de la manga para, casi de inmediato, desaparecer bajo un jubón negro, flanqueado por espadas en forma de cruz.

En la coronilla lleva un sombrerito bastante raro, no demasiado hundido en la cabeza, un poco como el que llevarán mucho después las indias de Machu Picchu. Su boca es pequeña. Recuerda a Enrique IV, rey de Francia, pero tiene los ojos más abiertos y la apariencia menos dulce. Hay sorpresa en su expresión, pero un elemento más profundo parece incapaz de asombrarse de nada. Y más allá, en el rostro, se adivina algo frágil y cortante. Y más allá, mucho más allá, en la hondura imprecisa de los ojos, un brillo tiembla e imparte órdenes.

Diez años atrás, Pizarro estaba instalado en Panamá. Parecía estar a punto de jubilarse. Había concebido varios proyectos, todos desmesurados, pero ya no quería volver a pensar en ellos. Se había resignado a una rutina sencilla en los confines de un imperio naciente, allí donde vivían las putas demacradas por el sol y la humedad.

Sin embargo, durante una simple visita, el hijo de un cacique indio le habló del oro. Sí, el oro. ¡Después de la opulencia, podrá permitirse ser pobre! Podrá lanzarse a una búsqueda atemporal y desinteresada de la religión verdadera. Pero, por el momento, tiene los ojos puestos en ese glorioso ardor de las montañas, en esos templos amarillos, centelleantes.

Conseguirá ese oro en cuyo centro anida el fuego. Ese primogénito del sol y la luz, esa *primitia,* él se la ofrecerá como holocausto a Dios. Su reino necesita un fuego. ¿No es el oro el símbolo del mundo? Los cielos enteros fluyen hacia él, como toda luz proviene del sol. El ojo del hombre acoge la luz. Su mano acoge el oro. El sol está hecho de oro.

Las mandíbulas del hijo del cacique se parecen a dos piedras verdes que retienen, unidas, una usanza antigua. Ese hombre habla de elevarse, lejos del mar, por el camino de Occidente. Habla de una potencia misteriosa, austera, invencible. Su voz baja de tono, cuchichea. Incluso el intérprete se calla. La verdad es suficiente. Los recuerdos o los rumores son los vestigios del mundo. Pizarro cree que ese hombre quiere guardarse parte de su secreto. Le pide, por medio del intérprete, que continúe, que siga hablándole, quiere saber más. Pero ellos callan, no para ocultar algo, no; son solamente como dos labriegos que acaban de evocar algo lejano y sagrado, no imaginan, ni por un instante, que este hombre osará arrojarse a la conquista de lo que hablan, que este hombre destruirá el objeto de su veneración. Quizá el objeto de su veneración esté en otro lado, indestructible, quizá esté envuelto en esa especie de bruma que rodea las cosas, que empapa a sacerdotes, a imperios, y chorrea entre las piedras.

Pizarro se pregunta si esa nación todavía existía o si, como los asirios, se extendió poco a poco, de siglo en siglo, fuera de sí misma y se diluyó en otras soledades, otros olvidos. Ya no piensa en el oro. El indio habla de nuevo. Pizarro no escucha. Sueña. Sin ningún fundamento, imagina un pueblo hierático, sin orgullo, celoso de su saber, mas no de sus tesoros. Imagina un pueblo veraz, crédulo, maravilloso.

Recuerda su primera expedición fallida, el camino de regreso. Pero ahora no siente amargura, sino más bien una felicidad sin límites. De ahora en adelante, ya lo sabe, ¡es posible! Dar un nombre a algo antes del Diluvio. Dar forma al Arca de Noé. Soplar sobre el fuego de Babel. ¿Con qué nombre llamaron las primeras naciones a su Dios? ¿Lo llamaban Jehová o Nabu? Sin duda alguna, le pusieron un nombre más sencillo, un nombre más dulce, más elemental, más cercano a la forma que adoptan nuestros labios cuando besamos: oro.

Su segundo viaje, en cambio, le quemaba la garganta. La llamada a Panamá, la conminación humillante. Se vengaría. Pero de otra manera. Llevaría la corona tan alto por los Andes que todos los virreyes del mundo necesitarían cabalgar con jamelgos de muchas patas para arrebatársela. Pero ahora —mientras asciende paso a paso por este sendero estrecho, sinuoso y cortante, en el que cada curva obliga a recorrer numerosas leguas antes de alcanzar la siguiente y volver a subir la que se acaba de bajar— pensaba en el gran soberano, el rey de España, y el rostro del rey se le aparecía, reminiscencia del decisivo encuentro que habían mantenido. Volvía a ver aquel rostro en su Europa lejana —pedazo de cera a la que la memoria insuflaba vida— y quería hundir en ese semblante sus ojillos de servidor como si fuesen dos agujas. Pero el rostro se mantenía impasible, seco como el corcho, con una elegancia de alto funcionario. Porque no era un verdadero rey, pensaba, no era el gran capitán con el que él soñaba. No, era un extranjero. El francés era su lengua materna. Peleaba contra ese gran demonio, Lutero, en tierras tan exiguas que parecían un conjunto de jardines. Hijo de Felipe el Hermoso y de Juana la Loca, heredero en cadena, de rostro chueco, mandíbula prominente, a fin de cuentas tan fanático como el otro, el del norte, el Reformador. Detrás de su aparente calma, era quizá más ardoroso. Cojeaba.

*

Durante varias horas, el sendero está tallado en la roca; son los peldaños resbaladizos, irregulares, de una escalera inacabable. Dios ha colocado una puerta abierta ahí delante, pero nadie sabe cómo cerrarla. La tierra se vuelve cada vez más pobre, pero los indígenas han cavado en las pendientes innumerables terrazas. Y los españoles ascienden en silencio esta escalera de piedra; y cada vez que ven el final, sólo es una quebrada que, detrás, tiene una nueva pirámide de tierra y rocas. En la cima de cada quebrada siempre hay un montón de piedras. Los porteadores indígenas se detienen ante ellas; se prosternan. Los españoles se apresuran a plantar una cruz.

*

El rostro del rey no lo abandonaba. Pizarro había sentido de inmediato aversión por él. Había tenido que disimularla. Eso le hizo parecer frío. Pero el rey pensó que su reserva se debía a la experiencia que atesoraba. Se dijo que, si ese hombre lo adulaba tan poco, era porque tenía un plan definido, largamente madurado. Y Pizarro —en medio de una extraña selva de velas gigantes, diseminadas a lo largo de las pendientes vírgenes por las que ascendía, plantas que florecían sólo una vez, ya centenarias, antes de morir (pero eso Pizarro no lo sabía)— estaba obnubilado por el rostro de aquel rey lejano y que a través de él resplandecía hasta aquí, él, simple haz de luz destinado a convertirse en uno de los rayos sólidos y fríos de la corona española, a menos que se perdieran, él y los suyos, en este desierto sublime y se disolvieran en la nada.

En el rostro del rey, un detalle lo había inquietado, como si un rasgo de ese semblante hubiera sido ligeramente desplazado, muy poco, pero lo suficiente como para modificar, paso a paso, el avance general de las cosas. ¿Qué detalle era? Eso tampoco lo sabía. Veía otra vez esa mandíbula sólida, esa frente arrugada, esos ojos que parecían prestar a las cosas solamente la atención que merecían, y no encontraba nada, ningún detalle concreto al que atribuir su impresión. El rostro del rey era tan hermético como las Sagradas Escrituras.

*

Durante una tarde entera, los españoles bordearon un río. Era imposible cruzarlo. La corriente era demasiado impetuosa y el cauce les parecía tan ancho como el del Ebro a su paso por Zaragoza. Hacia el mediodía, unos pescadores descendieron desde sus pueblos y se pusieron a asar pescado. El intérprete les preguntó por dónde podían cruzar, y se entabló una larga conversación. El intérprete dijo que había un puente, más abajo, y que antes tenían que caminar casi un día entero.

Al día siguiente llegaron al puente. Estaba cortado. Era un puente colgante de mimbre. Nadie había visto antes uno tan bello. Un puente cortado. Para ellos, una imagen espantosa.

En Extremadura, los Pizarro no son gran cosa. Francisco vivió muchos años en casa de su tío. Aquel hombre no sabía lo que era la dulzura. Un día, le pidió que fuera con la podadera a recolectar un puñado de juncos. Pizarro fue y se aplicó en escoger los más bellos y sólidos para darle gusto a su tío. Éste los cogió sin decirle nada, los cortó, luego los anudó y, con la ayuda de ese látigo, vapuleó al crío.

En ocasiones volvía a ver el rostro de su tío, y era el mismo con el que él impartía ahora las órdenes. Un rostro frío, simple, un poco burlón, pero inflexible. Sobre todo, recordaba algo: su tío no había manifestado duda alguna. Había cogido los juncos, sacado su cuchillo, cortado las puntas, amarrado los tallos, y lo había azotado.

Después, su tío no volvió a mirarlo. Retomó su trabajo, sencillamente, sin decir nada. Él se quedó quieto, cara al sol; las lágrimas le corrían dentro del cuerpo. Era la primera vez que sentía eso. Antes, siempre había llorado con los ojos, sobre su rostro, pero no sabía que se podía llorar por dentro. Y las lágrimas le quemaban el interior del rostro, del pecho, llegaban hasta el vientre y volvían a subir por la boca con un regusto amargo, ácido. Desde entonces, siempre lloraba así.

De nuevo pensaba en aquel indio, el primero que le había hablado del oro. Estaban cerca del golfo de Urabá. El hombre, hijo de un cacique del Darién, había hablado de un país situado detrás de las montañas, bañado por un mar sin límites. Contó que, allá lejos, se comía y se bebía en vajilla dorada, que los reyes llevaban planchas doradas sobre el pecho y que existían jardines enteros de oro, en los que los animales, las plantas y los árboles eran dorados. Al pensar en eso, Pizarro sentía como si se elevara, viva y amorosamente, a través de sí mismo, a través de los cerros, a través de las escasas hileras de árboles. Le parecía que una desnudez sin imágenes lo unía a una luz interior y escondida. Por supuesto, permanecía el hombre exterior, sentía cómo sus piernas apretaban el pecho del caballo, percibía el cuero de la silla contra su mano, olía la hierba, a las bestias, oía a los hombres hablar, cantar, pero esa cosa, esa cosa que quizá era secreta o desconocida para los demás, él la veía, la notaba, como si estuviera inclinado ante un abismo sin fondo, como si se hubiera hundido en la eterna combustión del oro. Presentía los lazos secretos entre el oro, el sol y la inmensa llama que consume y devora: el amor de Dios. Y esos lazos, tan misteriosos para los demás, ¡a él le parecían tan evidentes! Para él, Dios era un enigma que perdura toda la vida y reclama un tributo. Se negaba a representárselo. Pero lo comprendía gracias a las ideas del oro, del sol, del fuego. Una brisa ligera podía ser una manera de llamar a Dios, de sentir sobre uno mismo la dulzura y la frescura divinas. Pero, por encima de todo, sentía esa locura de Dios de la que habla el Apóstol, «la locura de Dios, más sabia que la sabiduría humana». Esa verdad le ardía. Sabía que el calvario de Cristo fue la más extraña, la más pérfida demostración de fuerza. Comprendía que, en la naturaleza, las cosas más opuestas, las que parecen mostrarse más hostiles unas con otras, pertenecen a un misterio idéntico. Eso era lo que él llamaba la locura de Dios, aquel extraño abandono en la cruz, ese vinagre.

*

A lo lejos, los españoles oyen el sonido de caracolas. Pero ¿qué dicen? ¿Qué soplan en los pastizales vacíos? ¿Qué secretos divulgan con tanto estruendo y que todos, excepto ellos, comprenden?

Las caracolas hablan. Hablan un lenguaje sencillo, eficaz. En unos días, a lo largo de la ruta que atraviesa el país desde Tumbes hasta Cuzco, transmiten mensajes. Ágiles y resistentes corredores van de etapa en etapa y soplan sus caracolas. En cinco días, un mensaje recorre dos mil kilómetros. El mensaje dice que los extranjeros se están acercando. Dice que están en Tumbes, en Olmos, en Cochabamba, en Chota. Dice que están llegando. Dice que van ascendiendo paso a paso, que van subiendo lentamente los escalones de piedra que llevan al cielo.

El niño se lleva una concha al oído y escucha el mar. La caracola es una espiral de nácar. Una concha grande que sirve de trompa. Cuando el hombre sopla, el aire recorre los conductos, y sale un sonido grave y solemne que reverbera. Las caracolas suenan *tenuto,* y eso da a su canto esa extraña fuerza en la que el sonido se mezcla con su propio eco. Un bosque de árboles esmirriados crece sobre la lava roja. Los jinetes avanzan en silencio entre colinas de tierra cocida. El sonido de las caracolas recorre un río de lava seca, penetra en un valle estrecho, atraviesa una delgada cortina de árboles y se dispersa por los campos amarillos.

La noche es fría. Se acuestan boca arriba para ver el cielo. Por la mañana, vuelven a oír las caracolas. Una hilera larga de porteadores, soldados y jinetes se pierde en la niebla. El hombre de las masas, el hombre sin nombre ni rostro, ha heredado de esta larga caminata su trabajo repetitivo e inacabable, un trabajo del que apenas ve una pequeña fracción de incontables encadenamientos. Los caballos levantan y bajan la testa entre sacudidas. La larga fila de hombres se disgrega en varios grupos. A lo lejos, las caracolas vuelven a empezar, voces quejumbrosas salidas de una vulva de porcelana. Pureza dolorosa. El sonido de las caracolas despliega sus anillos. Se propaga en una onda grave, oscura, ligada a la materia, signo de una época lejana escapada de los estratos profundos del olvido. Baja rodando las colinas, se mezcla con los remolinos del río y despliega todas sus fuerzas en el valle.

Entonces comenzó a nevar, después a llover. La tierra se volvió negra y fría. Las manos, violetas, no pueden sujetar bien las riendas de los caballos. Se oyó el entrechocar de las cacerolas, los techos de las tiendas estaban húmedos y sucios. El humo blanco de las hogueras alfombraba el suelo, trepaba por las patas de los animales y por las siluetas de los hombres.

Una noche, aunque llovía a cántaros, siguieron camino. Por la mañana salió el sol, hacía calor, y los españoles, dormidos en sus monturas, avanzaban, los cuerpos humeantes, los pantalones endurecidos por haberse secado tan rápido, el pelo hecho un pegote, anudado sobre los hombros. Y el Rey Cabra, animal con cabeza de hombre, callaba y escuchaba. Las caracolas sonaron de nuevo. El Rey Cabra las esperaba, sabía que las caracolas no los olvidarían; incluso había aprendido a no tenerles miedo, sino a amarlas. Ellas salían de los cráteres, de los troncos de los árboles, de los peñascos; llegaban, así pensaba él, de un inmenso fondo de ausencia. Los hombres no tenían nada que ver. En lo que es esencial, nada es deliberado. La hilera de porteadores y soldados, muñecos de lana o de trapo, avanza lentamente. El destello se dilata, el corazón repica para sí mismo, se agranda. Los cabos de penas agarrotadas, retorcidas (y vueltas independientes por traiciones sucesivas), se reúnen, como los serrines de un mismo leño, en un pequeño foco tumescente. Un solo resplandor hace brillar en cada uno su pequeña parte de olvido, el cuadrado de malas hierbas en el que mueren sus gestos y sus frases. Y el sonido prodigiosamente grave de las caracolas, a punto de ser ya no un sonido sino una onda, inaudible, percibida por el cuerpo, sacudidas, temblores, soplidos, círculos que se ensanchan desde la aorta del mar, parece surgir de lo más remoto, de lo más retirado, y mantenerse en no se sabe qué umbral: primera sílaba de una palabra nunca terminada de pronunciar, una sílaba que parece ya dotada de sentido. Así, esas caracolas vívidas, al soplar, al hincharse, al sonar, al resonar, dejan en la tropa la sensación de algo ya escuchado, ya conocido, algo que procede del suelo mudo sobre el que se posan sus pies. Ya no saben de qué se acuerdan. La realidad de las cosas se aferra al recuerdo. El presente siempre está encarroñado de pasado. Y el Rey Cabra dormita y escucha esa voz sin edad, sin inquietudes, sin ilusión. Y, todas las mañanas, los españoles reemprenden la marcha en silencio, el rostro arrugado al acabar la noche, avanzan en medio del zumbido de esa nota, bajo su boca cerrada. Y por momentos incluso parece que de ese sonido, de ese mensaje, del que sólo se podía oír la vocal sorda, pende la existencia de esos soldados cristianos, y que, si de repente las caracolas se rompieran, la cinta que forman los hombres, las bestias, los arcabuces, las espadas se volvería a enrollar bruscamente hasta Toledo, como cualquier carrete de hilo.

*

Los jinetes están cubiertos de moscas. Francisco Pizarro está cubierto de moscas, Hernando Pizarro, Gonzalo Pizarro, Juan Pizarro están cubiertos de moscas, Miguel de Estete, Pedro del Barco, Martín Bueno, Juan de Zárate, todos están cubiertos de moscas. Para espantarlas, Hurtado se golpea con un manojo de hierbas, se oye cómo las manos se palmotean las frentes, las mejillas, los muslos. Juan de Salcedo, Alonso de Mesa, Pedro de Candía avanzan, inmóviles, envueltos en una nube de insectos, como tres cadáveres a caballo. Francisco de Jerez, Hernando de Aldana, Cristóbal de Mena y un largo etcétera sudan, escupen y maldicen al Amo del oro. Todos recuerdan aquel país que les han prometido. Todos recuerdan esa tierra rica de la que les han hablado y a su alrededor sólo hay desiertos, montañas, tonterías.

Sí, por supuesto, hay esos senderos bordeados de muros, esos arroyos esporádicos, esas cabañas de tierra en las que encuentran víveres, cuero, cuerdas. Por supuesto, en la costa había una gran ruta flanqueada de árboles que daban buena sombra. Por supuesto, hay esos extraños puentes de sogas, con sus maromas gruesas como muslos. Pero, sobre todo, hay ese estertor sordo del cielo, esos barrancos, esos indios que corren y desaparecen, esas caracolas que suenan en la lejanía. Y Pedro, Juan Francisco, Hernando, Miguel, se preguntan qué han venido a hacer aquí, se preguntan si no habrían debido quedarse, uno en Panamá, con su mujer y sus ahorros de pacotilla, otro en España, en casa de su padre, más allá de Zaragoza, en la sierra. Pero todos, en el fondo de sí mismos, son como san Antonio, padre de los monjes, y anhelan a la bestia salvaje y a sus demonios. Quieren ver esa bestia de apariencia humana con pezuñas de asno. Quieren oír esos gritos de hiena. Quieren saber. Quieren ir hasta ese mal terrible, hasta perderse, hasta mutilar en ellos lo humano. Quieren sufrir, padecer, pegar gritos. Quieren verse muertos, príncipes de la potencia y del aire; quieren que los signos se cumplan.

*

El hombre muere exteriormente, se refugia en la sombra del átomo, en la caridad más grande, la de la tierra. El excremento de las aves marinas llueve sobre los acantilados y forma el guano que abona el suelo. Los indios cultivan minúsculas parcelas. Sus surcos son como un tejido de puntos bien apretados que siguen la forma irregular de los campos. En ocasiones, un surco único avanza, como un camino hueco, para arrojarse, un cuarto de legua más adelante, en el vacío. Las casas de los indios están hechas de barro, de hierbas y piedra seca. Parecen tumbas diminutas.

De noche, identifican las constelaciones de Acuario, Orión y Andrómeda. Pero ya no ocupaban el mismo lugar en el cielo. ¡Orión estaba tan arriba! ¡Nunca habían visto esa constelación a esa altura! Estaba ahí, clavada en mitad del cielo, liberando a la noche de sus monstruos, ebrio, colérico, cegado por su omnipotencia. Y, justo arriba de Orión, el Can Mayor, con la estrella más brillante, blanca y azulada en su hocico. Pero también había nuevas constelaciones y estrellas cuyos nombres desconocían: el Cráter, la Vela y la Grulla, que agita sus patas en lo oscuro. Entre las estrellas de este hemisferio el vacío era más vasto, la oscuridad más profunda. Y, mientras ellos cocían sus guisos o ponían a secar sus prendas, ¿podían imaginar la inminente conquista que les aguardaba más allá de este inmenso espacio frío? Mientras el anhelado instante se acercaba —el encuentro con ese pueblo desconocido—, ¿podían saber que ese pueblo sería diezmado, dislocado, y que ellos, con la sublime avidez que abrigaban, con esa mezcla de locura y razón, los reducirían a un grado inaudito de pobreza y terror? Mientras ellos escupían en el fuego y echaban de menos Teruel, ¿tenían idea de que las iniquidades que cometerían serían tan grandes, tan asombrosas?, ¿que iban a marchitar el alma de un pueblo, un pueblo en adelante tan atemorizado y mortificado que se volvería tímido, encerrado en sí mismo y desesperadamente humilde?

Pero el oro los decepcionaría. Y por eso tendrían que extraer más de la tierra. El oro no brillaba tanto, era mate, deslucido y frío. No era el panal de miel con el que fantaseaban, no era el calor fastuoso que les habían prometido: era una materia inerte que todavía conservaba algo de la tierra donde había estado enterrada, algo pesado, apático, un sabor a raíces o a podrido. Tendrían que gastárselo rápidamente, deshacerse de él, como si fuese una síntesis sólida de todas las penalidades y los esfuerzos. Varios soldados regresaron a España y, menos de diez años después, volverían, sumidos en la pobreza, para errar sobre sus propias huellas, en busca, una vez más, de fortuna.

No, el oro no sería ese jardín sublime; no habría animales de oro ni encantados, sólo una recua de razones. Y como no llegarían a encontrar ese oro divino, manifestación visible de lo sacro, como no alcanzarían ese poderío universal y perpetuo, exigirían constantemente más sangre. Así, después de la extraña epopeya, la riqueza de las naciones siempre requeriría más trabajo y penalidades. Y el puñal que a los hermanos Pizarro, a cada uno en su momento, les clavarán en el corazón, también será de oro, tal vez del mismo oro con el que habían soñado, el oro oscuro con el que los indios tapaban amorosamente los ojos de sus momias.

Pizarro soñaba con el título con el que el rey le había recompensado: *Adelantado*. ¡Qué título tan misterioso! Desde luego, no era nuevo, pero de pronto lo parecía. Significaba tantas cosas, además del simple título de gobernador. Quería decir: aquel que avanza, evoluciona, progresa, el precursor, el pionero, aquel que induce al desarrollo, que impulsa, empieza, supera, acelera, apremia, aquel que va más lejos, más alto, el que aventaja, el que se adentra, el que prosigue. Esa palabra evocaba en él la imagen de futuros misterios, la imagen de un príncipe de la tierra, intocable y abrasador.

Adelantado, pensaba, y al hacerlo soñaba con el que portaba la lanza salvadora. Sin embargo, sabía hasta qué punto los gusanos le carcomían el corazón. Sabía que en su carácter no cabía la bondad. Su piedad, aunque sincera, era puramente formal. Creía que la materia podía ser la obra de un dios malvado, pero que también el alma se bañaba en la sangre y se corrompía.

*

Hoy, los indios les han dado un cesto lleno de legumbres y frutas. Había maíz, judías, y una especie de fruto de la tierra, del tamaño de un huevo, que después de cocerse es tan blando como la castaña hervida. No tiene cáscara y crece bajo tierra como las trufas. Los indios lo llaman *papa.* Un poco más tarde les ofrecieron el mismo fruto, pero desecado, y comieron delante de ellos para incitarlos a hacerlo. Se parecía a una mezcla de harina y de tierra. Los indios se divirtieron cuando los vieron escupir; comieron otra vez, para mostrarles cuánto les gustaban, pero no llegaron a convencerlos de que los probaran otra vez.

Los indios no conocen ni el pan ni el vino, ni la carne ni la sangre, ni la eucaristía ni la cruz. Sus adivinos leen el futuro observando los desplazamientos de las arañas, ¿y qué ven? La muerte. Siempre. Sólo la muerte. Con su ojo inmóvil de bestia sacrificada. Extraen los pulmones de un animal muerto, soplan en su interior, los llenan de aire y, en la red de venas, en las grandes bolsas translúcidas, ¿qué ven? La muerte. La muerte cavando sus galerías en la carne como más tarde hicieron los hombres en el *cerro rico* de Potosí en busca de una vena de plata. Echan hojas de coca sobre una tela blanca, suspiran una vez, dos veces encima, para que su aliento expanda la verdad, luego doblan la tela y le dan vueltas. Cuando la abren de nuevo, al cabo de unos instantes ven el porvenir, ¿y qué ven en él? La muerte. Siempre la muerte.

Entonces se detienen al borde de los caminos, cuentan los guijarros amontonados, desesperados por obtener otra respuesta. Y por todas partes encuentran la cifra impar. ¿Qué significa eso? La muerte, piedra única de un muro único que ciñe al mundo, piedra irregular, de innumerables ángulos, tan numerosos como lo serán los seres.

Por la noche, uno a uno van apagándose los fuegos. Las cenizas se dispersan. El suelo seco parece cimentado. Maquinalmente, Pizarro arranca un terrón de tierra y lo estruja entre sus dedos. La tierra se desmigaja. Fría. Estéril.

Pizarro se dice que aquí la tierra es pobre, ignorante. Sueña con los paisajes, con su grandeza aterradora. Se dice que la pobreza de esta tierra tiene algo de bueno. Pero este pensamiento le parece de pronto extraño, incomprensible.

Hace tres días se hirió la pierna con su propia espada. La funda había ido deshaciéndose lentamente. El filo de la espada le abrió el muslo. No se dio cuenta de nada. Por la noche, vio que estaba cubierto de sangre. La sangre se le había secado sobre el muslo, parecía una especie de corteza.

Una vez echado, Pizarro reza. Reza en silencio, solo, sin que nadie lo vea. Implora perdón. Cuenta lo que hará. Pide ayuda. Agradece. Promete. Y el Cristo lo escucha, igual que, en nuestros días, las divinidades de los indios aceptan de buena gana los simulacros de ofrenda: manojos de hierbas coloreados artificialmente, estatuillas recubiertas de papel de aluminio.

*

Los conquistadores, al descender hacia el sur, siguieron la ruta inversa de los tres Creadores que habían hecho salir de la tierra a los ancestros de los pueblos; ellos, los Creadores, habían hecho surgir a los pueblos de las fuentes, de las cuevas y de las rocas. Ordenaron a las zarzas que verdearan y ellas verdearon, a los nidos que se entibiaran y las plumas se entibiaron, y dieron nombres a los árboles y las plantas, mientras les enseñaban a florecer y a dar frutos. Después, llegados al océano, caminaron sobre las aguas, como Cristo en el Tiberíades, y desaparecieron en el horizonte. Entonces llegaron Francisco Pizarro, Hernando de Soto y Sebastián de Benalcázar. Atracaron en las costas ecuatorianas, allí donde los dioses se habían hecho a la mar; después tomaron la ruta del sur, una de las que habían tomado los Creadores, y la siguieron, importunando a los pueblos, ensuciando las fuentes y acarreando la madera de los árboles. Pizarro avanzaba a la cabeza, la espalda un poco arqueada, pero soberbio. De Soto, pequeño y enjuto, encaramado a un caballo enorme, parecía un niño viejo. Benalcázar, estirado en el suyo, roncaba. Así, en aquel día primordial, los tres hombres —Trinidad de sudor, sangre y saliva— eran como los Creadores, corpulentos, barbados y de piel clara, y avanzaban hacia no se sabía qué palacio de luz. Iban en silencio, reyes mendigos, preparándose indolentemente para recoger su botín. La angustia no deja nada intacto, ni los ríos, ni las rocas, ni el cielo. Se introduce subrepticiamente en la fatiga, en el descanso, en el hambre, aprovechándose de la fuerza y la debilidad. ¡Pobres las criaturas a las que ellos iban a salvar! Y las crónicas cuentan que, al dejar el país, lo último que hicieron los dioses fue ordenar a los nobles incas que surgieran de la tierra; pero lo que, mucho después, hicieron Francisco Pizarro, Hernando de Soto y Sebastián de Benalcázar fue, en cambio, deponerlos.

*

En este punto, los españoles esperaban un milagro. Dejaban colgar las bridas sobre la cruz de las bestias que, paso a paso, franqueaban la inmensa barrera de granito, piedra roja y selenita. Les parecía que esa barrera nunca terminaría, y ciertamente sus dimensiones superan a todo cuanto han podido ver en Europa. Se extiende desde el Caribe hasta la Tierra del Fuego ese conjunto de cadenas montañosas que cubre un tercio del continente. Se levanta formando una triple cordillera, dispuesta en haces. A veces se ensancha en altiplanos que enmarcan altísimas planicies. Sus llanuras son áridas. Sus ríos torrenciales. Desde la costa, forma una suerte de enorme acantilado volcánico frente al desierto.

Es porque el continente ha sido plegado, arrugado, y cubierto por un inmenso tapiz de basalto.

Tras atravesar los bosques de caucho, de balsos y quebrachos, se internaron en una región más áspera, con montañas rojas de pendientes centelleantes, como ropas con bordados de oro e incrustaciones de piedras. Recorrían profundas zanjas de arena, de tierra, y después subían cerros áridos. La lluvia podía llevarse la tierra batida del camino en unas cuantas horas. Y, de pronto, ya no había camino. Había que avanzar en medio de la nada, entre pedazos de tierra donde brillaba la lluvia. Había que subir, subir, seguir subiendo, y repetirse a sí mismos, sin descanso, las mismas cosas.

*

Lo que en aquel entonces hacían los indios, eso nunca lo sabremos. No sabremos lo que los acontecimientos han ocultado. Labran la tierra solos, sin descanso. Y los conquistadores avanzaban, el puño empapado de savia, por el cascajo, tenían listo el inagotable garfio, la pala que remueve la tierra y se frota con el vacío. Pero pronto no quedaría más Tierra Prometida en la que dispersar a nuestras tribus. La unidad del mundo obligaría a fundir los ídolos, que concluirán su minúscula existencia en lingotes dentro de los baúles de la Corona. Únicamente habría un mundo, una sola humanidad. No habría más repliegues, lagunas, reinos soñados. No habría más Edén salvaje. La tierra era ahora redonda. Habría, eso sí, los diálogos de Galileo, el maravilloso mapamundi y la prosaica tragedia del saber.

*

Durante horas, De Soto piensa en mujeres. El olor de los caballos lo lleva a pensar en mujeres. Y siente que todo su cuerpo se crispa. Ha violado a varias indígenas, pero no le gusta demasiado su piel, su olor. Prefiere a su puta española. Sin embargo, es una muchacha con la pelvis ancha, el rostro enfermizo, los senos fláccidos. Las indias jóvenes tienen senos bonitos, como panecillos. Pero a De Soto no le gusta la sonrisa de esas jóvenes, esa simpleza propia de vírgenes. Acepta de buen grado a la Virgen María, metida en esas pequeñas grutas donde se reza por la dicha de todos, pero no quiere nada de eso en su cama. No sabe por qué, pero le gusta la piel triste, la vieja carne que ha servido.

Benalcázar mató ayer a dos indígenas. Su caballo hizo un viraje brusco, y los indígenas, aterrorizados, retrocedieron. Uno de ellos se cayó, y Sebastián, de un espadazo, le partió la espalda. El segundo se aturdió al ver tanta violencia. Titubeó, y el jinete dirigió rudamente a su caballo contra él. El indio, con un palito de madera afilado, golpeó la coraza metálica. La punta de madera se astilló, y Sebastián le cortó la cara de un tajo.

Y Martín Bueno, ¿en qué piensa? ¿Sueña con una sociedad nueva? ¿No quiere renacer como marqués de la patata, príncipe del maíz? Pero sabe bien que nunca será príncipe o marqués, que se quedará en algún lugar, más adelante, lejos, y que, en los azares de un combate, un día soltará un «¡Oh!» y sentirá en el cuello el destello abrasador. Sabe todo eso; y sin embargo trota por la pampa, envuelto en sueños y espolvoreado con todo tipo de glorias estúpidas.

Y Zárate se queda atrás. ¿En qué piensa Zárate, el hidalgo labriego? En nada, no piensa en nada, tiene calor y frío, se está helando. Tiene el vientre vacío. Esta noche ha vomitado.

Los cuadros de Goya son parecidos. Hombres tallados en carbón. Un movimiento de pánico, una bisagra. Se alimentan de una satisfacción muy intensa pero fugaz. No comparten nada, por la noche se acuestan sobre la hierba rasa. Después de comer, se limpian las manos en la tierra.

*

Algunas veces divisaban lagunas centelleantes, perfectamente azules. Entonces se detenían y dejaban que las bestias abrevasen. Uno de ellos entraba en el agua y los demás lo seguían. Se habría podido decir que eran niños raros, con sus cráneos de hierro, corriendo en el agua pese al frío. Luego se estiraban sobre la hierba. Y, una vez que las bestias habían bebido y ellos habían descansado, había que seguir. Cierta pereza los retenía, como si ya estuviesen en el reino que habían buscado, como si la tibieza del aire, la frescura del agua y las manadas de alpacas salvajes fueran el único objetivo de su viaje, como si hubieran cruzado el océano y trepado hasta aquí sólo para echarse sobre la hierba. Pero de pronto el cielo se ensombrecía, soplaba el viento, y ellos reanudaban la marcha y volvían a formar aquella larga hilera de pulgas y mocos.

Las alturas

De repente, los hombres enmudecieron. Una mujer se lavaba el pelo en el río. Era bella, su cabello negro centelleaba. Apenas vestía un pedazo de tela, una especie de camisón. En la orilla había dejado, doblado, un velo, cerca de un lindo jarro. Al verla, les recordó a la Virgen sevillana, santa María la Antigua, a la que se habían encomendado cuando partieron.

Ella no los miró. A unos metros, un niño estaba acuclillado en una choza de cañas. Se adivinaba su silueta. No se movía. Tres perros mudos se acercaron a los españoles, pero se quedaron a poco más de un tiro de piedra. Los jinetes, uno tras otro, fueron deteniéndose. Esa mujer evocaba las madonas de Duccio o de Simone Martini. El mismo rostro sombrío, la misma nariz antigua, la misma mirada adusta. De una sensualidad lejana y misteriosa, pero de apariencia muy simple. Casi vestía de manera similar. En su piel, aunque es oscura, predomina una luz, un resplandor que parece surgir de dentro.

Sin duda, la mayoría de estos hombres no sabían de pintura. Pero, por decirlo de algún modo, habían vivido en las iglesias. Sabían leer a su manera las imágenes de su religión. Identificaban figuras como detrás de bancos de niebla, y no habrían podido decir lo que significaban, pero, cuando las veían, sentían algo.

Pizarro escruta el cielo. Busca un signo. Acab no será feliz mientras no consiga la viña de Nabot. Necesita *eso*. Pizarro sabe que su rostro terminará surcado de arrugas, como la arcilla. Pero vive sumido en esa soledad propia de los heridos. Ninguna ruta lleva a la totalidad, a la perfección, ningún círculo se cierra completamente. El mundo es una esfera, pero lo recorren senderos tortuosos. La cáscara no es lisa. Los españoles irán desde San Francisco hasta Tierra del Fuego. Van a reinar sobre una parte del mundo. Después, los ingleses serán más numerosos que los españoles. Su sed de gloria será distinta, pero no menos imperiosa. Todas las famas se crean a partir de los sueños. Nada surge de sí mismo, y nunca se culmina nada. El final es, simplemente, la fatiga y la muerte. Siempre hay una brecha por donde las cosas escapan, por donde la arena se escurre. Pizarro lo sabe bien, no se alcanza ninguna perfección, y a eso se le llama *vivir*, es eso lo que permite los innumerables movimientos del pensamiento. Pizarro no quería alcanzar nada, o, en todo caso, quería una soberanía fortuita, una escudilla de hojalata.

Pizarro no es el rival de nadie. Todavía no es el adversario de nada. Duerme mal. Sueña, y su sueño mana de una profunda masa negra. Jerusalén ha caído. Él busca al rey, tiene las manos vacías. Después, su cuerpo se disgrega.

Recuerda entonces el sueño del arcadio. Éste viaja con un amigo y llegan a la ciudad de Mégara. Él encuentra alojamiento con una familia, su amigo irá a una posada. Por la noche, sueña que su amigo le pide auxilio. Su vida peligra.

Se despierta en pleno sueño, se viste, deja su habitación, pero, ya en el último peldaño de la escalera, se arrepiente de haber creído de esa manera en un sueño y regresa a la cama. Entonces vuelve a soñar. Pero, esta vez, en el sueño su amigo está muerto, tirado entre la basura y cubierto de estiércol, y su cadáver lo llama, lo llama. El arcadio se despierta sobresaltado, se levanta, muy angustiado, y corre a las puertas de la ciudad. Allí, a lo lejos, divisa una carreta llena de estiércol. La detiene, lleno de aprensión, hurga de inmediato en los montones de paja, y encuentra el cadáver de su amigo.

*

Parece como si las nubes fueran puñados de yeso arrojados hacia el cielo. Habían encontrado una tumba vieja. En ella, un poco de oro. Los cadáveres estaban completamente secos. La lentitud de la descomposición es extrema. Los indios dan de comer y beber a los muertos. Su tumba estaba amueblada. Los españoles desenterraron una momia que debía de llevar ahí siglos, pero que todavía olía a podrido.

A veces, los españoles divisaban a labradores en plena faena y éstos no se interrumpían al verlos. No se sabía por qué, al contrario que otros, no se inmutaban al paso de esta tropa extranjera. El hombre, con una especie de raspador, de espaldas a la ladera, arranca terrones a grandes golpes. Una mujer, frente a él, cada vez que él da un paso hacia atrás, deposita un tubérculo germinado en el fondo del hueco y vuelve a colocar el terrón. Así avanzan, lentamente, subiendo por el terreno, devorando a ciegas las pendientes. Quizá sigan ahí al cabo de quinientos años, cuando todos los españoles hayan enrojecido al contacto con el fuego del emperador, cuando todos los Quesnay, los Jean-Baptiste Say, los Adam Smith, los Ricardo hayan estudiado y racionalizado la abundancia y la penuria. Y cuando el producto de todas las actividades de los hombres sea monetizable y susceptible de gravarse con impuestos, cuando el trabajo sea considerado desde mucho tiempo atrás una simple variable, cuando la estabilidad de los intercambios y de la moneda sea el instrumento de un poder lejano que despliega muy por encima de nuestras existencias su actividad múltiple, permanente, todavía habrá manos secas y cuadradas que depositen debajo de un terrón su bolsita de almidón.

A lo lejos, una larga venda de nubes envuelve las cumbres, lienzos blancos, una muselina que apenas se mueve, finísima. Mundo sin murallas y sin nada que lo sostenga. Los huesos caen en forma de polvo y la tierra es una inmensa tumba llena. Hernando Pizarro da cabezadas a lomos de su caballo. El animal tropieza, y él se sorprende, lo ha pillado desprevenido. Luego, el paso lento lo mece y él se adormece de nuevo. Es un caballero sonámbulo que se ha lanzado a la búsqueda del Grial, pero un Grial de verdad, sólido, fusible.

Sin embargo, nada llega a buen puerto, todo acaba en el vacío. La acción termina en el sinsentido. Ya se han olvidado las razones primeras, el saber cae en el olvido. Toda progresión es gradual, lenta, penosa, pero el final es brutal.

En los aledaños de los pueblos, los viejos recogen ramas secas. Seres encorvados, lentos y meticulosos, recorren el relieve. Hurgan en las colinas, depositan las pequeñas gavillas a lo largo de los caminos. Recogen la menor hilacha. Recolectan flores aprovechables, plantas. Parecen fetos resecos, pedazos de carne desecada que se desplazan en medio del fasto y la miseria de estas tierras.

*

Olvidado en el testamento paterno, Pizarro había ido a Trujillo a buscar a cuatro hermanos. Hacía treinta y cinco años que no regresaba. ¿Por qué se fue? Había huido de casa hacia los catorce años; es difícil ser más preciso, pues no se sabe su fecha de nacimiento. Se dice que, mientras cuidaba de una piara de cerdos, extravió algunos y, para evitar los bastonazos, se marchó, a pie. Gómara sostiene que siguió a gente que estaba de paso y llegó hasta Sevilla.

Pobre y solo, así había vivido. Pero ahora, para partir a la conquista del Perú, necesitaba una familia. Por eso pasó por Trujillo. Allí se encontró con el único hijo legítimo de su padre que seguía con vida: Hernando Pizarro. Al igual que él, era corpulento y de buena planta. Tenía en aquel entonces veinticinco años. Hernando había tomado bajo su protección a dos bastardos de su padre: Juan y Gonzalo. Francisco se encontró también con otro hermano, Francisco Martín, hijo de su madre y, como él, ropavejero.

Aquélla sería la armazón de su ejército, sus hombres más cercanos serían hermanos.

*

Una estrecha línea de porteadores indígenas se aparta cuando pasan los jinetes. Pizarro prohíbe que se los hiera o se los mate, pues los necesita para arrastrar hasta allá arriba la harina y el vino. Y los indígenas, pese a la altura, pese a las largas jornadas, cargan sus fardos sin chistar. En silencio, pasan por encima de los cadáveres. Y, por la noche, celebran una pequeña ceremonia, para permitir a los muertos reunirse con el más allá. Pero los conquistadores vigilan. Los indios saben ahora que su culto es maldito. Y se esconden.

*

Como Colón, quien a su paso bautizó a la mayoría de las islas antillanas, Pizarro daba nombres a los ríos, las colinas, daba a los lugares los nombres del futuro. Él, Pizarro el oscuro, nombraba, bautizaba. Sólo una hazaña podía arrancarlo de la negrura. Para que la nada dejase lugar a su carne, tenía que acometer algo inaudito. Para sobresalir de la oscuridad de su nacimiento, el primer escalón era tan alto que superarlo parecía realmente un prodigio. Había probado suerte de todas las formas posibles. Permaneció casi tres años fuera de Panamá, buscando esa tierra rica de la que todo el mundo hablaba. En medio de las leyendas hechas con andrajos cosidos por los soldados y destinadas a disimular los fracasos de éstos, a granjearse los favores de los más poderosos, a sacar algo de plata, había tenido que construir su propia sarta de mentiras, sin caer en ella. A veces soñaba con todas las promesas hechas, con las negociaciones imprecisas, con los acuerdos secretos alcanzados con cada uno, con los reconocimientos de deuda hechos de palabras murmuradas, con los despechos, con el rencor. ¿Qué haría con todo eso?

Volvía a verse a sí mismo, en su anterior viaje, enterrándose en la arena para dormir a orillas del mar protegido de los mosquitos. Por la mañana, como cadáveres, los hombres surgían lentamente de la tierra. Dejaban sobre la arena de las playas las paredes inclinadas de lo que habían sido sus tumbas por una noche.

Soñaba con los refuerzos recibidos, con Benalcázar, con De

Soto. ¿No era eso una señal de la Providencia? ¿No había estado al principio más solo que cualquier otro hombre, no había sido más pobre que un esclavo negro, cuando en el fortín de San Sebastián de Urabá, asumido su primer mando a la edad de treinta años, como en los barcos no cabían los sesenta hombres que quedaban con vida, se negó a partir? Cada día había hecho la triste cuenta de los hombres. La enfermedad, el hambre se los llevaban rápido. Partiría, pero no abandonaría a nadie. Así pues, había que esperar a que la muerte se cobrara su parte. Aquello duró varios meses. Los soldados iban muriendo de disentería. La selva los tenía encerrados en un estrecho perímetro de muerte.

Por fin llegó el día en que cupieron todos en los barcos. Entonces hubo que partir. Se decidió echar los barcos a la mar. Los hombres, cansados, harapientos, empujaban los navíos, como enormes carretillas, entre las olas. Izaron las velas, que estaban llenas de hongos. Una brisa sacudía el cordaje. En los últimos días habían reemplazado un mástil por un tronco.

Navegaron de ese modo algunas horas, hasta que el cielo se cubrió. Los bergantines se mantenían a flote con dificultad. La fuerte marejada, la violencia del viento les impedían maniobrar. De repente apareció un pez enorme, una criatura prodigiosa; rozó primero uno de los dos navíos. Su lomo surgió del agua y se deslizó de tal modo que parecía salir del agua y entrar en ella al mismo tiempo. Sin hacer un solo gesto, los hombres miraban pasar la inmensa osamenta a lo largo de la embarcación, cuando bruscamente la cola surgió del oleaje y golpeó el barco. Varios hombres cayeron. Luego, la embarcación se rompió y se fue a pique. El viento impedía que la otra embarcación acudiera en su ayuda. Y ellos se alejaron sin poder hacer nada, aunque de vez en cuando divisaban a lo lejos un pedazo de madera o a un hombre que sobrenadaba un instante.

Sí, había estado más solo que cualquier otro ser sobre la Tierra. Su pasado regresaba en un revoltijo penoso de impresiones. Y él recordó aquella Nochebuena, años más tarde, cuando hubo que compartir las últimas reservas con los hombres extenuados, que no deseaban más que una cosa: regresar a Panamá. Se morían de hambre. Habían racionado el agua. Los hombres querían volver; una treintena de soldados había muerto en menos de dos meses. Pero él, Pizarro, se negaba a regresar. Eso habría significado condenarse a no poder volver jamás. Montenegro se fue, pues, a buscar víveres y hombres. Tardó un mes. Los navíos estaban carcomidos por los gusanos. Se dislocaban por todas partes. La embarcación de Montenegro se pudría. Hacía aguas. Era una especie de carraca que debía efectuar la ida y la vuelta a Panamá, que, a su vez, no era más que un montón de cabañas de tablas y, alrededor, no había nada, nada salvo pueblos vacíos, ríos malsanos, la fiebre.

Después del regreso de Montenegro, se habían vuelto a marchar con algunas reservas, a lo largo de las costas. Pero casi de inmediato habían pasado hambre otra vez, sufriendo lluvias torrenciales, instalándose algunos días en míseras cabañas hechas de follaje. Habían tenido que soportar miles de mosquitos, comer el cuero de sus monturas. Se abrieron camino por selvas tan densas que se hubiese podido tener la impresión de que buscaban un misterio más profundo que el oro. Avanzaban bajo inmensos pabellones de hojas, entre un aglomerado tal de podredumbre que por momentos tenían la impresión de extraviarse en un país de vida y muerte, de silencio y bullicio, de presencia y soledad. El pequeño ejército avanzaba en una penumbra inquietante. Se oía a los pájaros, se oían gritos, pero nunca se veía nada. La selva era como un largo desvío que llevaba hacia otro mundo. Las voces empiezan a hablar, pasan sombras, una reverberación lejana sobre el agua crea una forma preciosa. Pizarro no ha olvidado el ruido de las gotas que caen a lo largo de esos inmensos balcones de hojas. No ha olvidado los insectos que suben y bajan sin ruido por los tallos. No ha olvidado la lluvia, la lluvia en ocasiones tan impetuosa que parece un prodigio, la lluvia que chorrea sobre las piernas, que flota sobre el rostro y quema y se extiende sobre el suelo en un amasijo negruzco. Y ellos habían hundido su miseria en lo más hondo de las selvas. Después habían regresado, cada vez más solos, cada vez más tristes. Un día, habían vuelto a embarcar y a bordear las costas.

Y entonces, mientras achicaban agua de la bodega, un soldado divisó un pueblecito en un promontorio, rodeado por una oronda empalizada.

Había sido necesario fondear, después trepar una colina abrupta. El pueblo estaba desierto, pero encontraron fruta, maíz, toda suerte de víveres. Los españoles sintieron entonces un alivio tan grande, estaban tan cansados, tan hambrientos, que comieron muy rápido y pronto los asaltó el sueño. Echados cerca de los caballos, delante de las chozas de barro y cañas, la mayoría de ellos se durmieron. De repente se oyeron gritos, los techados se quemaban. Se levantaron, aturdidos, sin apenas haber tenido tiempo de disfrutar y descansar.

Eran los habitantes del pueblo, que regresaban. Entraron por las brechas de la empalizada. De golpe, surgían indios por todas partes. Atacaron furiosamente e hirieron con rapidez a varios hombres. Un soldado recibió un flechazo en la espalda y rodó por tierra. A otros dos les hicieron el cráneo pedazos. Un jinete avanzó hasta la entrada del poblado y obligó a retroceder a los indios, pero una lanza le perforó el brazo. Entonces los indígenas se abalanzaron sobre él y lo hicieron caer de la montura. Lo remataron a pedradas y lo arrastraron un poco más allá. Pizarro se acordaba del indio al que había perseguido hasta el interior de una choza y que, sintiéndose perdido, se quedó inmóvil, mirándolo. Permanecieron un instante cara a cara; después Pizarro le hundió la espada en el vientre. Y lo había mirado hasta el último momento, había esperado la muerte, quizá quería ver cómo la muerte entraba en el rostro. Pero no vio nada, el indio cayó de rodillas, después de costado, lentamente. No ocurrió nada.

En ese momento sintió que una viva quemadura le recorría el cuerpo. Al volver en sí, vio que los indios ya se habían ido, dejando tras ellos siete muertos y casi veinte heridos. Los hombres estaban sentados alrededor de los cadáveres, los rostros llenos de angustia. No cavaron fosas para los muertos. Pizarro fue llevado de vuelta al navío. Pasó varios días echado, la cabeza envuelta en un paño. Recordaba los vaivenes de la embarcación, los chirridos de la madera, la sed. El casco estaba echado a perder, se anegaba y el barco era una ruina. Los hombres querían regresar, estaban hartos de las selvas, la lluvia y la podredumbre. Querían regresar a sus casas, volver a las miserables chozas de Panamá. Y entonces viraron hacia el norte. Pero, incluso en esas circunstancias extremas y al límite de sus fuerzas, Pizarro no había querido abandonar. Había dado orden de ir al norte, pero se detuvo en Chimán, frente al archipiélago de las Perlas, y esperó noticias de su socio.

Pizarro tenía dos socios en este asunto. Uno era sacerdote, el otro soldado. El sacerdote, Hernando de Luque, juntaba los capitales; el otro, Diego de Almagro, se encargaba del avituallamiento. Almagro, inquieto, había partido en busca de Pizarro y sus hombres y, entre dos hileras de chozas, en algún lugar de la selva, le habían reventado el ojo con una lanza. Entonces, con la cara llena de sangre, sin poder ver nada, ordenó a gritos que incendiaran el pueblo. Y, una vez que el incendio devoró todas las cabañas, arrastró su embarcación un poco más al sur, pero, perdida ya toda esperanza, retomó la ruta hacia Panamá.

Durante ese tiempo, Pizarro había esperado. El clima húmedo había corroído en él algunos sueños. Tuvo que soportar durante meses una espera inútil, llevar una existencia blandengue e irrisoria. Pero, al fin, Almagro le había dado alcance. Y Pizarro lo había convencido de que regresase solo a Panamá para buscar hombres, armas y víveres. Si Pizarro regresaba a Panamá, ya no podría volver a marcharse. Él tenía que quedarse en sus junglas y esperar. Ya había costado muy caro en materia de soldados, y si regresaba, le quitarían todo poder. Tenía que quedarse, a cualquier precio, pese al fracaso, a la fatiga y la desesperanza.

Finalmente, cuando Almagro había regresado de Panamá, vio que la suerte había vuelto a sonreírle: por primera vez había conseguido arcabuces. Juró todo lo posible sobre la cruz y los santos Evangelios. Ya estaba. Tenían pólvora y tubos de hierro. Entonces emprendieron el segundo viaje. Habían carenado los navíos, comprado víveres, reclutado hombres, y volvieron a marcharse. Hubo todavía muchas más dificultades y bastantes muertos.

Éste era su tercer viaje. Almagro se ocupaba en Panamá del abastecimiento y de la leva de tropas; se les uniría más tarde. Ahora, Pizarro remontaba los Andes; hacía muchos días que el calor no apretaba, pero los caballos resoplaban, babeaban y parecían fatigarse al menor paso. Tras remontar el valle del río Saña, la larga hilera se estiró y formó varios grupos. Pizarro iba delante, con una cincuentena de hombres y millares de moscas.

Entonces recibieron las últimas embajadas del Inca. Repetidas veces, habían llegado hombres camuflados que se habían mezclado con los indios de los pueblos; repetidas veces les habían soltado la misma mezclita de paz y amenazas. Pero ellos no habían escuchado. Habían proseguido su camino. El Diluvio no había engullido a toda la raza de Caín: algunos hombres habían sobrevivido; ya podían los indios intentar todo tipo de ardides, que no tendrían efecto alguno sobre esta raza. Los españoles no sabían escuchar. No salvarían ni sus vidas ni las de los demás. No se arrodillarían tras el ventanuco de una secretaría. Venidos del fin del mundo, se arrojarían sobre los pueblos, y después, conquistadas las riquezas, se echarían sobre la hierba para morir.

Cajamarca

La ruta, flanqueada de cactus y flores, transcurría en medio de colinas que verdeaban. De pronto, en las alturas, apareció Cajamarca. Cuando vieron sus edificios regulares, los cultivos en terrazas de las cercanías, los españoles se maravillaron. El recinto de tierra apisonada, la extensión de la ciudad, los anchos muros, las numerosas fuentes, el templo y el apacible verdor que lo rodeaba, todo indicaba que entraban en el corazón de un verdadero imperio; y se percataron de la desproporción. Reconocieron que se disponían a luchar contra un adversario poderoso, no contra un puñado de tribus indígenas dispersas. Por primera vez percibieron el alcance de su audacia, comprendieron que se habían embarcado en una empresa delirante y, sin duda, algunos se preguntaron cómo habían podido ser tan incautos.

Pizarro, a la cabeza de la primera columna, dio la orden de esperar a los demás. Era mediodía. Esperaron varias horas a que el resto de la tropa se les uniera. En los flancos de las montañas, los pasos escarpados impedían el avance en grupo y había que separarse en columnas que se estiraban con el curso de las horas. Tuvieron tiempo de admirar los campos en derredor, los bosquecillos de árboles frondosos, los matices de colores. Pero también para contar las tiendas hechas con telas y levantadas por el Inca a aproximadamente una legua y media de la ciudad. El campamento ocupaba una gran superficie de terreno, era como otra ciudad, blanca, hormigueante de servidores, de porteadores, un verdadero ejército.

Los españoles sintieron todo el desesperado absurdo de su situación. ¿Qué hacían ellos aquí, tan lejos de su país y en número tan reducido? Tuvieron que disimular su pavor para que sus porteadores no aprovecharan para atacarlos o huir. Debían mantener su actitud habitual, altiva. Debían comportarse como vencedores, pese a que a su alrededor todo indicaba que estaban perdidos.

Por la noche, los españoles entraron en la ciudad en orden de batalla. Los indios se habían acercado para verlos, grupos de curiosos que confirieron a la solemne entrada visos de espectáculo. Entonces cayó la tempestad, el aguacero, el granizo. Los españoles entraban en Cajamarca empapados, recorrían las calles a lomos de caballos llenos de barro, hacían ruido a fin de espantar a los indios; empezaron a reagruparse en medio de la plaza de la ciudad, formando un triángulo, y como no importa qué parte del infinito es infinita, el miedo que sintió cualquiera de ellos fue profundo. Tenía algo de irreal aquel denso triángulo de hombres, una forma absolutamente santa, con sus tres ángulos, sus tres lados, en el centro de una ciudad abandonada por los indios.

Cuando todos se hubieron reagrupado, el día casi tocaba a su fin. En ese momento, los porteadores indígenas se echaron a llorar. Temían las represalias del Inca. Un grupito de hombres buscó un reducto dónde atrincherarse, un refugio mejor que los edificios que rodeaban la plaza, pero no encontró nada. Entonces, los soldados instalaron sus cuarteles en aquel lugar.

Pizarro envió a De Soto al campamento del Inca. Una cuarentena de jinetes galopó hasta los baños de Pultumarca. Hoy en día, se puede alquilar un camarín privado por un dólar cincuenta y acceder a una piscina pública por cincuenta céntimos. Pero, en los tiempos del Inca, sólo el soberano y los suyos disfrutaban de una mezcla de agua sulfurosa, fría y caliente, en las proporciones deseadas. Nadie más podía entrar en los baños bajo pena de muerte. Los españoles avanzaron entre una doble hilera de indios armados. Los que estaban en las puertas preguntaron a

De Soto qué buscaba. Respondió que quería ver a su amo. Pasó mucho tiempo. Atahualpa salió finalmente, oculto detrás de una sábana sujetada por dos mujeres que le daban la cara, como era usanza. De Soto pidió que apartaran el velo.

El Inca no manifestó sorpresa alguna. No miraba a los españoles y sólo se dirigía a ellos por intermedio de uno de los nobles de su corte. Atahualpa era un hombre un poco grueso, de gestos lentos y majestuosos. Hablaba sin levantar la voz, como quien no teme que no lo oigan o que lo malinterpreten. Tenía el semblante grave, de una firmeza que provenía de su interior. Ordenó que le dijeran a De Soto que les haría pagar la afrenta de haber arrasado su país y saqueado su ciudad. Añadió que al día siguiente iría a verlos.

Cuando ya se marchaban, De Soto dio media vuelta con su caballo; en ocasiones se ha dicho que el morro del caballo se acercó al Inca y que un poco de baba mancilló sus ropas. El Inca se mantuvo impasible, y aquellos de entre sus hombres que se inquietaron y perdieron la sangre fría fueron ejecutados de inmediato.

*

Nadie sabrá nunca qué pensaron ni qué sintieron los incas. Les habían contado que los caballos se alimentaban de carne humana y que estaban dotados de inteligencia. Les habían dicho que los españoles llegaban desde el mismo horizonte por el que habían desaparecido los Creadores del mundo. Y ahora sabían que los españoles eran mortales, como ellos; que sus caballos eran como las llamas, sólo que más grandes; que sus largas espadas no eran más que armas de metal. Pero ¿por qué llegaban en ese preciso momento?

Huayna Cápac, el padre de Atahualpa, había fallecido por culpa de la epidemia de viruela, también traída de España. Muchos habían muerto de esa extraña enfermedad. Después de padecer estremecimientos horribles y náuseas, se extendían por toda la piel unas manchas pequeñitas y rojísimas, como picaduras. Cubrían la cara y las palmas de las manos y el cuero cabelludo. Pronto las pústulas devastaban el cuerpo, y la gente moría.

Su hijo Huáscar había ascendido al trono. La elección de la nobleza cuzqueña había recaído en ese príncipe, que, sin embargo, al parecer no era hijo de princesa imperial. Se esperaba que fuera dócil. Para asentar mejor su reino, incluso se pensó en casar a su madre con la momia del Inca. Para ello, hubiese sido necesario sacar de su guarida el viejo rostro lleno de agujeros. A nadie le apetecía mucho aquello. El rostro del muerto había dejado un recuerdo extraño. Se decía que, al final, Huayna Cápac estaba irreconocible, incluso para sus mujeres, que se negaban a acercarse a él.

Tuvo cerca de cuatrocientos hijos, lo que dificultaba la sucesión. No cuesta imaginar a aquella multitud de hijos e hijas, los herederos, que, en lo más hondo de sus deseos irrevocables, esperaban ser el designado.

Por lo tanto, se desató una guerra. Porque otro de los hijos había reivindicado para sí el trono, un hijo venido del norte, allí donde Huayna Cápac, hacia el final de su vida, había hecho campaña, cerca del ecuador, en el umbral de la selva profunda, un hijo que tuvo con una princesa pequeña y de piel oscura, una princesa indígena ágil, muy bella y que lo había camelado de tal modo que el viejo soberano de las montañas, que ya poseía una descendencia tan numerosa, había terminado por volcar en ese joven hijo un poco de amor.

Huayna Cápac había tomado a su hijo con él, lo había llevado a dar una vuelta, armado, por los lindes del imperio; y sus hombres conocieron entonces al joven Atahualpa. Lo vieron combatir al lado del viejo mono, lo vieron cortar cabezas en los campos de coca, y así fue como los *yanas* formaron a su alrededor un verdadero cordón de fuerza fresca.

Esos *yanas* eran todos excautivos o criminales que el soberano se había adjudicado como servidores y que dependían enteramente de él. Muy rápido creció su poder; el imperio reclutaba de entre ellos a sus mejores soldados y, pronto, a sus generales. En sus deseos de borrar completamente su origen oscuro o sus crímenes pasados, defendieron al joven príncipe del norte contra los sacerdotes y los nobles de Cuzco. El mismo Atahualpa tenía otro tipo de herencia, no descendía directamente del sol, no era hijo de una princesa inca, sino que había venido por la oración de una mujer, había nacido de las dulces caricias de su madre a un hombre que no hablaba su lengua.

A la muerte de Huayna Cápac, Huáscar y Atahualpa se levantaron uno contra otro. Su lucha brutal debía de ser la expresión de una profunda angustia. Sin duda, bajo el pedestal de herencias y reinos, bajo los actos gloriosos, pululaban otras alimañas. Los *yanas* eran una fuerza ascendente, se sentían como en casa a lo largo de todo el imperio, sin distinción de razas ni de oficios. Quizá se preparaban —como los mamelucos que ejecutaron al último de la dinastía ayubí— para hacerse con el poder. Así, los mamelucos habían convertido Egipto en una gran potencia. Habían rechazado a los mongoles, expulsado a los francos; su poder se había extendido por Palestina, Siria y la región Cirenaica, y habían impulsado las artes y las ciencias. En cuanto a los *yanas*, ellos no tuvieron tiempo de consumar tan grandes hazañas.

El ejército de Atahualpa fue, al principio, derrotado. Creyeron que la guerra civil había acabado, que Cuzco conservaría su preeminencia secular y que el joven y legítimo soberano había alejado al bastardo. Pero los *yanas*, un poco más lejos, una vez recuperados del pavor inicial, reconstituyeron sus tropas. Reunieron a los soldados que se escondían en casucas y en las selvas. Por la noche siseaban, llamándolos. Tenían que regresar, aún no estaba todo perdido, Atahualpa reinaría sobre su pueblo. Arañaban las tinieblas, lentamente reunían jirones de ejército. Se hubiera podido decir que atraían a los muertos con melodías tocadas con una flauta, que los hacían formar hileras en lo hondo de las llanuras, de noche, y que por la mañana se escondían y dormían. Reclutaban en lo oscuro, sin descanso, buscando una abnegación peligrosa en lo desconocido y en el miedo. Y una vez reagrupados, habían ido a sorprender a Huáscar cerca de Chontacajas. Allí, la larga fila de hombres penetró en el centro del ejército enemigo. Entonces, pese a su superioridad numérica, Huáscar fue capturado y arrojado al suelo. Rodó como una bolita de piel y pelo. Lo recogieron un poco más abajo.

Ahora Atahualpa reinaba solo en el imperio. Era el centro de esa gran maquinaria. Pero lo que había ocurrido, la caída al suelo del otro Inca —el cielo vacío, la torre muerta—, todo eso había hecho mella en los hombres. Habían tirado al Inca de su litera, lo habían capturado como a un ratero y lo habían arrastrado por el suelo. Hasta ese momento, todo lo que tocaba al Inca se convertía en tabú. Nadie podía utilizarlo de nuevo. Había mujeres que se ocupaban de recoger esas cosas y guardarlas en arcones. Con pequeñas palas, amontonaban sus tesoros: huesos roídos, pepas de fruta, conchas, restos de toda índole. Las mujeres recogían la indumentaria que él había vestido, todo lo que había tocado con sus manos. Y, una vez al año, en una peregrinación que sólo les estaba permitida a ellas, cargaban con todos los sacos llenos de restos fétidos, trajes y alimentos podridos, los llevaban a un lugar apartado y allí, lejos de los pequeños triunfos de cada día, los quemaban. Todo lo que había utilizado el Inca debía consumirse en las grandes llamaradas de la duda. Después se dispersaban las cenizas, se confiaban al viento frío los pobres secretos de un reino.

Sin embargo, ahora que un Inca había sido arrojado al suelo, ahora que un soberano había perdido el don de alejar y confundir, e incluso había sido apresado, todos vieron crecer en él, muy rápido, en su armazón de carne y huesos, la misma debilidad de los demás hombres.

*

Fue una noche larga, llena de angustia. Los gemidos de los porteadores daban a la espera un carácter lúgubre. Pedro Pizarro cuenta que, atenazados por el pánico, pasaron la noche en vela. Pero a Francisco Pizarro no parecía afectarle la desazón que cundía entre los hombres. Dividió en dos la caballería; su hermano

Hernando estaría al mando de una mitad, la otra la lideraría De Soto. También separó a la infantería. Una parte estaría a las órdenes de su hermano Juan, la otra a las suyas. Ordenó a Pedro de Candía ascender a una torrecilla fortificada y llevar con él un falconete, para que, a una señal de Pizarro, disparara. Los españoles atarían cascabeles a sus animales para sembrar el terror. Los jinetes surgirían de los edificios donde se habrían ocultado. Habría que controlar las dos únicas puertas que daban a la plaza, y ésta se convertiría en una trampa terrible. Pero el Inca debía entrar en ella.

En poco tiempo, no quedaba un solo español en la ciudad. Las calles estaban vacías. Los hombres, con los caballos ensillados, pasaron la noche velando las armas. Se orinaban encima del miedo. Los porteadores seguían gimiendo. Una masa fatigada lloraba. Bajo los solivos sin desbastar y los haces de plantas, una ola se retira por unos segundos, luego regresa, insinuándose lentamente en los pensamientos. El centinela recorre la oscuridad, las frentes se agachan, los cuerpos se voltean. Pero los pasos se alejan y los llantos se reanudan. Por unos instantes, el silencio pasa a través de los hombres, largo corredor vacío.

De repente se despejó el cielo. Parecía que las estrellas centelleaban más. Durante aquella espera, Pizarro mira su mano arrugada. Tiene más de cincuenta años, está viejo. Los años que acaban de escurrirse forman como inmensas rebabas que se estiran, regresan, empiezan de nuevo... y el tiempo, mangle de carne, aire y sangre, es como este país, hecho de desiertos, bosques tropicales y también altas montañas; la agitación reina sobre los hombres. Después de pasar largos años en las selvas colombianas, después de numerosas exploraciones fallidas, después de muchos muertos, entre grandes sufrimientos, en la humedad de la tierra, acosados por los indígenas o, al contrario, sin encontrar durante semanas un solo pueblo donde conseguir víveres, una vez descubierto un país de elegante orfebrería y que promete grandes riquezas, una vez de regreso en Panamá, una vez desbaratadas allí las intrigas de quienes querían malversar en beneficio propio las ganancias de una empresa futura, una vez atravesado el océano, había tenido que sufrir, de vuelta en España, prisión por deudas, pasar varios meses en un calabozo, y tras la prisión, había tenido que ir a Toledo, arrodillarse ante el trono y, finalmente, obtener las capitulaciones necesarias y el título de gobernador de una provincia todavía inexistente. Entonces tuvo que reclutar tropas, encontrar armas, caballos, víveres y navíos donde embarcarlo todo. Tuvo que hacerse de nuevo a la mar, y rápido, antes de que se lo prohibiera la autoridad. Luego tuvo que soportar la marejada durante semanas, beber agua estancada, comer carne seca, después lidiar en Santa Marta con las maquinaciones, con las defecciones, y volver a partir. Fue necesario atracar en Cartagena de Indias, encontrarse con sus socios, negociar, reclutar a otros hombres, conseguir pertrechos y más dinero. Luego embarcar de nuevo, bordear las costas, desembarcar —vieja bestia bárbara—, padecer hambre, sed, atravesar selvas exuberantes, desiertos, y encontrar en ruinas la ciudad donde esperaba hallar incontables riquezas. Por último, tuvo que escalar montañas altísimas y morir de frío para encontrarse allí, entre cuatro muros de granito, esperando —mientras decenas de miles de indios acampaban afuera— la llegada de un gran ejército victorioso.

Sin embargo, Pizarro no tenía miedo. No esperaba desde hacía unas horas: esperaba desde siempre. Aquella era *su* noche; desde esa oscuridad él surgiría de la nada. Bien podía esperar unas horas más. Cuando la temperatura bajó, respiró con un placer que hasta ese momento nunca había experimentado. Inspiró profundamente, como si aspirara un aire de más allá. Sentía una alegría límpida mientras percibía todo lo que ocurría alrededor: el tembleque de una mandíbula, una vela a punto de consumirse. Vio los círculos de orina alrededor de los pies de los hombres, el pequeño cerco de saliva de un indio dormido. Sintió la órbita del mundo, la resaca lejana. Por fin iba a llegar su día. En sus jaulas de piedra, los españoles parecían miembros de una pretérita realeza de lodo y de sombra. Parecían escrutar en lo oscuro el pasado entero. De repente, dio la impresión de que Pizarro se perdía en la noche. La vela que tenía cerca se apagó. Era como un antiguo rey que viviera en una tumba, prisionero de la piedra. Los españoles se sorbían los mocos, escupían. Las estancias donde se encontraban apestaban. Hacía frío. Pizarro se acordó de la pestilencia permanente que habían soportado en la costa, las ropas que se pudrían sobre la piel. Recordó las tablas mal ensambladas de las cabañas, los escorpiones que caían del techo. Recordó los diluvios, y se dijo que aquélla era su noche. Los demás temblaban, se lamentaban o callaban, pero él sabía que la gloria siempre se funda en hechos reales, que el tiempo —enorme masa de sueños y deseos— en ocasiones se resquebraja, estrellándose contra los hechos, que la vida de los hombres se acerca en ocasiones a ellos, desviada a veces por un peñasco, un tronco de árbol, un meandro; y —mañana— esperaba que se produjeran esos hechos reales. Así, aquella noche era suya y de nadie más. Había trazado sus planes, había visto a Benalcázar, que ahora estaba postrado, mascando una correa de su montura. El padre Valverde se le había acercado, habían pasado unos minutos juntos, en silencio, como si hubieran mirado a través de un agujero en el muro y hubieran visto la misma escena extraña. No habría sabido decir cuál.

Recordó a uno de sus soldados, el que, en Puerto de Piñas, fue preso de una locura súbita. Volvió a ver las espesas selvas, las montañas escarpadas, las bestias moribundas. Luego recordó Santo Domingo, sintió el sabor del casabe de yuca, del tocino. Era al comienzo de su estancia en las Américas. Estaba bajo las órdenes de Ojeda. Un día, éste recibió un flechazo en el muslo y ordenó que le aplicaran un hierro candente sobre la herida. La pierna había humeado. El olor de la carne chamuscada había sido tan intenso que la saliva había acudido a sus labios al mismo tiempo que el asco. Después le habían envuelto la pierna en telas humedecidas con vinagre.

Entonces recordó sus inicios, cuando era escudero de Ovando, en Santo Domingo. Lo acompañaba en sus campañas. La capital había quedado destruida por un huracán, había sido necesario reconstruirla. Muchos hombres morían nada más llegar; en esos primeros tiempos los acosaban las dudas, el cansancio. Luego habían pacificado la isla, se le había obligado a entregar con creces su dote de sangre. Al comienzo se buscó llegar a buenos términos con algunos reinos, luego se los atacó y se los deshilachó, a uno tras otro, como si fueran pequeños ovillos de lana. Al final sólo quedó uno, y se lo ahogaba por todas partes, enajenando sus tierras, robando sus cosechas, violando a sus hijas. El discutible heroísmo de los comienzos había dado paso a una rutina mortífera. Y Ovando jugaba con ese último reino, expulsándolos cada vez más lejos, despreciando a sus jefes. Más tarde aprovechó la oportunidad que le brindaba una fiesta a la que acudió toda la población del reino. Esperó a los bailes, a los cantos, a que se formara la gran molasa de carne; y, cuando todos estaban allí, cuando la fiesta henchía los corazones, Ovando dio la señal. Se desbrozó a la muchedumbre con picas. Todos murieron quemados. Una reina de la isla, muy querida por todos —y que había creído en aquel feudalismo del oro y de la caña de azúcar—, fue ahorcada.

Enseguida Ovando fundó quince piojosas ciudades, organizó una forma de esclavitud y extendió la ganadería, dejando pacer en cualquier lugar a los caballos, las vacas y los cerdos. Pronto los españoles invadieron la isla entera, destruyendo los cultivos, avanzando sobre los terrenos de caza. Cada incidente con los indios era una oportunidad para ejecutar a otro y a otro más.

Algunos soldados rezaban. Pizarro miraba con envidia a los hombres arrodillados. Un esclavo negro dormía sobre la tierra batida, helada; se había cubierto con paja y estiércol. Las arrugas de las piedras parecían una continuación de su rostro; tosió y escupió sangre. El suelo fangoso, los soldados ocultos en ese edificio sombrío, parecían una imagen del caos pagano. En lo oscuro se adivinaba un rostro negro y triste, la humareda trémula de una fogata, las protuberancias de una coraza. Era como si toda esa masa ciega de huesos, brazos y rostros esperara el día del Juicio Final. De Soto estaba aturdido, febril. Por momentos, el resplandor de una vela resaltaba las venas gruesas de su cuello. Las piedras brillaban como espejos, pero solamente reflejaban la oscuridad que se escondía dentro de los cuerpos. Un río corre desde siempre hacia regiones que no conoce; circula por las mismas riberas, pero el agua, que siempre mana de la misma fuente, no puede recordar las orillas que mojará una sola vez. De pronto, un hombre cantó. Una voz grave y luego, como estampada en una trama más oscura, una voz dulce, femenina. De Soto pensó en una canción española, extremeña. Le recordó su primera infancia. ¿No era una tonadilla que su madre tarareaba? Apenas recordaba a su madre, pero por un segundo creyó reconocer la canción. Era una tonada sencilla, en tono descendente, las dos voces cantaban al unísono, dejando entrever un deseo profundo de paz y de amor. «¿Dónde estás? ¿Dónde estás? ¿En las nubes? ¡Escúchame! ¡Respóndeme! ¿No podría verte? Corre hasta mí, río de sangre, corre hasta mí.» Los últimos pábilos conferían al lugar una solemnidad extraña. Un caballo volteó la cabeza hacia atrás y se arrancó pulgas con los dientes, luego regresó a su pétrea inmovilidad.

La canción continúa, apenas audible. De Soto busca con la mirada la boca de la que surge el canto. Cerca de una pared enlucida con arcilla, ve a un indio que tiene los ojos cerrados. El olor a agua estancada y a orines se mezcla con aquella voz dulce, lejana. Es un indio quien canta, se dice, sí, es un indio. Había creído reconocer una canción infantil, pero es la voz de un indio. La primera voz enmudece. Sólo queda la voz femenina. De Soto la escucha, pero ya no verá de dónde procede. Ya no quiere saber más.

Un hombre jugaba con un sapo. Lo empujaba con el pie y lo rasguñaba con una pajilla que le hundía en la garganta. El sapo terminó por deslizarse debajo de una piedra. El hombre se armó con un palo, rascó y rascó, pero no consiguió hacerlo salir.

El padre Valverde se había envuelto en una pelliza grande. Soñaba con el camino blanco que habían seguido durante días, con las hierbas que crecían en los márgenes. Dio una vuelta por la plaza y vio, al norte, una estrella brillante y fría. Un hombre llevaba casi una hora tosiendo. Puso el pie sobre una mazorca de maíz mordisqueada. Tenía hambre y frío. Se arrebujó aún más en su pelliza. Acudió a su mente el recuerdo de una poza de agua clara que había visto durante el ascenso. Había en ella diminutos peces de plata, sus vientres centelleaban bajo el agua. Eran partículas de luz, pero vivas; los pececillos nadaban y, bruscamente, se alejaban, sin darle tiempo a seguirlos con la vista, como si algo los aspirara o repeliera. Se movían con vivacidad, compactados, jamás perdían a ninguno de ellos; no había ni ovejas perdidas ni hijos pródigos. Era maravilloso verlos deslizarse entre las piedras, colarse en el cieno: imagen de la alegría. A menudo, los valles estaban salpicados de lagunas y Valverde se había fijado en que, alrededor, había unos árboles muy hermosos de tronco brillante. Una vez, se habían cruzado con un grupo de campesinos que manoteaban al borde de un terreno cultivado para espantar a los pájaros. Ahora volvía a ver esos rostros de rasgos poderosos, sus miradas tímidas. Se preguntó si un viejo labriego loco al que habían visto, sentado en un escalón del camino y que se había mantenido inmóvil mientras ellos pasaban, no era la imagen de otra cosa, pero ¿de qué? El viento azotaba los grandes árboles, bosques enteros, el mismo viento que carcomía el suelo, alisaba los acantilados, removía las hierbas ralas y a veces incluso las arrancaba de raíz. Mañana, se dijo, el suelo no dará más frutos. Pero enseguida salió de su ensimismamiento y se preguntó qué extraño derrotero lo había llevado a pensar eso. Al caer la tarde, había bendecido a los hombres. Les había hablado del Dios vivo, de la cruz y de las heridas sangrantes. Les había hablado del amor de Dios, pero también de su omnipotencia. Ahora volvía a ver los terebintos, los grandes árboles de altas ramas cargadas de hojas. Volvía a ver las llanuras desnudas, las pendientes abruptas y la última curva antes de Cajamarca. Volvía a ver los suelos arenosos donde los caballos se hundían, el lecho de mariposas azules, las heridas que las cinchas dejaban en la carne.

El alba empezó a hacerse notar. Las bocas exhalaban vaho. Los compañeros de Ulises, en el interior del caballo de madera, también habían tenido que esperar, acuclillados, en medio de la Acrópolis, y cuando Anticlo estuvo a punto de levantarse y gritar, Ulises le puso a tiempo la mano en la boca. Quizá el viento hacía temblar las paredes hechas de tablas. El caballo estaba allí quieto, inmensa trampa silenciosa. Alrededor de él, los troyanos discutían. Algunos querían destripar ese objeto de madera hueca, otros arrojarlo por los acantilados, y otros aun entregárselo a los dioses como ofrenda. Pero, durante la noche, el caballo vomitó sus guerreros. Éstos saquearon la ciudad, la incendiaron. Troya fue destruida.

En Cajamarca, los españoles prepararon algunas fogatas; arrancaron la madera de las casas y desmembraron los escasos muebles que encontraron, y en ellas asaron su comida. Comieron poco, la mayoría no tenía hambre. Sus vientres estaban duros. Veían sombras en el llano. Algunos incluso creyeron que las sombras les hacían señas. Pero lo que les parecían indios escondidos eran, sin lugar a dudas, boscajes, formas del relieve. Al atardecer habían visto a un pastor, allá lejos, en lo alto de las colinas, pasar con sus llamas. Conducía, recortándose en el horizonte, a sus animales. Los españoles miraron largo rato aquella banda de lana extenderse bajo el cielo. Pero, por la noche, el menor ruido parecía tener un sentido secreto. El peligro acechaba por todas partes. ¿Atacarían los indios antes de que rayara el día? Los españoles no lo sabían; esa noche no sabían nada. No sabían si los indios estaban ahí, cerca de ellos, como un cuerpo amoroso en la noche. Ni siquiera sabían si la mañana llegaría, a su hora, fiel y orgullosa. No, ya no sabían nada; y sin duda la mayoría de ellos, de haber podido, habrían renunciado a saber nada. Pero ya era demasiado tarde. Unas horas antes, aún habrían podido abandonarlo todo y regresar a su pequeño pueblo de piedra seca. Pero aquella noche, frente a millares de indígenas que se mantenían inmóviles, como por milagro, ya no podían partir.

Pizarro tuvo la impresión de que de él mismo se desprendía

cada hoja, cada gota. Después de dedicar veinticinco años a perseguirlo, finalmente se enfrentaba al adversario que se había creado. Todos los brillos engañosos del descubrimiento y de la riqueza fácil se habían apagado. Solamente creía en Dios y en un asombroso esfuerzo por vivir. Y sintió en su interior un árbol frondoso, tembloroso, un movimiento natural irresistible.

Hernando de Soto esperaba el nuevo día junto a una de las fogatas. Intentaba ahuyentar las imágenes dolorosas con el calor y la ubicuidad de las llamas. Miraba, se reajustaba la ropa, que abrasaba debido al fuego cercano. Esa noche se sentía raro, digno de lástima. ¿Qué hacía ahí, a las órdenes de Pizarro? ¿Por qué no había encontrado su propia selva, sus propias montañas, su propio abismo repleto de oro? No habría sabido formular sus intenciones, pero, entre ellas, percibía algo ridículo, que no sabía explicar. ¿Adónde iba? ¿Qué buscaba? Pizarro parecía conocer su fuerza, su objetivo, lentamente se desgajaba del azar. Pero él, De Soto, se arrojaba a lo imprevisto, fogoso, irritado por la luz, buscando la paz y el consuelo en medio del caos y el vagabundeo. En realidad, acabaría sus días muy lejos de aquí, allí donde no habría tesoro ni imperio, en las llanuras frías donde pacen los hocicos obstinados. Allí expulsaría al hombre, la bestia primordial, luminosa, aquella que corre de pie, vertical, y grita con palabras. Atravesaría la Florida, Georgia, Carolina, Tennessee, Alabama y Arkansas sin detenerse nunca en ningún lugar, sin revelar nunca a nadie su pequeño secreto de sal y de agua. Atravesaría las grandes llanuras, diez veces, quizá cien veces, luego caería enfermo y, pese a ser aún joven, moriría junto a un gran río, en el mes de mayo. Sus compañeros lo hundirían en la corriente para que terminara su vida lejos de la inutilidad de sus esfuerzos. Aquella América, una de las cinco partes del mundo, De Soto la habría recorrido desde los Andes hasta las futuras orillas de Palm Beach. Habría ido de Cuba hasta el límite de los Apalaches, atravesando varias veces el istmo. Habría visto los volcanes, las vastas mesetas, las Antillas. Habría navegado por el Atlántico y el Pacífico, dirigido numerosas tropas, poseído tierras, esclavos, acometido un viaje con seiscientos hombres hacia las desconocidas tierras del norte, como si hubiera buscado por todas partes aquella flecha bendita que, cuando lo alcanzara, despertaría en él al niño que alguna vez fue, y lo haría crecer.

Pero aquella noche, mientras De Soto estaba aún a comienzos de su larga y desesperada búsqueda, Pizarro sorprendió en él una mirada llena de espanto, y apartó la vista rápidamente. No quería que De Soto recordara que él, Pizarro, lo había descubierto presa de tal terror. No quería que De Soto recordara que él sí había visto su larga cola de iguana, de piel ardiente y carne fría.

Martín Bueno meneaba la cabeza de manera repetitiva, en silencio. Otro hombre, del que Pizarro desconocía el nombre, desgranaba una mazorca. El amanecer se colaba por los estrechos agujeros del edificio. Dos grandes y sombrías alas batían en silencio en torno a los cuerpos. Se diría que los hombres dormían como si fueran larvas. Muchos estaban de pie o en posturas en las que de ordinario no se duerme. Los cuerpos se agitaban. A veces, un caballo se movía. Su aliento tenía un tintineo metálico; el cuero comprimido de las monturas producía un ruido como de salivación o de frote. Centenas de españoles, indios y negros, dormidos y tirados por el suelo, se apretujaban unos contra otros, montón de sudor y de paja.

Es posible morir en vida. Pizarro ya estaba muerto. Había muerto sin la sabiduría antigua, sin la punzante voluptuosidad, sin olvido. Estaba muerto antes de cometer todos sus crímenes. Estaba muerto desde aquella radiante mañana en Extremadura, a través de las ventanas sin cristales, entre los olivares escuálidos y los almendros. Estaba muerto cerca de las ruinas del viejo molino, estaba muerto lejos de la felicidad y el placer, entre las migas sobre la mesa, lejos de las lámparas encendidas. Estaba muerto. Como un lagarto, había conseguido deslizarse dentro del grueso tronco negro del álamo frente a la iglesia. Se había deslizado detrás de la corteza, llena de hormigas. Ellas lo habían devorado.

Pero no se puede hablar de la muerte sin amor. Si yo hablo de la muerte, una súbita emoción viene a buscarme. Me hiero a mí mismo y mi dolor es prueba y sufrimiento.

A primeras horas de la mañana, Pizarro se entregó a la muerte. Sintió una especie de retroceso y un amor extremo. De pronto, algo le pareció posible. La presencia de aquellos indios fuera de su propia ciudad, aquel príncipe tan orgulloso, la luz polvorienta, el olor a orines y la bosta humeante, el ruido de los cascos, todo aquello le recordaba un caminito que a menudo tomaba en Extremadura. Se acordaba del olor del tomillo. De los robles verdes, de los guijarros que crujían. Pero ¿había existido verdaderamente ese camino? ¿Lo había soñado? Poco importaba, él lo había tomado. Estaba ahí. Acababa de tomarlo, de darse cuenta de que estaba ahí, de que había pasado frente a la iglesia, delante del gran álamo negro, y que ya había enfilado la única calle del pueblo hasta las ruinas, que había dejado atrás las ruinas y el bosquecillo de retamas. Llegaba al primer recodo, ahí donde su padre había construido, o al menos eso creía él, el banco de piedra. Entonces levantó la rama del enebro, pasó por el borde del barranco y siguió adelante. Sí, ése era *su* camino, y lo había tomado. Y ahora ya no podía morir.

*

La mañana se prolongaba. Un sol tibio penetraba a duras penas por las puertas. Las fogatas se habían extinguido antes del amanecer. Las cenizas y los pedazos de madera carbonizados se mezclaban con el agua derramada de los cántaros, con la bosta. Muy de vez en cuando, unos rayos de una hermosa luz muy viva iluminaban los rostros de los que estaban cerca de las puertas. Aquella mañana todo era menos bello pero más real.

Cuentan que, durante la noche, veinte mil orugas se habían arrastrado desde el campamento indígena, veinte mil pequeñas orugas negras en la noche, sombras jadeantes que se deslizaban entre los rodillos de tierra y se acercaban a la ciudad para formar un delicado collar de ojos. Y, esa noche, su único afán fue moderar su propio jadeo, que se había acelerado por la actividad, y fundirlo con sus cuerpos. A pesar de todo, a veces las sombras se movían, los músculos se relajaban, y una extraña codicia les forzaba a extender la mano en la oscuridad. Entonces, los conquistadores oían un ruido, un roce de cuerpos, e imaginaban que los rodeaba un animal con garras y colmillos.

Cuentan que el Inca había ordenado a aquellos veinte mil hombres que se emboscaran. Atahualpa estaba seguro de que los españoles aprovecharían la noche para huir, que la funesta cuadrilla se retiraría. Por la noche liarían los bártulos y azotarían a sus porteadores hasta alejarse un buen trecho. Y el Inca quería que entonces se los atrapara uno a uno, como a una temblorosa camada de ratas.

Los movimientos de esos miles de guerreros en la noche, silenciosos y ágiles, era lo que los españoles habían percibido y lo que había vuelto tan inquietante su espera. Esa lenta trashumancia nocturna los había atemorizado, y también había dado a su pavor visos de alucinación. Se alucina siempre con lo que ocurre, en realidades que se enfrentan. Pero, por la mañana, uno se reconcilia con las formas y vuelve a encontrarse en los campos despedrados. Y, aquella mañana, los indios se quedaron sorprendidos, ocupados como estaban en comprender cómo los españoles podían estar y no estar ahí. Y es que la plaza parecía vacía. Sin embargo, no se habían ido. ¿Dónde estaban, entonces? ¿Y por qué no se mostraban?

Durante la mañana, Pizarro envió un mensajero ante el Inca. Le recordó que les había prometido ir a visitarlos. Atahualpa respondió que antes tenían que atar a los caballos y a los perros, porque amedrentaban a los indios. Quien nunca se ha acercado a un caballo sólo ve una gran bestia huesuda, con un ojo asustado a cada lado del cráneo. En cuanto a los perros, eran una jauría deforme, una barahúnda de ladridos y mandíbulas, apretados unos contra otros por cadenas, tiras, corriendo por todas partes como si fuesen un solo cuerpo. Cuentan que los españoles los alimentaban con carne humana, que les arrojaban cadáveres de indígenas, como se les da a los perros de caza un trozo de la presa cobrada. Y sin duda aquello era una inmensa cacería, una cacería del buen salvaje, ese ser de papel al que le abrimos las venas para bebernos la tinta.

*

Hacia las once, la plaza se llenó de pájaros. Por todas partes chillaban con sus pequeños picos y, desde los umbrales en sombra, los soldados miraban entre conmovidos y asustados. Durante unos minutos se oyeron muchos gritos, risas mordaces y secas. Centenares de patas binaban la tierra, y los españoles miraban ese rodar de velos negros, y murmuraban con pobres palabras de sorpresa. Mientras bordeaban la costa, los habían seguido nubes de gaviotas que se alimentaban de sus restos mientras chasqueaban su lengua mentirosa. Pero, en Cajamarca, fueron multitud de pájaros negros los que se posaron sobre el fango centelleante de la mañana.

Después, los pájaros alzaron el vuelo en medio de una algarabía. Algunos regresaban para posarse en el borde de los techados, pero ahora la plaza estaba vacía. Hacía calor. Reinaba una soledad extraña. Del suelo parecían brotar cientos de respiraciones, ruiditos. No se veía a nadie. Los españoles se mantenían en sus cajones de piedra; era la misma impresión que habían tenido en la selva, una impresión producida por el aislamiento, por el abandono, y también por el presentimiento de que ahí mismo, detrás de los árboles, en el ángulo muerto de la mirada, se escondía la Bestia.

Muchos hombres se durmieron después del amanecer. Habían pasado la noche en blanco, y ahora entraban rápidamente en calor. El grosor de sus prendas o de sus corazas, que no les habían protegido del frío, aumentaba deprisa la sensación de bochorno. Sudaban. Pero, por el momento, la desesperanza más profunda había pasado. Las moscas se habían despertado. Estaban por todas partes. Eran tan numerosas alrededor de los caballos que, cuando uno de éstos se quedaba inmóvil un instante, los ojos fijos, su hocico cubierto de moscas parecía el de un cadáver. Y ellos, que no habían logrado dormir cuando lo necesitaban, que se habían pasado la noche con los ojos abiertos, como mirando por la rendija de una puerta, ahora que debían velar y estar alerta, ahora resultaba que les molestaba el calor y el zumbido sordo de los abejorros, y la luz cegadora los deslumbraba. Y, cuando hubieran debido levantarse por fin y reunir fuerzas, se duermen, envueltos en nieve, bajo sus caparazones de tortuga.

*

Esa guerra disparatada duró todo el día. Todo un pueblo mugriento esperaba al sol. Y los guerreros españoles eran tan poco numerosos, estaban tan aislados en su nicho, que querían salir, gritar, golpear, tener por fin frente a ellos a esos indios a los que perseguían en su mente desde hacía meses. Pero Pizarro los retenía, los exhortaba a que se mantuvieran tranquilos y en grupo, a que esperaran ocultos a que el Inca apareciera, y, entonces, Pedro de Candía dispararía, la trompeta sonaría y sería el momento.

Pero no antes. Hasta ese momento habría que permanecer en la sombra, escondidos, silenciosos. Habría que aguantar la respiración, eructar el miedo. Hasta ese momento habría que desviar la mirada al suelo, aprender a descifrar las múltiples huellas que dejan los pies de un hombre en un día entre el polvo y los excrementos.

Pero ese momento no llegaba. El mediodía fue arduo. La carrera de las armas no predispone a la espera, a ese tipo de miedo inmóvil que, en lugar de dispersar al hombre, lo reagrupa, lo apretuja, lo pisotea.

El cielo era inmenso. Pizarro fue a inspeccionar diferentes puestos. De nuevo, algunas recomendaciones, voz severa, timbre claro. Una jornada se corroe lentamente: es un trofeo ridículo que no se puede agarrar; pero que uno utiliza y que lo utiliza a uno, que uno atraviesa y que lo atraviesa a uno. Todo lo que no tiene gloria alguna es complicado. ¿Cómo podían dar a su respiración el ritmo necesario para acompasarla a algo tan lento? Vivieron un día entero con los ojos gachos, inspeccionando mecánicamente las manchas sobre los muros, el hilo violeta en el morro de un perro. El suelo, cubierto de hojas y desechos, ahora resultaba ser el lugar más familiar. Las imágenes de mujeres, los recuerdos, se reflejaban en el suelo con una rara nitidez. Las anchas manos se crispaban al menor movimiento; luego reanudaban su actividad agotadora, estúpida: rascar un pedazo de muro, frotar la piel.

Una inmensa meseta desnuda nos separa de los pensamientos, de los temores, de las maquinaciones de los indios. Nunca sabremos si presintieron o no el desastre. El arca en la que se conservaba su vida secreta se incendió. Una capa del alma se repliega aquel 16 de noviembre de 1532. Pizarro inscribe sus armas en un blasón desnudo. La guerra ya no necesita una fogosidad extrema, una organización burda pero eficaz, una lucha sin cuartel. En adelante, los caracoleos se terminan. Por eso De Soto no conquistará nada, sólo encontrará una extensión vacía y el agua helada de un río. Ya nadie muere como en los campos de batalla de los cantares de gesta. Uno ata cascabeles a las patas de los animales, espera el momento propicio y se abate contra el enemigo para subyugarlo. Pero, una vez vencido, al enemigo no se le devuelve su libertad, no se le restituye su pasado. Debe entregar su oro, su país, sus mujeres, sus fuerzas, su vida. Desde que se conoce la brújula, el timón y la redondez de la tierra, ya no hay enemigos. Sólo el espacio abierto, el ingenio y el mundo por conquistar.

*

En muchos aspectos, aquellos hombres eran como usted y como yo. Mientras uno no cesaba de remover los despojos de su existencia, otro pensaba en una indígena vislumbrada la víspera: la línea de sus caderas, su mirada y su postura la alejaban de todo. Sentados en toneles, algunos hablan en voz baja. Un joven soldado mea. Bruscas risas rompen el silencio. La espera posee una profundidad simple que no sabemos expresar. Pero en la espera, ociosos, entregados a nuestros diminutos pensamientos, somos verdaderamente nosotros mismos. Cada uno habla la lengua de sus inicios, sin cesar recomenzados. La disciplina se relaja. La mente extiende sobre nosotros su gruesa mano negra. De repente, los hechos no son más que pretextos para repeticiones irrisorias.

Durante el ascenso a los Andes, de Zarán a Cajamarca, los españoles se habían enterado de que Atahualpa despreciaba a ese pequeño ejército. Hacía mucho tiempo que varios espías le habían informado de su escaso número. Sabía que los caballos eran vulnerables y que su artillería era frágil, lenta, imprecisa. Pero ese desdén no había afectado a Pizarro. Él había proseguido su camino sin dar muestras de miedo. Daba la impresión de que el Inca dudaba entre crear un clima de guerra o de cordialidad. Alternaba amenazas y regalos. Entonces, algunos españoles habían empezado a temer a ese ejército gigantesco del que oían hablar. También los compañeros de Pizarro titubeaban. Éste les dijo que, si se marchaban, entonces los indígenas perderían el miedo, y ellos desaprovecharían su oportunidad. Les dijo que debían seguir adelante, ya, sin perder un solo día, que habían llegado hasta el borde del mundo, audaces y desafiantes, y que con sus lanzas devastarían a aquel pueblo. Les dijo eso, o quizá otra cosa, pero les dijo lo que hacía falta; y, en medio del silencio —que en las alturas es aún más profundo—, les impidió que se quebraran. Aquel silencio era opresivo, y los abejorros que zumbaban alrededor de los animales acentuaban la realidad de la marcha. Habían atravesado ríos gélidos y rojos. El rugido de las aguas los había acompañado durante horas. Habían bordeado un abismo de polvo. Las charcas sucedían a las cascadas, los troncos de árboles crecían, apretados, entre inmensas piedras.

De Soto no podía esperar más; en él, la ansiedad se transformaba en frenesí, quería salir, montar a caballo. Pero Pizarro sabía hablar. Unas palabras, un gesto, y cada uno recuperaba la tranquilidad necesaria para aguantar un minuto más, una hora más; y Pizarro regresaba, y volvía a recordarles sus instrucciones, sabía posar cada mano en la fría barandilla que los llevaría hasta lo más alto. Algunos hombres se reían; Benalcázar, en medio de ellos, parecía una estaca podrida en el centro de una tienda. Estaba muy unido a los soldados; vivía envuelto en densos pensamientos, pero era incapaz de encontrar las palabras y los gestos que tranquilizan; les hacía reír con palabras inútiles y malvadas, y esa alegría falsa acentuaba el miedo.

En ese instante, la guerra parecía perdida. O quizá se ganó muy tarde, en el momento en que se produjo. O quizá, al contrario, era imposible perderla. Cualquier asalto fulminante habría asustado a los indios y los habría dejado atónitos, paralizados. No habría podido ser de otro modo. Los hechos sólo tienen una manera de producirse, o de no producirse, como si una historia secreta discurriera en silencio debajo de la alfombra.

Pero ¿no iban los indígenas a abalanzarse de repente sobre la ciudad? ¿No iban a incendiarla, a bombardear la plaza con piedras o lanzas, a amontonar zarzas, pedazos de rocas, troncos para impedir que los jinetes escaparan? ¿No iban a exterminar brutalmente a los españoles, a acabar con aquel insolente puñado de hombres?

Pizarro había fingido que bordeaba su reino, que iba en busca de otro mar. Pero sin duda nadie creyó en ese largo viaje. Muy rápido, los indígenas entendieron que las armas, la disciplina militar, los caballos y los perros daban a los españoles un poderío imprevisible. Lo que no entendieron fue hasta qué punto los dominaba el deseo rabioso de vencer, el amor por las riquezas y su preocupación desenfrenada por la gloria. Pizarro apretaba el pan contra sus labios. Y un río se lo llevaría todo. Ese río destrozaría las tierras, alejaría las orillas y arrastraría hasta muy lejos las arenas de su lecho. Y los indios, sin duda, no vieron que aquel río iba a destruir todo lo que se le opusiera, todo lo que intentara contenerlo en un pequeño canal. La violencia de aquel río no tenía igual. Nunca se había visto nada parecido. De momento era apenas un riachuelo, pero ya se oían rugir los remolinos de su poderoso cauce, después de que los afluentes de diversos pueblos se hubieran arrojado en él y perdido en su corriente.

*

Más tarde, el vuelo de un pájaro pareció dibujar signos en el aire: al menos eso creyeron algunos, aunque de ordinario no escrutaban el cielo. Pero, durante aquella jornada interminable, los que se mantenían cerca de las puertas tuvieron tiempo de observar cómo y en qué dirección volaban los pájaros negros: grajillas, cuervos, cornejas o gavilanes, no lo sabían muy bien.

Un jilguero se posó un rato sobre un arbusto de la plaza. Unas tórtolas entraban y salían de los muros agrietados. De repente, los pocos pájaros que quedaban se volvieron más ruidosos antes de dispersarse. Los hombres tenían el rostro aceitoso. Se mantenían juntos, cansados, apoyados unos contra otros, como si fueran ramos de árboles.

*

En el momento en que apretaba más el calor, los nobles incas de la ciudad llegaron y cubrieron el perímetro de la plaza con flores y plantas. Mezclado con el olor de la bosta, de los orines y el agua sucia, el perfume de las flores era nauseabundo. Los españoles los dejaron entrar y dejar sus ramos rojos, amarillos, malvas, azules, naranjas, de todas las formas y tonalidades. Fue una ceremonia curiosa. Los españoles se mantenían al acecho, cansados, como un ejército listo para luchar, dispuesto a esperar días y días, inmerso en el silencio y el sueño. Y sin embargo, ahí delante, en el espacio vacío que había frente a ese ejército —ahí donde esperaba al enemigo para arrojarse sobre él hasta destruirlo—, ese enemigo venía y depositaba flores. Un enorme cúmulo de pétalos bordeaba la plaza, y la tropa escrutaba, muda, esa profusión de colores. Calor, luz, flores. Probablemente, por la mañana habían peinado los campos de los alrededores. Otro ejército, éste de ancianos, había recogido inmensos ramos para el enemigo. Y de eso, de esos ramos ofrecidos sin motivo, de ese montón de colores y aromas, Pizarro tuvo un miedo repentino. No era miedo al enemigo o a lo que pudiera ocurrir un poco más tarde; era como si, de golpe, esas flores se amontonaran dentro de él y una marea ascendente lo asfixiara.

Tal vez desde la infancia había vivido acorralado por una peculiar forma de miedo. Un miedo que lo retenía en la realidad del mundo del que podía apoderarse, que sin duda le impedía amar y pensar en cualquier cosa que no fuera aparentemente útil. Le dolían las piernas. Se sentó y las estiró sobre el suelo frío y blando. No solía adoptar esa postura. Se quedó así unos instantes; parecía un anciano jadeante, que se detiene en cualquier lugar, extenuado. De Soto acudió a verlo. No podía más, su juventud lo empujaba a la acción inmediata, sin causa alguna. Pizarro le habló del sol y de la paciencia. Pero Hernando ya no escuchaba. Ni siquiera se dio cuenta del cansancio de Pizarro, ni de que estaba sentado en el suelo como un niño. No se dio cuenta de nada. Pese a todo, regresó a su puesto, dócil.

En medio del bochorno, Pizarro volvió a pensar en Trujillo, en su último viaje a España, en aquel país que no quería ver otra vez. Fue a su ciudad. Su tío había muerto hacía años. No quiso ver a nadie. Al salir de la ciudad, se cruzó con María Olena, quien no lo reconoció. Pasó cerca de la granja y se detuvo delante de la iglesia. Ahí seguía el viejo álamo. También la grieta en el muro. Habían reparado una parte de la fachada, y las nuevas piedras —no tan bien dispuestas como las anteriores— se notaban. Había enfilado la única calle y había caminado hacia el sol hasta el final del camino, hasta la cruz plantada delante del vacío. ¡Qué bello era todo eso, las montañas rasas con forma de hoces, el cielo azul, las orillas desgarradas del torrente! ¿Para qué ir a otra parte? ¿Qué había más allá? ¿Hay algo que nos deje más boquiabiertos? Amaba aquel paisaje, pero no lo sabía. Allí había suficientes riquezas como para toda una vida. Pero él era incapaz de ver esta riqueza. La habitación en la que dormía era sucia y triste. La humedad había ennegrecido las paredes, la ventana estaba picada de moscas. No obstante, qué bien dormía en ella. En su lecho de hierro, se sepultaba bajo una masa de pieles sucias y de mantas. Amaba su habitación, el polvo, la luz que entraba a través de los postigos rotos, el cacareo de las gallinas. Pero no se arrepentiría de nada. En ocasiones lo recordaría, como si fuese un viejo error que nunca más cometería. Algo está siempre ahí, y creemos poder cogerlo en cualquier momento, pero un día nos damos la vuelta para mirarlo y ya ha desaparecido. Las montañas áridas, los ríos secos, las llanuras tristes en las que pacen las vacas. La tierra, que apestaba a los cerdos. Y los robles, de tronco tan oscuro en contraste con la paja, con las hojas casi negras. Todo eso estaba ahí, siempre estaría ahí. ¿Acaso algún día querría verlo de nuevo y no lo encontraría? Hacía casi treinta años que se había ido de allí. Había sido un verano muy caluroso. El canto de las cigarras era ensordecedor. El espíritu flotaba bajo el sol. El camino seguía ahí. Se torció un poco el pie con una rama caída. Los guijarros tintineaban debajo de sus botas. La madreselva había crecido. Al final del camino volvió a oler a tomillo, volvió a ver el mismo paisaje, del que es imposible extraer palabra alguna. Se sentó sobre el musgo seco. Le pareció ver en el relieve la silueta de un cuerpo. Creyó oír una gamuza en un peñasco, intentó distinguirla, pero no lo logró. El calor creaba espejismos. ¿Qué había venido a hacer? Siguió con calma los movimientos de su pensamiento. Con los dedos hacía trizas un palo. Al regresar, tuvo ganas de salirse del camino. Un detalle, más abajo, le llamó la atención; le pareció distinguir un muro de piedras que nunca antes había visto. Esos peñascos tenían una forma particular, trazaban un dibujo. Para verlo, tenía que bajar apenas una decena de metros, pero no había sendero, sólo zarzas y pedruscos. No le apetecía hacerse daño; él, que había cruzado los mares, no descendió esos metros. Dudó un instante, inició el descenso, pero volvió a subir. De regreso en el pueblo, se acordó de las ocas del viejo que tanto miedo le daban de niño. Dio un rodeo, encontró un jardín florido: ya no había ocas.

El encuentro

El cortejo del Inca se puso en marcha. Era el comienzo de la tarde. Hacía un tiempo radiante. Una larga cinta se desplegó en la llanura. El cortejo tardó cinco o seis horas en llegar a la ciudad. A medida que se acercaba, daba la impresión de que la llanura sangraba: de ella manaba un grueso canalón, por el que se derramaba, prodigioso aderezo, una muchedumbre de hombres que alargaban los brazos, doblaban las piernas, estiraban la espalda bajo grandes antorchas hechas con trapos. En lo hondo de sus cavernas, los españoles formaban un magro follaje de morros y cuerpos. Pizarro sujetaba en las palmas secas de las manos sus marionetas de madera. Los españoles parapetados tras los muros oían cómo se acercaba lentamente ese ejército inmenso, precedido de danzas y cantos. Primero fue apenas un rumor lejano, confuso, luego se oyeron los gritos y todo aquel ajetreo de pies infatigables.

Los españoles seguían emboscados, apiñados, querían sorprender a los indios irrumpiendo violentamente. Al contrario, los indios parecían querer espantar a los españoles con su lento avance, un desfile inacabable de hombres, música y colores. Un mundo se aproximaba. Una brizna de paja lo acechaba. Numerosos mensajeros iban y venían de una tropa a otra: breves intercambios microscópicos antes de la colisión.

Sólo un pequeño grupo de hombres estaba con Pizarro en la plaza. Veían llegar hasta ellos esa inmensa marejada que se extendía sin cesar: cifra redonda del alma. Los mensajeros del Inca llegaban hasta las puertas de la ciudad y vislumbraban a los españoles escondidos, en número insignificante, pero que, a pesar de todo, no se movían. Y aunque parecían encontrarse a su merced, tenían algo inquietante. ¿Qué potencia secreta poseían para osar aventurarse de esa forma en las tierras de un vasto imperio? ¿De dónde les venía ese aplomo delirante? La interminable sucesión de tropas indígenas parecía formular esa pregunta. La larga cohorte se extendía en la llanura hasta el ocaso. El cortejo avanzaba, se detenía largo rato, reanudaba la marcha, volvía a detenerse. La serpiente, terriblemente lenta y gigantesca, llegó y posó la cabeza justo delante de la ciudad.

El sol se reflejaba en los pectorales de oro y en los miles de adornos, de modo que se fijara la atención en el punto más brillante, el lugar en que estaba el monarca, sobre una litera recubierta de placas doradas, plateadas, con un gran ribete de oro rojo en medio de la frente. Lo precedían trescientos servidores, que quitaban las ramitas y las piedras del suelo antes de que él pasara, y bailaban y cantaban sin descanso. Ochenta más cargaban su litera. Otros dignatarios lo acompañaban en andas más modestas.

Durante toda la tarde, el cortejo recorrió la legua y media de distancia que había entre los baños y Cajamarca. Parecía que el Inca quería entrar en la ciudad con la naturalidad y la fluidez de un río y que, después, esperaba que lo adoraran. Sus tropas cantaban y bailaban; los españoles serían los primeros y los últimos espectadores de Europa en asistir a ese despliegue de gracia y potencia. Nadie después de ellos podría volver a ver ese culto; y si lo veían, sería ya un culto mermado, o una imitación, o un destrozo. Nadie volvería a ver juntas las obras de los orfebres, las plumas de los loros, los restos de lana sagrada colgados de las ramas.

Prodigalidad siempre significa despotismo y religión. Pero en esa ocasión sólo significaba desfile último, reflejo fugaz de un mundo rico y pleno, diferente, y que muy pronto no sería más que hojas de coca que se mastican, cántaros de chicha y papas cocidas en la ceniza. Sin duda, lo más íntimo permanecería, pero aquel sublime oropel, símbolo de una inaudita alienación, desaparecería. La violencia más cruda, la explotación más vil lo reemplazarían y lo convertirían en la imagen soñada de un mundo cuya cabeza, cortada y enterrada cerca de Lima, vuelve a germinar y se provee de un cuerpo para que la carne pueda resucitar.

El ejército indígena cubría los campos. Era innumerable. El arranque del cortejo se había detenido a unas centenas de metros. Los españoles no entendían nada de lo que ocurría. Seguían en su rincón, temblorosos, listos para vomitar, paralizados en sus fundas de hierro. Atahualpa enviaba espías a las puertas de la plaza. Le transmitían siempre el mismo mensaje: la plaza estaba vacía, o casi. «Se esconden», se dijo el Inca, «tienen miedo.» Y, sin embargo, seguía llamándole la atención que los españoles no se mostrasen. Hasta ese momento no se habían comportado así. Algo no iba bien. Pero su ejército, victorioso sobre el de su hermano, dueño de un imperio, ¿debía temer a unos cuantos hombres sucios y fogosos? Quizá, pensó el Inca, los españoles habían atado a sus caballos y perros, se mantenían recluidos en los edificios; estaban atrapados.

Entre los españoles, la exasperación era extrema. Algunos temblaban, un soldado defecó en sus calzas. Un número cada vez más mayor de indios rodeaba al Inca. Se diría que toda la población del imperio acudía lentamente para congregarse cerca del trono.

Por última vez, Pizarro compartió sus disposiciones con su hermano Hernando, pero también con De Soto, Benalcázar y Mena. No tenía el apego que uno suele sentir hacia sus propias ideas. Estaba dispuesto a cambiar de planes si la coyuntura lo requería y si alguien le expresaba una opinión perspicaz. Pero, aparentemente, ninguna opinión cambió en nada lo que ya había decidido.

Cuando finalmente el Inca se hizo visible, los pocos españoles que estaban con Pizarro en la plaza vieron relumbrar las placas de oro, las cintas, los aros en los brazos, los aretes, los anillos, las túnicas blancas y coloreadas, adornadas con dibujos. Los deslumbraron los espejos de azabache, las turquesas, las esmeraldas, los mantones trabajados, las lágrimas de oro pintadas sobre las mejillas de los danzantes. El sol iluminaba las cimas.

Habían enviado a un hombre ante el Inca para decirle que se hacía tarde y pedirle que honrara la invitación que se le había hecho. Tras regresar de su embajada, advirtió a los españoles que los incas escondían armas debajo de sus túnicas, jubones de tupido algodón, y cargaban, disimulados, sacos de piedras. Es posible que el mensajero hubiera tomado por armaduras lo que en realidad no eran más que pectorales ornamentales y coronas.

Entonces, la cabeza del cortejo penetró en la plaza. Los españoles sintieron sus vientres endurecerse, algunos quisieron escupir y babearon. Encaramado en su trono, sostenido por ocho hombros, acodado en un cojín cubierto de piedras preciosas, apareció el Inca.

En ese instante, entre la veintena de españoles intrépidos que se encontraban con Pizarro, pocos pensaron en el oro, en la riqueza que habían venido a buscar. Pocos pensaron en lo que ocurriría si capturaban a ese hombre. Pocos se preocuparon de eso. En ese momento pensaron tan sólo en sus vidas, y el miedo más natural, más simple y brutal los invadió. ¿Qué iban a poder hacer?

Cientos de indios ya habían entrado y se apiñaban en los costados para dejar pasar al resto. Como una larga serpiente tornasolada, el cortejo se enroscaba alrededor de la plaza y desembocaba lentamente en el centro. Rápidamente se llenó cada resquicio. De repente, el soberano se halló en el centro de la plaza y, dominando desde lo alto de su trono la escena, exigió silencio.

Debían de haber entrado en el recinto unos ocho mil indios. Una multitud. En el otro extremo de la plaza, los veinte españoles sentían latir su corazón con tanta fuerza que la sangre hubiese podido hacerles estallar la cabeza.

El jefe de un escuadrón trepó a la fortaleza y agitó su lanza.

Eso provocó una gran inquietud entre los españoles. En ese momento, Pizarro decidió actuar y envió a Valverde a recibir al Inca y predicarle las enseñanzas de la fe. Valverde, seguido de Felipillo, el intérprete, alejó con un ademán a aquellos que estaban delante de él y que sin duda no lo habían visto.

Los cantos habían enmudecido. Un silencio angustioso reinaba en el recinto atestado. Pizarro y sus porteadores de rodelas esperaban, encogidos en la otra punta del mundo. Se hubiera podido decir que eran una masa compacta de rostros pintados con espátula.

Con un crucifijo en una mano y una Biblia en la otra, Valverde atravesó la muchedumbre. Apretando su Biblia contra él, se abrió camino con dificultad. Después, sin duda intentó ser convincente: *«Yo soy sacerdote de Dios y enseño a los cristianos las cosas de Dios, y asimismo vengo a enseñar a vosotros. Lo que yo enseño es lo que Dios nos habló, que está en este libro; y por tanto, de parte de Dios y de los cristianos, te ruego que seas su amigo, porque así lo quiere Dios, y venirte ha bien de ello; y ve a hablar al gobernador, que te está esperando»*.

—¿Quién dice eso? —preguntó el Inca.

—Dios —respondió el sacerdote.

—¿Y cómo lo dice Dios?

—Lo dice tal y como ves escritas sus palabras aquí.

El sacerdote le dio la Biblia. El Inca la abrió con dificultad, la miró impávido y la arrojó con desprecio. Entonces elevó el tono de voz para reprochar a los españoles sus rapiñas, los tratos infligidos a los jefes indios, y ordenó que se le restituyera lo que había sido saqueado. El fraile dominico le replicó como pudo, diciendo que los soldados habían actuado a espaldas de su jefe. El Inca declaró que no se iría hasta que todo le hubiera sido devuelto. Se levantó en su litera, pronunció algunas palabras amenazadoras y los guerreros indios corearon al unísono.

Entonces Pizarro se ató las correas de la coraza y pidió a sus hombres que se prepararan. Valverde recogió su Biblia del polvo y, tras regresar corriendo con los suyos, dijo a Pizarro: *«Salid a él, que yo os absuelvo»*.

En lo alto de la torrecilla del recinto, Pedro de Candía esperaba una señal. Los hombres escondidos en los edificios se aprestaron. Ahora, el miedo había mudado y los impelía a la acción, al ardor. Tenían la boca seca. Las piernas y los brazos se estiraron, las manos aferraron la empuñadura de las espadas o las riendas de los caballos. Incluso los animales acusaban la angustia reinante, la tensión extrema.

De repente, Pizarro hizo un gesto. Se oyó un inmenso alarido y el dios de la sangre rompió de golpe el molde en el que había hecho al hombre. Sobrevino una lluvia de fuego, detonaciones, un estrépito inaudito. Los jinetes surcaron la masa de indios como en una violenta crecida de aguas. Las trompetas sonaban, los tambores batían. Los primeros heridos aullaban a gritos. Los cascos relumbrantes de los soldados, sus corazas, el penacho de los capitanes, las picas, las espadas cortantes, los caballos que relinchaban pisoteando rostros y cuerpos, los perros que mordían con furia arrancando trozos de carnes, los alaridos. Todo eso produjo una fuerte impresión en los indios. Se hubiera dicho que toda la potencia y la ferocidad del mundo se desplegaba contra ellos. En poco tiempo, los miembros cortados, las cabezas rebanadas, la sangre y el barro incrementaron el salvajismo de la carga. Se pisoteaba, se empujaba con la lanza, se gritaba. Desde lo alto de su refugio, Candía apuntaba al exterior y a las dos entradas de la plaza. La artillería despedazaba los cuerpos.

Se produjo una gigantesca avalancha. Un muro del recinto cayó derribado por la formidable presión del gentío. Muchos hombres quedaron sepultados. Los indios corrían a donde podían, pero eran tan numerosos que cualquier movimiento para liberarse era imposible. Se empujaban, se pisoteaban unos a otros. Los dignatarios incas, en medio del caos, se quedaron paralizados de miedo. Los jinetes españoles espoleaban a sus caballos con tanta rabia que les abrían los flancos, y la sangre pronto bañó los estribos y las piernas.

Y el mortero de Jericó empezó a resquebrajarse; y como se dice en el libro de Josué: «Al oír el sonido de las trompetas, el pueblo prorrumpió en un griterío ensordecedor, y el muro se desplomó. Enseguida el pueblo acometió contra la ciudad, cada uno contra lo que tenía adelante, y la tomaron. Luego consagraron al exterminio todo lo que había en ella: hombres y mujeres, niños y ancianos, vacas, ovejas y burros; todo lo pasaron a cuchillo». Así, en Cajamarca, durante la hora en que el sol desaparece y las montañas se vuelven malvas, después azules, la noche caía lentamente en el rostro de los hombres.

Pizarro se había abierto paso hasta la litera real. Y enseguida cogió del brazo al Inca. Entonces los que portaban el trono se arrojaron delante de Pizarro y sus hombres, y no se defendieron cuando las espadas se hundieron en su carne. Se dice que Pizarro recibió una herida en la mano por proteger al Inca. Pero algunos afirman que los cristianos, pese a la confusión reinante y la masacre, daban puñaladas en la litera para arrancar el oro. Tras apartar al gentío y matar a algunos indios con la espada, los españoles sacaron los puñales y empezaron a rascar el trono donde el Inca estaba sentado; los españoles golpeaban con la espada a diestro y siniestro, y después frotaban sus puñales contra el sol, deseosos de tener entre los dedos un pequeño rayo. Sin duda fue así cómo, en pleno combate, un filo resbaló en la madera del trono e hirió a Pizarro.

Y él, el gran opilión, la vieja tarántula lenta y feroz, se había acercado porfiadamente a su presa, luego se había lanzado hacia ella y con todas sus patas la había cogido. Y los españoles, peores que una horda de hienas, se entregaron al juego de la muerte, ebrios de una fuerza letal que ningún obstáculo era capaz de frenar.

Fue como un rito enloquecido en honor al oro y al miedo, un triunfo de perros, del hierro y de la pólvora. De repente no había más que tierra roja, muros húmedos de sangre, la integridad del cielo.

En los tiempos más remotos, los hombres habían vivido dispersos, enormes distancias los habían mantenido separados unos de otros. Los conflictos debieron de ser escasos. Las armas se habían concebido para la caza, no para la guerra. Más adelante apareció la lanza de combate, el escudo. La vida política se desarrolló. Los grupos se enfrentaron. Algunos de ellos se extendieron por vastos territorios, otros migraron, se extinguieron. Los primeros cazadores dejaron como única huella de su paso los restos enterrados de campamentos efímeros, de vasijas. Después llegaron las razias, las invasiones, los imperios. Después, las conquistas a escala mundial, la pólvora, el timón, la caña de azúcar, el caucho y el petróleo.

Pizarro sabe que un nudo puede cortarse. Sabe que los hilos de la realidad están tan apretados, tan bien entretejidos, que nunca podemos ver ni adivinar dónde comienza y termina todo. A lo mejor incluso solamente existe un hilo, anudado de mil formas y que recorre todas las cosas, manteniéndolas juntas.

El velo de Atahualpa impedía que nadie lo alcanzara, pese a que Pizarro lo había tomado del brazo; aquel simple velo los separaba, los mantenía a cada uno en su lado del mundo. Al principio no entendió por qué, en medio de todo el desorden, le vino a la mente la imagen de Carlos V, la imagen de esa altivez humillante. Y Atahualpa le pareció una imagen perfecta de la soberanía. Quizá eso condenó a Atahualpa. Y quizá fue lo que perturbó a Pizarro. Su odio hereditario a la soberanía, pero también su deseo incondicional, su amor, se fusionaron en ese momento. La soberanía indígena imitaba de una forma absoluta, completa, resplandeciente la de su país. Tal vez en ese momento no se dejó guiar por su codicia ni por su brutalidad innata, sino por su odio y su amor a Dios. Por su odio y su amor al rey.

Él no era hijo de Filipo II y Olimpia de Epiro, no descendía de Eneas ni de Venus, sino de los Pizarro y de ropavejeros, era hijo de una sirvienta. Por eso humilló a la gloria más deslumbrante que jamás vería sobre la tierra. La rebajó a una imagen de holgazanería e indigencia. Mostró su vacío.

Por fin pudo darle un nombre a esa cortina de tul que se interponía entre él y el poder. Esa fina nube de muselina, ese velo ligero que cubría el rostro de Isis, era la Majestuosidad: el Desprecio.

Entonces, un español atrapa al Inca de los pelos mientras la acometida de varios de ellos derriba la litera. Con las ropas desgarradas y el rostro descubierto, el Inca cae en el fango.

*

Ahora los españoles cabalgaban en medio de cadáveres. La agitación era furiosa, los indios enloquecidos eran un oleaje dotado de vida entre paredes de granito. Cuando Benalcázar emergió del sótano en el que llevaba un día entero escondido, la luz lo deslumbró. Oyó un clamor inmenso, sintió que lo rodeaba un hormiguero humano. Tras gritar a sus jinetes y soldados que cada uno matara a quince hombres, empezó a golpear a su alrededor, al azar, todavía cegado por el sol. Su espada se hundió en un hombro; desgarró músculos, grasa, piel. La levantó y golpeó otra vez, pero esa vez hirió a un hombre con la parte plana de la hoja. Levantó la espada, la punta hacia el cielo, y al volver a golpear con ella de lado pudo ver cómo la sangre brotaba del cráneo y notó cómo la hoja daba contra el hueso de la frente. Ya veía más claramente, pero la confusión era tal que hendía su espada a través de los rostros, en una masa de cuerpos; y el arma hería todo el hueso y la carne que encontraba. De pronto, alejando el brazo, golpeó a su derecha y dio de pleno en un rostro. Tuvo tiempo de ver quebrarse los dientes, cubrirse de sangre los labios. Arrastrada por el impulso, la espada golpeó la grupa de su propio caballo y Benalcázar estuvo a punto de caerse.

En un lado de la plaza, empujado por una multitud enceguecida, De Soto no lograba sacar a su caballo del atolladero. Moguer, que lo había visto, quiso prestarle auxilio. Daba espadazos al azar mientras gritaba y notaba cómo crujían los huesos de las manos y de los brazos que protegían los rostros. Iba apartando a la multitud como el arado aparta la tierra. Tenía la mano roja y pegajosa. El sol quemaba. Hizo avanzar su caballo sobre la arena caliente, azotando con la espada una pesada masa de hombres. Entonces, su espada se atascó un instante en aquello que rebanaba, y Moguer notó que reventaba el cartílago de un codo. El indio se movió —entre la espuma de hombres que lo rodeaba— y, sin querer, se hincó aún más la espada en el hueso roto. De inmediato, Moguer lo empujó con el pie. Con el filo de la espada le sajó el vientre; y la sangre se extendió, junto con una masa gris y verde, sobre las piernas. El hombre gimió y se inclinó. Moguer le perforó la espalda. Entonces impulsó a su caballo hacia delante y apartó a los indios, medio muertos de miedo, hasta liberar a De Soto, que se vio obligado a abandonar a su caballo y seguir matando a pie.

Los soldados de infantería hundían sus lanzas en los pechos. Partían las rodillas a espadazos. Flechas de ballesta llovían sobre aquellos que trataban de huir fuera de los muros. Atravesaban espaldas y clavaban a los hombres en la tierra. Sobre la torrecilla humeaban las mechas de los arcabuces. El fuego reducía los miembros a hilachas y dejaba cráteres considerables en las espaldas. Los indios caían bruscamente, atravesados. Un hombre fue alcanzado como si hubiese sido escogido desde mucho tiempo atrás para morir. Las arrugas se contrajeron, el rostro se endureció, y se acabó todo. Se había llevado su diminuta descarga de amor.

Las balas atravesaban los músculos, rompían los tendones, rebanaban los ligamentos. Los caballos aplastaban y pisoteaban a los heridos, a los muertos. El día llegaba a su fin y los españoles seguían con su carnicería. Pronto no quedó un solo indio vivo en la plaza. Entonces los jinetes, y detrás de ellos los soldados a pie, salieron en tromba de la ciudad. Se lanzaron a perseguir a los fugitivos; los caballos galopaban, la espada cortaba una mano, y el jinete daba media vuelta y regresaba. Los indios, desesperados y llenos de pavor, corrían a cualquier parte. La espada destrozaba la pelvis, sajaba una arteria y dejaba a los hombres en el suelo, agitándose como una carpa en el fondo de un balde.

En la plaza, los perros devoraban los cadáveres. Las espadas, parecidas a remos cortantes, trinchaban la carne. Los conquistadores, llevados por el vértigo de haber conseguido una victoria tan improbable como rotunda, de repente ya no se contentaban más que con acciones mortíferas. Los indios huían como los saltamontes frente al fuego.

La llanura estaba roja y cubierta de muertos. Los soldados de a pie alcanzaban a los indios que daban vueltas para evitar a los caballos, y les hundían la lanza junto a las vértebras, desgarrándoles los músculos. Los indios se llevaban una mano hacia atrás para arrancarse la lanza y el español empujaba y los hacía caer. A veces esperaba a que los hombres se volvieran para golpearlos de frente.

Pero la mayoría abandonaba al adversario sin rematarlo. Hombres mutilados corrían sin rumbo por la llanura. A veces, otros que no habían sido heridos yacían echados con los ojos abiertos, enloquecidos por el miedo. La crueldad de los españoles era tal que impedía cualquier respuesta. Nada podía oponerse a esa desmesura. Los indios huían, horrorizados, creyéndose muertos por haber visto tal carnicería. Una sangre espesa corría lentamente por el rostro de los heridos. Las heridas ya tenían costras, y sin embargo seguían sangrando.

Hubo entonces una gran mancha roja. Estrella escarlata. El Cristo está ahí, con su manto de lana roja. Lleva su corona de espinas y su cetro hueco. La sangre le corre por la frente. Y en ese rostro de párpados entornados hay una tristeza inmensa. Color. Sangre. Ahí está, como un toro extenuado bajo los muros amarillos. Los indios huyen, desamparados, frente a los recién llegados a esta tierra. Han tomado la sopa ardiente, han sentido sus gargantas cerrarse, sus intestinos retorcerse y sus voces mezclarse con ladridos. Han visto a esos hombres cantar a caballo dentro de sus hojas de hierro. Y la gran mancha roja se ha extendido ante sus ojos, pobre y poderosa.

*

Algunos fueron hasta el campamento enemigo. Nada detendría su furor asesino. No encontraron resistencia alguna; perseguían sombras en la noche. Entretanto, los soldados de a pie reagruparon a los primeros prisioneros, que estaban anonadados por el temor. A Atahualpa lo desnudaron, le desgarraron los vestidos y lo despojaron de sus aderezos.

Los jinetes rastrillaban el lento remolino de los últimos supervivientes que no habían encontrado agujeros donde enterrarse, o a los que el miedo había aprisionado en un círculo y que corrían, corrían, pero no llegaban a irse.

Ahora los ruidos se amortiguaron. Solamente, a lo lejos, se oía gritar a un jinete mientras embestía. La persecución de estas sombras pálidas tenía algo de irreal. Algunos se alejaron mucho siguiendo las huellas de un grupo de indios, masacrándolos a uno tras otro, maniobrando en las cuestas, entre los arbustos, alcanzando a sus presas, calculando a cuál debían asesinar primero para que la distancia entre un crimen y otro fuera más corta. A veces, un jinete daba un rápido rodeo hacia un indio que escapaba corriendo, y después de matarlo regresaba para reunirse con los suyos.

Los indios, estupefactos y agotados, se dejaban atrapar, tristes. Los españoles los arrollaban profiriendo maldiciones obscenas. Algunos jinetes tensaban sogas entre sus caballos y rodeaban con ellas a los indios como si fueran trompos. Pronto, la oscuridad fue demasiado densa, los brazos se cansaron, los caballos llegaron al límite de sus fuerzas. Pizarro ordenó que dispararan para que volvieran a la ciudad.

Al regreso de los jinetes, los cristianos expresaron su gratitud. Celebraron una procesión alrededor de la plaza, dándole gracias a Dios. En dos horas habían vencido, no por las fuerzas de su ejército, poco numeroso, sino por la gracia de Dios, que era inmensa. Entre ellos no había habido víctimas, a excepción de un negro. Un español se había roto el brazo. Tres caballos estaban heridos. Los muertos de la plaza fueron groseramente apilados a lo largo del muro. Se entonó el *Te Deum Laudamus*.

*

La llanura estaba cubierta de cadáveres. Contaron casi ocho mil. El cielo estaba de color azul cobalto. Como los indios eran de talla mucho más baja que la de los españoles, se hubiera podido decir que fue una masacre de niños. Sus túnicas claras recordaban un sinfín de sudarios. Olitas de espuma, piedras blancas sembradas en la tierra oscura. Lejos, dispersos y por todas partes, había cadáveres revolcados en el barro, encogidos en los matorrales. Durante toda la noche se oyeron alrededor de la ciudad horribles gemidos, cuerpos que se levantaban y volvían a caer, como lo hacen las manadas de focas en las orillas polares.

Al día siguiente, los españoles remataron a los agonizantes a los que ni el frío ni las hemorragias habían matado.

Puede decirse de Atahualpa que desapareció en el momento de su apogeo. Arrancado de las guirnaldas de su cortejo, en un solo instante pasó de todo a nada en el gran convite de la existencia. Sin duda, no estaba preparado para eso. Ya le habían hecho el horóscopo, y de una vez por todas, pero un pequeño grupo de jinetes y acróbatas había llegado de la otra punta del mundo para volver a hacerlo. Se dice que su rostro era agradable y que se mantenía con mucha dignidad entre los paños y cojines de su trono.

De inmediato, Pizarro le prometió que seguiría libre y no lo encadenó. Ordenó disponer una cama cerca de la suya, luego apostó centinelas alrededor de la ciudad y regresó para cenar juntos. Atahualpa estaba abatido, ¡la jornada había sido tan extraña, tan inesperada! A pesar de todo, el día parecía consumar un deseo, cumplir una revelación antiquísima que alguna vez le habían confiado pero de la que ya no se acordaba.

Los españoles fueron aquel día los amos de la sangre. Pero en el rostro de Pizarro ni siquiera asomó esa sonrisita que uno esboza a escondidas cuando se alegra de haber hecho algo que no debía. Era como si hubiera salido de un sueño brutalmente, después de largos años de modorra. Por fin tenía entre las manos su báculo de fresno, por fin iba a heredar su reino. Apretó su boca silenciosa, pensando en esa trampa en la que todo un pueblo había caído; y se dijo que los hombres, y todo lo que ellos dejan, son un lento trabajo y una sucesión de lances imprevistos, de bandolerismos; que hay, por un lado, el hierro del arado, un cúmulo de maniobras, y, por otro, golpes arriesgados.

Y, aquel día, los españoles habían aportado sus voces al gran concierto, habían surgido de la tierra como diablos, y gracias a un embuste tan prodigioso, pese a su debilidad y su número reducido, habían desgastado un poco más el tornillo del tiempo.

Pero, al arrancar a Atahualpa de su litera, ¿habían visto siquiera la belleza del cortejo? ¿Sintieron la tierra temblar? Varios hombres se volvieron locos. Mataron a tantos y tantos indios que les pareció que la tierra entera estaba inundada de sangre. Ésta es mi sangre, decía la tierra, ésta es la viña del Señor. Entonces una crueldad insípida, melancólica, se apoderó de ellos. ¿Qué habían hecho? ¿Podían traspasar los cuerpos e ir más allá, hacia la vida eterna? ¿Podían dormirse en medio de la corriente, como una piedra inmóvil que la corta en dos? ¿Podían leer en el hueco que acababan de hacer con su lanza, en medio de la cara? ¿Podían avanzar, detrás de este indio prisionero al que levantaban a patadas, hacia la luz?

*

Al día siguiente hubo que reunir a los muertos. Siguiendo órdenes de los españoles, los porteadores y los prisioneros jalaban los cadáveres como un perro tira de una presa demasiado pesada para él. Y pronto hubo pilas de muertos, montañas de cadáveres. Y, por todas partes, sangre. Transportaron arena a la plaza para secar la sangre y cubrir el barro. Se recogieron pedazos de hombres.

Los porteadores y los prisioneros sacaron de inmediato todos los cadáveres de la plaza. Los arrojaron afuera, en los campos, lo bastante lejos como para que no se oliera la pestilencia de la carroña. Alrededor de los muertos había charcos hediondos. Lentamente reunieron los incontables cadáveres sembrados en la llanura. El hacinamiento monstruoso duró toda la jornada e incluso la siguiente. Los esclavos tiraban de los muertos con ganchos y los levantaban hasta la cima de las colinas de cadáveres. Luego los espolvoreaban con cal. Alrededor de cada montón de muertos se extendía un círculo de tierra que había que limpiar.

El botín

Los puños aprietan las crines. La espuma centellea. Las encías del caballo sangran. De Soto galopa hacia Pultumarca. Oye un grito, se vuelve hacia la derecha y luego, más allá de un matorral, repara en un indio que corre entre los árboles. Otro caballo se lanza hacia él. Fuego. El indio cae. El caballo cocea. De Soto se siente feliz, una violenta alegría lo invade. El sol arde. ¿No veré nada, se dice, nada? Y galopa por la llanura, pasa cerca de un montón de muertos, se acerca a un grupo de indios que amontonan cadáveres. Los indios retroceden, De Soto da vueltas a su alrededor, después se va. Treinta jinetes lo siguen. El campamento del Inca no queda lejos. Tras la aplastante victoria de la víspera, prevé que encontrarán poca resistencia.

Ya no creía en toda esta riqueza, en este imperio; le habían hablado de eso desde mucho tiempo atrás. Hacía casi un año había alcanzado a Pizarro en la isla de Puná con un centenar de hombres y una veintena de caballos, armas y alimentos. Desde Coaque, Pizarro le había hecho llegar oro. En Nicaragua, De Soto poseía un dominio, esclavos, ¿qué había ido a buscar entonces a estas montañas? Sólo unos días antes de lo de Cajamarca, se lamentaba de haber venido, de la larga caminata, de sus hombres heridos, de ese país vacío. Creía lejano lo que estaba ahí mismo.

Pero esta mañana todo es diferente. El hocico del caballo vibra entre las riendas, él lo nota mientras galopa, y sabe que hoy, aquí, se encuentra lo mejor que hay en la tierra. Envía a cinco hombres para que recojan las armas indígenas dispersas por los campos y las destruyan. Las lanzas, las flechas, los arcos, los mazos con cabeza en forma de estrella, las hondas, todo eso debe arder, desaparecer. Con el resto de sus hombres, retoma la ruta del campamento. Detrás de cada jinete, sentado en la grupa del caballo, iba un negro o un indio. Ellos registrarán las tiendas, recogerán el oro, la plata, los tejidos, las bestias, ¡todo! Y el negro o el indio se agarra a la montura mientras los caballos galopan por la planicie entre los grandes paquebotes de cadáveres.

De repente avistan Pultumarca. De Soto tira bruscamente de las riendas de su caballo; todos se detienen. Los caballos patean la tierra con sus pezuñas.

El campamento del Inca está ahí, inmensa ciudad de tela, con sus prados ocupados por un pueblo fiel de vicuñas y llamas. Los españoles lo contemplan, atónitos. Están al borde de una gran felicidad. Miran. Por el momento, nada les pertenece. Llegados de los confines del mundo, se mantienen erguidos sobre sus enormes animales, bajo la luz de la mañana. Qué bello es todo esto, qué leve, ¡y está tan lejos de la angustia y de la muerte!

Entonces sueltan un grito aterrador y los caballos vuelven a avanzar, a galope tendido, poderosos, como si también ellos estuvieran ebrios y se sintieran orgullosos. Durante unos minutos, graniza pese a que brilla el sol. Al caer los pedriscos, la llanura humea. Los jinetes penetran en el campamento, echan a los negros y a los indios de las grupas de sus caballos, y dan vueltas, maravillados, alrededor de las carpas; entran en ellas, atrapan con sus espadas las asas de los cántaros, los deslizan hasta la empuñadura y después los arrojan. De Soto cabalga al paso bajo las guirnaldas de follaje, entre las mesas puestas y los *bungalows* blancos. De repente oye una voz, ve que las lonas se remueven. Avanza sobre su caballo llamando a los demás, arrancándolo todo. Encuentran a hombres y mujeres, petrificados. No hacen un solo gesto, no dan un solo grito. Están inmóviles, abrazados unos a otros.

De Soto ordena que se los reúna a todos, que se hagan con nuevos porteadores. Se los obliga a salir a puyazos, se los agrupa.

Y muy rápido los tesoros se amontonan. Los pechos tiemblan, los labios se aprietan. Hay de todo. En medio de un estruendo feliz, han echado por tierra las lonas de las tiendas. Ordenan que amontonen la vajilla, las ropas, platos de diversos tamaños, ollas, braseros, copas de todo tipo, tejidos, frazadas, cotonadas. Y que luego replieguen las grandes alas de esos bultos de prendas y orfebrería. Y mientras el campamento entero es arrasado, saqueado, De Soto se apea de su caballo.

Levantando la pequeña falda blanca, entra en los baños del Inca, atraviesa el corredor, recorre el patio fresco. Se acuclilla, aturdido por la frescura y el silencio, deslumbrado por la oscuridad. Luego se inclina y hunde la mano en el estanque, tapa un instante el caño del agua caliente y se quema, ríe. Posa la mano en otro caño, es el de agua fría. De Soto se divierte pasando de uno a otro. Se echa al borde del estanque, respira. Los muros están enlucidos con un betún bermejo, brillante. Otros muros son muy blancos y frescos. No muy lejos de allí pasa un río. El cuarto del Inca da a un patio. De Soto se siente bien. La angustia se ha desvanecido. El fuego es como un salivazo rojo. ¿Acaso no está aquí la vida de verdad? ¿No es la vida esta voz clara y calma? ¡Ah! Quiere elegir las frases más bellas, estirar las piernas hacia los muros y posar allí los pies. ¿Su vida habría recibido la muerte como único contenido? No. Desde luego que no. *Padre, dame la parte de los bienes que me toca. No quiero ir mal vestido y que me echen. Quiero apoyar mi cabeza en el hombro de las putas, que ellas me laven la boca y el rostro. ¡Oh, Padre! ¡Quiero mi parte de inmediato, bórrame del testamento! Ardo en deseos de partir y de olvidar el camino de mi tierra.*

De Soto casi se ha dormido. Ha olvidado la orilla de la que partió. Quiere recibir, recibir, sin devolver.

—Pero ¿cómo calmaré mi sed?

—Acabas de nacer. La oscuridad se derrama, humeando, sobre tu espalda. Los tesoros se amontonan en los patios. Pronto repartirás entre tus hombres ropas lujosas, joyas, platos de oro y plata, piedras preciosas. Cuanto más el sentimiento de tu muerte domina tu vida, más feliz eres. La muerte es transparente como el aire. Nacer es un secreto que la muerte te ha transmitido.

*

De Soto permaneció así largo rato. Se había reunido entretanto el botín, y ya una larga hilera de porteadores, estirándose en la llanura, cargaba, silenciosa, los fardos de tela. Era mediodía. El sol aplastaba a los jinetes que la escoltaban. Pronto, los primeros indios depositaban en las estancias de Cajamarca su cargamento blando y dorado. El mediodía pasó.

De Soto no regresó hasta el anochecer; no había cogido nada, tampoco había encontrado nada. Se había quedado solo, echado sobre los baldosines grises. ¡Había sido feliz aquella mañana! Había sentido un cosquilleo en todo el cuerpo. Pero cerca del agua, en la gran sala fresca, todo se había enturbiado. La rama llena de sombras se había inclinado sobre él.

Había salido de los baños mucho después de que partieran sus hombres. Y se había encontrado solo en medio del campamento devastado. Había vuelto a montar en su caballo y había dejado que éste lo llevara de regreso a la ciudad. A lo lejos, los árboles eran una espuma verde sobre las colinas. El día empezaba a declinar y él se sentía mejor, un poquito mejor. La hierba seca pareció por un instante muy clara en la penumbra.

*

Cuando cayó la noche, se oyó un grito. Un solo grito que llegaba de la llanura. Habían rematado a los heridos, pero debían de haberse olvidado de alguno en las fosas. Y, durante parte de la noche, gritó. Algunos soldados salieron de la ciudad rumbo a las colinas. Rebuscaron entre los osarios, voltearon a los muertos, pero no encontraron nada. El hombre se había callado. Pero el grito recomenzó, alzándose desde la turba. Ascendió por la tierra baldía hasta llegar a la ciudad, donde despertó otra vez a algunos soldados. Luego remontó lentamente el hilo del tiempo, hasta antes de su llegada, hasta antes de esa horrible pesadilla; y, entonces, la noche abrió un lecho más caliente, en el que el hombre se acurrucó. Y allí, en ese nido de lana oscura, el hombre ascendió más allá de los caballos y la pólvora, más allá de todos los muertos que infestaban el país. Incluso ascendió más allá de la guerra civil que había dividido a su nación, más allá de su deber de guerrero, hasta su infancia. Se remontó aún más lejos, suavemente, hasta su madre; después, una vez separado de la simiente, se remontó hasta el nacimiento de su padre y su madre. Y se separó otra vez, y así una y otra vez, durante mucho, muchísimo tiempo, mientras se diluía en cada fibra antes de dispersarse en el polvo. Se diluyó en los tallos, se dispersó en el polen, se estratificó, cristalizó, llovió y goteó lentamente desde el borde cortante de los acantilados hasta su propia oscuridad, río de piedras que producía un estrépito extraño, lluvia que cae, fuego, suspiros.

*

No existe expresión más altiva que la de un muerto. El paso del tiempo muestra en ella la experiencia estremecedora de su propia fuerza. Uno se cree despojado de sus tesoros, privado de la vida eterna, lo bastante pobre como para morir. La piel tirita, el corazón se contrae. Las manos trazan, temblorosas, la forma de otra persona.

Había muertos por todas partes. La llanura entera apestaba. Las aves venían a roer los huesos y se llevaban jirones de carne. Pero los españoles pensaban en otra cosa. El grito de la noche anterior, aquel sueño triste, se había desvanecido con la llegada del día. Había sido necesario soltar a las llamas, pues había demasiadas. Había sido necesario abandonar telas en el campo del Inca, había demasiadas. Es en ese momento cuando la muerte comienza y el cuerpo se vuelve fantasma, humo. El pillaje de almacenes había aportado aún más riquezas incontables.

Circuló la noticia de que un general inca había partido hacia Quito cargado de tesoros. Se habló de perseguirlo, después la idea cayó en el olvido. Al parecer, las mejores tropas del Inca se encontraban en el sur, guerreando. Dispersaban los restos de los ejércitos de Huáscar. La guerra entre Atahualpa y los partidarios de su hermano tal vez no había terminado. Pero los españoles no querían saber nada de eso. Se les advirtió de que las montañas que rodeaban la ciudad estaban llenas de enemigos, pero eso también les importó muy poco. Había mejores cosas que hacer. Había que contar.

Se estimó ese primer botín en ochenta mil pesos de oro —es decir, cerca de cuatrocientos kilos— y siete mil marcos de plata, lo que significada alrededor de una tonelada y media de plata. También había esmeraldas en gran cantidad. Y después se espulgaron los sacos de algodón y todo lo que podía ser vendido o intercambiado.

Para alimentarse, sacrificaban llamas día tras día. Moguer partía con unos cuantos hombres, las perseguían con las espadas, las hería inútilmente en el lomo o en las patas. Las decapitaban. Cada día mataban a decenas, pero su número no parecía disminuir, tan abundantes eran. Los conquistadores vivían como si el mañana no existiese. Habían sido niños, habían crecido, su sexo se había vuelto una carne central en su cuerpo. Eran jóvenes, no querían más que estremecerse y poseer. Anhelaban, por encima de todo, aquella pobre sensación de ser ellos mismos.

Un día, a lo mejor, tendrían que crecer o cambiar, hasta que ya no se parecieran a sí mismos, hasta tener otro rostro, otro nombre. ¿Aceptarían atravesar la muerte y abandonar de manera inmisericorde su poderío? No, no lo aceptarían, ni pensarían jamás en ello. Muchos morirían enfermos. Muchos otros desaparecerían en las guerras civiles o se enfrentarían a sus jefes. Pero apenas unos quince morirían en combate durante la conquista. Los supervivientes se establecerían en las ciudades que fundarían. Otros se asentarían en ciudades indígenas y se convertirían en alcaldes, regidores. Con una especie de determinación fingida, pero seguros de su fuerza y de su derecho, reinarían aún durante mucho tiempo en el país.

*

Moguer galopa entre las olitas de tierra. Algunas aves raspan su ración de grasa y piel. El caballo, molesto por las moscas, baila alrededor del pequeño túmulo; los indios miran pasmados al animal. Sin embargo, los ancestros de ese caballo apenas tenían el tamaño de un perro. Restregaban el vientre en la hierba y vivían en toda la superficie del globo. Sólo debido a una terrible desgracia, el último de la familia —el mismo que lleva a Moguer sobre su lomo—, adaptado a la carrera, a la yunta, capaz de transportar cargas pesadas, proliferará en Asia, pero desaparecerá de América. Se lo cazará en los valles de Dordoña, se lo domesticará en Ucrania, se lo adiestrará en Sumeria. Y recorrerá el mundo, trazando sus caminos en el barro, llevando al hombre muy lejos, como si fuera una parte más de su cuerpo, una parte con cuatro patas, alta y bella. Pero la mayoría de las veces no anunciaba la paz ni el amor: ¡anunciaba la guerra!

¡Huid! Huid, infelices, de la destrucción, la muerte, la sangre y el fuego. Veo salir del vientre del caballo a guerreros armados, veo cómo salen de sus flancos tenebrosos. Veo a las mujeres arrodillarse en el umbral de su casa. Los niños lloran. Los hombres salen sin acabar de vestirse, sujetándose la ropa con una mano y blandiendo en la otra un palo, una espada. Y los muros se ennegrecen, el fuego crepita, las vigas explotan, los ojos me escuecen, ah, es la hora del primer sueño, «huye, levántate, ¡Troya está en llamas!, ¿no ves que todo arde a tu alrededor?».

El caballo volvió a América en el vientre de las carabelas. Atravesó el océano en una nave. Luego comenzó a reproducirse siguiendo el avance de los europeos, se extendió por todo el continente. Se dice que los indios de México adoraron al caballo de Cortés como a un dios. Al parecer, reunieron sus huesos y los ataron para conservar su forma. En la actualidad, en el valle de Ayacucho, jinetes morochucos hacen carreras montando a pelo sus caballos. Por todas partes, en los Andes, se ven indios a lomos de burros robustos. Pero, a comienzos de la conquista, sólo los españoles poseían caballos y sabían montarlos. Moguer podía recorrer la llanura y reunir a los esclavos indios como si fuesen un rebaño.

Frente a los jinetes, los indios huyen aterrorizados. A golpes de pica, Moguer los acosa y los repele. Sus perros ladran. Pero el sol es más fuerte. Aturdido, el español se aferra a su animal, que baila con la máscara de la muerte puesta. Porque quien mira de cerca un caballo ve a la muerte encabritarse a través de su piel y bordar sus alas de mosca. Sí, la muerte, lava negra, vestido tembloroso, bajo las brazadas de heno. Pero el caballo también da brincos, también tropieza y cae de su zócalo con toda su ferralla. Y Moguer, en este temblorcito de llamas, cuando el caballo se sobresalta, dobla las piernas en los flancos. Da vueltas en torno a una decena de hombres. Están encargados de traer madera. Moguer, encima de su animalazo, se acerca cada vez más a ellos, los roza. Los indios se apartan, caen, se empujan entre sí. Moguer avanza, el sol a su espalda, y los indios, deslumbrados, corren hacia delante.

Lázaro

Lentamente, el azul ocupa el cielo. La negrura de la noche, apenas iluminada, se vuelve azul. Una oscura oleada de azul, más denso que lo oscuro, desgarra el negro. El azul aparece en la oscuridad. Procedente de una parte incierta del mundo, el azul emerge del negro y se esparce. Ese azul, que había vivido escondido, que se había alimentado durante mucho tiempo de oscuridad, ese azul donde las estrellas desaparecen, donde la noche se termina, ese azul anterior al hombre, se difumina rápidamente. Y la noche vuelve a empezar muy lejos.

Amanece. Un hombre lleva un cadáver sobre la espalda. Camina desde hace seis días. Por la mañana esconde al muerto en la gruta de un peñasco, lo cubre con hierbas y piedras. Por la noche lo desentierra, vuelve a cargárselo a la espalda y se echa a andar. En las subidas, su corazón late tan fuerte que la víspera creyó que era el corazón del muerto el que latía.

El muerto se llama Chima. Lo encontró en el campo de batalla, moribundo. Extenuado, se sentó a su lado y hablaron. Hablaron de su región, al sur, cerca de la actual Cajabamba. Está a seis días de caminata. Hablaron de la cosecha de papas. Pero también de sus hijos. Por la noche, el hombre murió.

Entonces, se lo cargó a la espalda y se lo llevó. Siguió el camino que sube hasta la quebrada, y luego, al alba, se escondió en una hondonada. Todas las mañanas se esconde, temeroso de ver surgir a un extranjero, y avanza caminando de noche, durmiendo de día. Y entonces, una mañana, atravesó un primer pueblo. Las gentes lo miraban sin comprender qué hacía. Ellos no habían vivido el rayo, la sangre, la llanura cubierta de muertos. No habían visto los cráneos de hierro, ni a los perros mientras devoraban cadáveres, ni el exterminio de su raza.

Pero él había visto ese agujero en la neblina, el árbol sin hojas. Había visto desgarrarse el gran manto de espuma. ¡Lo había visto! Y llevaba a su pueblo a un indio, como él, un indio que también había visto todo eso, y que estaba muerto.

Finalmente, cuando llegó al pueblo de Accha, dejó el cadáver en el suelo. Los lugareños rodearon al muerto y lo reconocieron. El hombre les habló de los extranjeros, de sus bestias abigarradas, de sus pelucas de paja. Les habló de una neblina de arena y un gran estruendo. Les habló durante largo tiempo. Describió el ejército indio, inmenso, listo para luchar, y contó cómo había acabado dispersado y destruido. Y repitió lo mismo muchas veces.

Los habitantes de Accha parecían no entender. Parecían no ver, no sentir. La muerte llegaría sola, sin escoltas, con su morrión en la cabeza y su lanza en la mano. No había nada que hacer.

El hombre y dos indios de Parcopata cavaron un agujero en tierra. Después depositaron al cadáver. El hombre puso los primeros guijarros sobre las piernas. Los demás llevaron piedras. El hombre volvió a pensar en la primera noche, en su primer retazo de discusión en la oscuridad, y trataba de recordar lo que se dijeron aquella noche; hubiera deseado encontrar algunas de esas palabras a ras de suelo, entre los puñados de piedras. Pero no se acordaba. Entonces buscó otros recuerdos, no importaba cuáles, pero nada acudía. Y los indios siguieron trayendo piedras y él continuaba poniéndolas sobre el cuerpo. El hombre buscaba algo, una pequeña palada de existencia, nada más. Era como si de repente la muerte lo hubiese cogido todo y se lo hubiera llevado. No obstante, él no buscaba gran cosa, tan sólo un poco de polvo.

Pero nuestra vista alcanza poco, nuestra memoria es olvido. Y el hombre no consiguió nada. Nada excepto las frías piedras.

Se conmovió cuando puso una sobre el rostro. Se le hizo un nudo en la garganta.

Enseguida el rostro estuvo cubierto de piedras. Sintió vergüenza y pesar. El hombre cumplía su deber en silencio. Ahora ponía las piedras unas sobre otras, como un albañil que levanta un muro.

Los hermanos

Mientras Pizarro desembarcaba en la Isla del Gallo, durante su segundo viaje, y atormentaba a los indios con su ejército harapiento, la viruela, por su parte, diezmaba a los incas. Mucho antes de la llegada de los cristianos a esa zona, la viruela había hundido su dardo en la selva espesa. Había sido la primera en franquear los ríos, en recorrer las colinas verdes, y todo el mundo había empezado a sentir escalofríos y a vomitar. El sol se acercaba a la tierra. Los patios estaban cubiertos de excrementos cocidos por el calor. Los rostros se llenaban de manchas rojas. Por todas partes había cuerpos inmóviles, muertos o vivos, no se sabía. Los muertos se cogían de la mano, para no perderse más. Y los agonizantes se pegaban a los muros, buscando un poco de frescor.

Cuando un hombre muere, parece que se vaciara de su carne. Un muerto se parece a un montoncito de huesos bajo una sábana. Un jugo sucio brota de sus labios. Después el cadáver se hincha. El camastro se inunda de excrementos. Es demasiado tarde para embalsamarlo, hay que arrojarlo a un agujero. La tumba lo molerá lentamente y proporcionará al humus su harina amarga. Los huesos entregarán todo su polvo. Al final, sólo quedará aire.

Por esos años, Huayna Cápac era el soberano inca. Cumplía un ayuno, retirado en la soledad de su cámara, cuando tuvo una visión en la que tres visitantes le dijeron que habían venido para llevárselo. El Inca gritó de miedo, llamó a los suyos y les dijo que iba a morir.

Entonces su rostro se hinchó y le subió la fiebre. Pronto su cuerpo quedó acribillado de manchas; permanecía echado en una bruma de sudor y cabellos. Se preguntó a los sacerdotes de Pachacámac cómo curarlo. Ellos respondieron que debían exponerlo al sol y que sanaría. Eso hicieron y murió. Se encontraba en la ciudad de Quito. Se le separó la cabeza del tronco, y la cabeza fue llevada hasta la capital; recorrió los valles, los desfiladeros, pasó por Jauja, Vilca, Vilcaconga, fue transportada a través de largos puentes de lianas, se bamboleó al atravesar pequeños valles lóbregos, y por fin —tras el interminable traqueteo— llegó a Cuzco. Allí fue depositada delicadamente sobre un ramo de plumas y se la conservó con respeto.

Y Huáscar se convirtió en soberano. Y de inmediato quiso llevar a cabo una profunda reforma. El culto a los muertos era la verdadera religión para los indios. Quiso suprimirlo. Y es que los muertos, al cabo de los años, empezaban a ocupar demasiado espacio. Apenas un sacerdote o un noble moría, había que quitar de sus cadáveres las moscas y su progenie de larvas. Debían abrirles el vientre, extraer la pulpa blandengue que se encontraba en su interior, y luego se les untaba con resina todo el cuerpo. Por último, los colocaban sobre adoquines de piedra, y se los dejaba expuestos al viento y al sol durante semanas. Perdían lentamente sus jugos; al final, de ellos sólo quedaban unas bolsitas de polvo. Entonces se deslizaban debajo de sus mejillas lonjas de zapallo, se depositaban delgadas láminas de oro sobre sus ojos y se los envolvía en bellos tejidos de algodón blanco. Y luego, durante siglos, se mantendrían sentados, los brazos cruzados, en sus casetas de piedra, charlando noche y día. A veces, uno de ellos caería de costado, se quedaría ladeado. En ocasiones un saltamontes se deslizaría por debajo de la piel hasta la órbita de un ojo y haría rodar por los suelos la rodajita dorada. Pero ellos proseguirían sus diálogos de ramas torcidas.

A veces abrían sus celdas, pues también a ellos les gustaba visitarse unos a otros, y se los transportaba de tumba en tumba, para que tuvieran conciliábulos estrafalarios. Sus cuerpos pesaban menos que el de un niño. Un solo hombre cargaba el muerto sobre sus espaldas y lo llevaba a su cita. Los muertos conservaban sus terrenos, todos sus bienes, e incluso a sus servidores. Sus tumbas estaban amuebladas como si fueran apartamentos, y se les llevaba comida y bebida. Se los consultaba para las decisiones importantes. Así, acabaron siendo los dueños de las mayores riquezas del país. Se habían vuelto tan numerosos, tan fastidiosos. Cada generación veía crecer su poder. Los vivos, al menos muchos de ellos, estaban al servicio de los muertos. Muy pronto, todo el país les pertenecería. Había que deshacerse de ellos, no debían seguir ofreciéndoles aquella eternidad opresiva. Había, simplemente, que cavar la tierra, arrojarlos dentro y olvidarlos.

Entonces Huáscar ordenó que se los enterrara y se les despojara de sus tesoros. No quería que se siguiera besando las manos de los muertos, ya no quería más príncipes esqueléticos, más nobleza fantasmal. Esa nueva directriz se proclamó con vigor. Pero los hombres tardan en cambiar de costumbres. Los intereses de algunos los llevan a oponer resistencia en nombre de consideraciones morales o sagradas. Se invoca el bien colectivo para apoyar los privilegios. Así, el clero desaprobó la acción del Inca. Reclamó a sus muertos.

Fue entonces cuando Atahualpa dio a conocer su ambición. Pretendía sostener la religión amenazada, habló —en nombre del pueblo— el viejo idioma de la indignación. Pero los prejuicios contra él eran grandes. No era de madre inca, y eso para los sacerdotes no era un detalle menor.

Se informó a Huáscar de la traición que se preparaba. Hizo llamar a su hermano, que estaba en Quito. Atahualpa le respondió que Quito necesitaba a su gobernador y que por lo tanto se quedaría allí. Huáscar volvió a llamarlo. Segunda negativa. *Mis flechas no están hechas de cactus. Mis frutos no se pudrirán en el árbol. Los indios de Quito sabrán enfrentarse a los del sur.*

Y Atahualpa salió de su guarida y atravesó con su ejército el espeso cordel de bruma con una risa de hiena. La batalla de Tomebamba fue cruenta. Atahualpa sintió sobre él un soplo helado. Fue capturado. Su ejército se dispersó en el vacío. Pero, esa misma noche, encontró la oportunidad de huir.

La guerra duró tres años. A orillas del Apurímac, las tropas de Huáscar vencieron de nuevo. La suerte no le sonrió en Chontacajas, el ejército de Huáscar fue golpeado en su mismo centro, el Inca hecho prisionero. El imperio había sido devastado por la guerra, las provisiones saqueadas, las cosechas destruidas. Su unidad se quebró. Los tallanes, lambayeques, huambas, huayacuntus, huamachucos, huaylas, huancas y cañaris declararon su independencia. Multitud de pueblos sometidos se levantaron contra Cuzco.

Entre ellos los españoles levarían sus tropas. Los invitarían a unírseles y con aquellas trizas de imperio formarían el suyo.

*

Soñamos con la obra de Dios. Jardín, ondulaciones frescas, delicias. Pero, en lo más hondo de los nichos blancos, hay un rostro humano visto de frente, hecho de dos perfiles que se enfrentan.

Esta inquietante representación se encuentra en vasijas u otros objetos de numerosas partes del mundo. Dos perfiles se oponen y las frentes chocan a cada parpadeo. Pero esos dos perfiles conforman un solo rostro, una única máscara severa.

Sin embargo, si se mira detenidamente, se advierten ligeras diferencias en cada lado de esa figura pintada. Y pese a que cada perfil sea apenas diferente del otro, son sus diferencias lo que destaca. Entonces, el rostro se parte de nuevo, los dos perfiles se separan, y su enfrentamiento prevalece. No se ve más que eso. La feroz oposición: la guerra.

Un solo rostro para dos hombres. Unidad. Desigualdad. Caos. Y si cada mitad del cuerpo es una imagen invertida de la otra, a lo mejor, en cada uno de nosotros hay un furor que se apresta a desgarrar la frágil unidad de nuestra vida. Y a lo mejor, en los comienzos —justo antes de la gran soldadura—, los miembros de cada parte del cuerpo no se llamaban igual. El brazo derecho se llamaba «padre enternecido», el izquierdo se llamaba «madre indulgente». El brazo derecho se llamaba «hijo dilecto», el izquierdo se llamaba «hijo legítimo».

*

Pizarro debió de reflexionar mucho. Cuando dispuso a sus centinelas en la llanura conquistada, galopando de un lado a otro, rumiaba sin cesar. Cuando se tendió en la oscuridad de su victoria, debió de volver a beber del amargo cáliz. Porque, desde su primera victoria, el hombre lo ha perdido todo. Acaricia un sueño, el sueño se cumple, y no hay nada más. Entonces buscará otra hazaña para volver a encontrar sentido a su vida y para saborear de nuevo el pecado. Pero necesita tiempo. Y el Pizarro victorioso disponía de poco tiempo. Tenía a su enemigo para él solo, lo tenía muy cerca, en una extravagante intimidad. Había autorizado a las esposas de Atahualpa para que acudieran, también a sus servidores, y él observaba esa retahíla de hombres y mujeres, toda aquella fantasía soberana.

Hacía cada vez más calor, y Pizarro pasaba largos ratos con el Inca en su habitación común. Si quería conseguir sus tesoros, tenía que ser afable con él. Hacía ya algún tiempo que vivían juntos. Empezaban a conocerse. Por la noche, entre los paneles de tela, se oían respirar, toser, hacer el amor. Un extraño camino los llevaba el uno hacia el otro. Un relámpago brutal los había acercado, y ahora estaban ahí, aún más solos, uno por haberlo perdido todo, el otro por haberlo arrebatado todo.

Y hablaban de muchas cosas. Cada uno confiaba al otro su pequeña verdad, falsa transparencia, minúscula verdad de la persona. Cuando habla de sí mismo, uno se mantiene solemne frente a propósitos deleznables. Con el tono de la veracidad, uno repite lo que ya ha dicho todo el mundo. Así, Pizarro hablaba de cigarras, de los ventarrones, de la travesía del océano, de su infancia. El Inca escuchaba las traducciones de Felipillo; a lo mejor no entendía nada, pero poco importaba; escuchaba esa voz suave y cálida que buscaba en lo oscuro un pedazo de su propia vida. Y Atahualpa también hablaba, quizá de su padre, de su campaña en el norte, y después del castigo de Dios. La lluvia caía suavemente sobre el techo de hierba. Los caballos restregaban sus patas contra el muro; y Pizarro seguía hablando. Pero aunque hablara de sí mismo, de su travesía del océano o de las tradiciones españolas, en un momento dado de la conversación todo, o casi todo, se relacionaba misteriosamente con el oro o con la guerra. Volvía a lo de siempre, todo lo que decía aludía, en cierto momento, al uno o a la otra. El primer día, Dios había separado la luz de las tinieblas y había llamado a la luz oro y a las tinieblas hierro. No hubo un segundo día.

Sí, sin duda Pizarro había rumiado mucho. Había ahondado, escarbado, sopesado. Su distanciamiento lo embriagaba. Pero, por su parte, Atahualpa también le tomaba el pulso a su adversario, cavilaba sin cesar cómo conseguir su libertad. Y a ese combate lento se entregaban los dos hombres al tiempo que se acercaban el uno al otro.

Mientras terminaban de cenar, mientras Pizarro interrogaba a Atahualpa acerca de lo que comía en Chincha, Jauja, Cuzco, o cuando le pedía que hablara de los huancas, de los tallanes, o incluso cuando lo animaba a contarle un episodio de la guerra contra su hermano, su curiosidad apuntaba siempre a otro objetivo; y Pizarro tenía que escuchar sin cesar dos discursos: el que pronunciaba el Inca, y que le llegaba de labios de Felipillo en un español raro, y el otro, oculto, hecho de alusiones, de confesiones a medias y torpezas.

Ése era el que le interesaba: ¡aquel rastro de babosa lo conduciría hasta el oro! Y mientras lamía su plato de habas seguía aquel placentero camino, calmosamente, sin que nadie lo observara. Se reservaba un poco de vino para después y, siguiendo la voz de Felipillo, avanzaba dificultosamente sobre las gotitas del techo, reptaba a lo largo de las correas de sus caballos, se izaba hasta el secreto inmóvil y colosal, hasta el oro invisible que los propios incas habían perdido, olvidado, y que se queda prendido en nuestras pestañas formando pequeños copos de sueño.

Pero ¿qué le interesaba más? ¿Debía incitar Atahualpa a que asesinara a su hermano? ¿O, quizá, había que sacrificarlo a él y aliarse con Huáscar para conquistar más fácilmente el sur del país? Los verdaderos intereses se pierden bajo los hechos. A menudo, mientras se ocupa del avituallamiento o de la expedición de algunos jinetes por los alrededores de la ciudad, Pizarro piensa en aquel hombrecito prisionero, en aquel soberano al que tiene en sus manos y al que considera un vestigio de otra época. Lo que ya ha ocurrido no permite saber lo que hubiera podido suceder. Los acontecimientos queman sus raíces. Con eso se calientan.

La vida de un hombre se parece, quizá, a un riachuelo. Y sin duda la dirección que toman millones de riachuelos determina la dirección que tomará el río; pero, visto desde muy arriba, visto desde las pezuñas de azur, podría decirse que el río que corre a arrojarse al océano es el que arrastra a los demás a unírsele y los impele a hacer rodar sus lodos con él. Así, sin duda, poco importan Huáscar, Atahualpa, Pizarro o incluso los reyes de España y los papas; sólo importa la imparable vorágine que se llevará a tantos hombres y tantas carabelas hacia el continente americano, que en poco más de trescientos años será saqueado y conquistado desde Alaska hasta el Cabo de Hornos.

El rescate

Cuentan que los efraimitas debían pronunciar una palabra para no morir. Todos los días, al albur de las conversaciones, había que pronunciarla entre otras palabras, como una palabra corriente, sin insistir, sin que se notara mucho. Para no morir, los efraimitas debían pronunciar la palabra *shibboleth,* que significaba «torrente» o «espiga». Pero la palabra *oro*, que los españoles mentaban sin cesar, significa «sed» y «olvido», la palabra *oro* que Atahualpa, prisionero, escuchaba sin cesar, significa «alma», «muerte», «delicias», significa «estancia» y «exilio». Evoca una superficie más fina y cambiante que la superficie del agua, evoca los giros vivaces y variados del pensamiento.

Nuestro occipucio ya no llevará más moños huesudos, nuestros arcos superciliares nunca más serán tan gruesos como un dedo, pero el oro sí se acumulará salvajemente en el camino de nuestras desapariciones. El oro envolverá nuestras angustias, encadenará a nuestros enemigos, destruirá lo que no se parezca a nosotros. Las máquinas tornarán en su tormento, la lluvia crepitará. Y Atahualpa, al darse rápidamente cuenta de que los españoles sólo buscaban una cosa, que sus rostros y todos los signos de su idioma hablaban de un solo relato, que sus ojos sólo leían una larga hilera de signos y sólo querían el mundo para extraer metales, les propuso que, si lo liberaban, cubriría el suelo con vasijas de plata y oro. Pero tan pronto como lo hizo, comprendió que no bastaba, que los españoles querían mucho más oro, muchas más riquezas, que su sed era inmensa; comprendió que, para fascinarlos, necesitaría una promesa inaudita, y que solamente una cantidad formidable de oro sería capaz de aturdirlos. En cambio, desconocía el uso que los españoles podrían darle al oro; ignoraba que, muy lejos, allende los mares, había millones de hombres sedientos de oro. Desconocía que Europa entera acumulaba una riqueza prodigiosa, una masa esférica y compacta, larga serie de cifras enrollada sobre sí misma y suspendida en el cielo para nombrar un nuevo episodio del calvario.

Ignoraba que el tesoro de Alarico —un botín que contenía gran parte de los objetos expoliados en Roma durante el saqueo del año 410, pero también las alhajas incautadas por Tito durante la toma y la destrucción de Jerusalén en el año 70 de nuestra era—, después de la batalla de Vouillé y del triunfo de los francos sobre los visigodos, se lo había llevado Clodoveo, pero los visigodos, durante su retirada, habían puesto a salvo en Carcasona una parte considerable, que luego llegaría a Barcelona para después ser transferida a Toledo. No, Atahualpa no podía saber que todas las riquezas del mundo tenían que reflejarse en las aguas del Tajo, no podía saber hasta qué punto los españoles querían oro, ni que un continente entero quería oro, un continente insaciable, que siempre anhelaba más.

La acumulación de riquezas nos prolonga, condensa mágicamente el trabajo de otros y lo convierte en un valor supremo muy gráfico. Y ese valor supremo provoca un desajuste sin remedio. Y aunque Atahualpa ignoraba todo eso, sí entendió que un afán delirante anidaba en los españoles, que ese afán los dominaba de un modo tal que los sometía como a enamorados.

Propuso entonces un rescate proporcional a la locura de los españoles. Levantó el brazo y les dijo que les entregaría tantas vasijas de oro y plata como hicieran falta para llenar la estancia hasta donde señalaba con la mano, e hizo trazar una cicatriz roja alrededor de la sala a esa altura. Pero enseguida, sabiendo que incluso las promesas más delirantes pierden rápidamente su fuerza, tan rápido como la avidez de aquellos hombres consumía sus sueños, declaró que la estancia que llenaría con oro sería aún mayor. Les dijo que mediría veintidós pies de largo y diecisiete de ancho, y que estaría llena de oro hasta la altura de un hombre y medio, altura que él no podía alcanzar ni poniéndose de puntillas. Y, delante de sus guardianes, empezó a marcar el perímetro de las paredes, ayudándose de una vara, para convencerlos del enorme cúmulo de oro que aquello representaba. Pero, temiendo que ese cebo no bastara, añadió que dos salas más se llenarían con vasijas de plata. Todo en menos de dos meses.

A aquel primer cuarto, aquel donde se acumularían los trastos preciosos, los españoles lo llamaron *casa de oro*. Este nombre deja una impresión duradera de dulzor y de malestar. Como si «oro» fuera el nombre de una fruta. Uno imagina un jardín, árboles cuyas ramas se inclinan hasta las manos y ofrecen sus frutos azucarados. Pero todo eso también recuerda a la Domus Aurea, en las faldas del Esquilino, construida por Nerón, y de la que hoy en día sólo quedan algunas ruinas bajo un parque en el que pasean las familias romanas y las parejas de vacaciones.

*

La elección de Carlos V como emperador del Sacro Imperio costó 846.000 florines. Más de la mitad la pagó Fugger. Los príncipes electores percibieron cada uno su parte. Fugger, hombre pálido y calvo, lleva un gorrito de terciopelo que parece un sombrero uzbeco. Pero bajo ese gorrito se amontona todo cuanto en el mundo hay de inútil y precioso. Y, bajo los auspicios de aquel gorrito, carretas cargadas de piezas de oro fueron distribuidas después de pujas inauditas en las que la corrupción alcanzó un no sé qué de sublime indecencia. Desde entonces, para pagar todo ese monto, Carlos V se endeudó tanto que tuvo que guerrear treinta y siete años contra Francia, después contra los príncipes del norte. Pero la mayoría de los combatientes eran mercenarios a los que había que pagar. De modo que, al final de su reinado, España tenía una deuda exterior de treinta y siete millones de ducados, lo cual excedía en dos millones el valor total de los metales preciosos que llegaron a Sevilla para las arcas de la corona durante treinta y siete años. Así, aunque durante treinta y siete años los jinetes de Cortés, Balboa, Pizarro y Alvarado habían saqueado un continente y toneladas de oro habían sido transportadas a España, Carlos V dejó su nación endeudada.

Pero el Inca se aferraba a la vida tanto como España al oro. Y envió mensajes por todo el imperio para cumplir con su promesa. Pidió a sus hermanos y a sus generales que le consiguieran todo el oro posible, que hurgaran entre los matorrales, los santuarios, las tumbas, y que le llevaran las vasijas y las joyas. Entonces, un ejército de urracas se dispersó en busca de todo lo que brillara. Y las tumbas fueron abiertas y los palacios saqueados y se reunió todo el oro posible para salvar al hombrecillo gordo que había caído de su trono.

Los españoles aprovecharon este respiro para derribar el muro que rodeaba a la ciudad, que era demasiado bajo, y construir otro de adobe. Se reforzaron las fortificaciones y se puso vigilancia en los campos de los alrededores. Pero faltaba algo, faltaba el pequeño Jesús, a quien su madre aprieta contra sí con sus brazos de yeso. Y Pizarro ordenó construir en el centro de la plaza de Cajamarca una iglesia para que se pudiera celebrar en ella el santo sacrificio de la misa.

Transcurrió el tiempo. Los indios y los esclavos ejecutaban los trabajos. Por la noche, jugaban a los bolos. A veces, cuando sorprendían a jirones de ejército en las cercanías de la ciudad, los hacían huir cargando contra ellos, como se ahuyenta a los pájaros. Y en torno a la ciudad, los españoles arrastraban su rastrillo por las piltrafas. Profanaban las sepulturas, hundían sus narices impostadas en las tinajas sagradas. Un anillo de bruma envuelve a veces las colinas verdes. Los peñascos forman por encima de los bosques espesas cejas negras. Habían franqueado los primeros cerros para acercarse a otros pueblos. Los españoles formaban tropas de indios para delegar en ellas el trabajo sucio.

Había que abastecer al ejército de Pizarro, saquear pueblos, traer mujeres.

Porque ahora se vivía. La pausa les permitía disfrutar un poco. Los soldados pasaban noches enteras en torno a la mesa. Las estancias de Cajamarca estaban llenas de pequeños cuartos y tabiques. De Soto empapaba de saliva sus bigotes. Meneaba su cabezota de hierro, serpentinas de lana colgaban en las paredes, los estribillos le hacían menear sus piernas ligeras y duras como colas de gato. Su puta de España le hacía compañía. Él bebía. Una expresión feroz en su semblante. Se reía. Una nieve se derretía entre sus dientes.

A veces lo enviaban fuera de la ciudad, cuando se divisaba un destacamento de indígenas. Entonces, en su funda fría y pesada, salía. Allí por donde él iba, allí por donde dirigía a sus hombres, dejaba un rastro de fuego. Sus expediciones eran rápidas y violentas. Partía de la ciudad al amanecer, muy temprano, cruzaba a toda prisa las montañas, y después erraba por los ralos bosques en busca de algo.

Las barbas de los españoles salían de sus cascos como las salpicaduras de una ola y ellos se abalanzaban contra el mundo rabiosos y felices. Se reían al quemar los rastrojos, provocando al fuego. Al violar a las menudas mujeres morenas, se desgarraban la frente sobre aquellos vientres amarillos.

Los indígenas temían a esos ángeles de risa sarcástica, a esas patrullas salvajes. Y se escondían. Pero De Soto perseguía a su adversario en las altas montañas, bajo las rocas, entre estrechas cizallas de madera. Acosaba al enemigo con tal furia que en ocasiones sus hombres intentaban, con una débil sonrisa, que se apiadara. Al cabo de unos días, cuando ya tenía delante al enemigo, De Soto se quedaba en silencio, encogido sobre sí mismo. Luego se arrojaba hacia delante con un movimiento brutal, dando alaridos. Cortaba, hendía, se reía, se cansaba y, de pronto, cariacontecido, abandonaba todo aquello, como si algo secreto lo hubiera herido y le hubiese llenado el pecho de una sangre demasiado pesada.

Llevaba consigo a destacamentos indígenas. Pero los trataba

con tal brutalidad que éstos combatían sin convicción. Algunos aprovechaban la noche para huir. No se los buscaba. De Soto no pensaba en nada que no fuera el adversario. Y, para él, aparte de su pequeño ejército, todos eran aquel pan extranjero que él quería morder, todos debían caer en la horrible lotería de su pesar.

Pero, de repente, se siente estúpido, extenuado. Su soledad se le hace insoportable, sus hombres odiosos. Entonces regresa, la boca seca, los brazos caídos. Cuando los tigres regresan, maúllan contra las piedras, lanzan tímidos silbidos al avanzar entre el follaje. Pero tienen sueños aún más raros, en los que se pierden en una especie de vacío aterrador. Están misteriosamente abrumados, se parecen a las bestias de las carpas, con sus fauces oxidadas, con su venerable carácter que ahora es grotesco. Las nubes se acercan formando una larga falda negra. Un paisaje salvaje y triste, unas rocas diseminadas son el decorado. En el centro, los tigres yacen impotentes, con los colores de la sangre y el sudor, como un rebaño adormecido en su propio pelaje.

Al cabo de un tiempo, una primera caravana llegó a Cajamarca. Llevaba una enorme cantidad de vajilla dorada, vasijas, braseros, copas y toda clase de objetos. Los españoles se quedaron estupefactos, como cuando uno ve producirse dos veces un milagro. Celebraron una gran fiesta. Se bailó. Los indios pasaban entre los borrachos portando góndolas con frutos. Desde ese momento, los españoles se encontraban al frente de todo un pueblo de esclavos y concubinas. Se regalaban.

La vida es un río impetuoso que inunda las llanuras, descuaja los árboles, derrumba los edificios, destripa la tierra. Y aquel río terrible, después de una cólera nunca antes vista, tras poner un imperio en manos de unos cuantos hombres, se retiraba dejando tras de sí montones de vajilla.

Así, poco después, llegaron jarrones, barreños y adornos de toda clase por valor de veinte mil pesos de oro, otro día por valor de treinta mil, luego cincuenta mil y setenta mil. Era como si cayera una borrasca tras otra. El milagro volvía a producirse sin parar; las comitivas entraban en la ciudad y depositaban a los pies de Pizarro su sublime chatarra. La promesa estaba cumpliéndose.

Y lo que era una suerte fabulosa pareció, rápidamente, el comienzo de un sueño que debía durar hasta el momento de despertar. El oro se acumuló en el cuarto como si fuera boñiga de llama. Lo acarreaban los hombres a la espalda, lo dejaban sobre el suelo duro. El choque de los jarrones contra el suelo provocaba en el corazón un pálpito seco, irregular. Cada jarrón que caía, cada copa que golpeaba el suelo de la *casa de oro,* añadía un latido al corazón, que iba ensanchándose. Cada plato depositado era un latido de más de aquel corazón frío que se comprimía y se dilataba en el vacío.

Entonces se enteraron de que seis naves, venidas de Panamá y Nicaragua, acababan de atracar, transportando ciento cincuenta españoles y ochenta caballos. Almagro estaba entre ellos, y Pizarro le escribió para que acudiera, él pagaría los costes. Así pues, pronto serían más, estarían mejor armados. Podrían continuar con el derrumbe de cuerpos y armazones: ahora harían chasquear el látigo en la espalda de otra ciudad.

Pese a que los convoyes de riquezas afluían, la *casa de oro* aún estaba lejos de llenarse, y el Inca, que había hablado de un plazo de dos meses, temía por su vida. Pidió a Pizarro que enviara a un capitán y varios soldados a buscar las riquezas del templo de Pachacámac. Prometió que allí encontrarían un montón de oro. Era un importante centro de peregrinaje, y sospechaba que los sacerdotes habían escondido los tesoros.

En el principio de los tiempos, Pachacámac creó a la primera pareja humana. Pero, por falta de alimentos, el hombre murió. La mujer imploró la ayuda del sol, quien la impregnó con sus rayos. Entonces ella tuvo un hijo, pero Pachacámac, iracundo, mató al niño. Sembró los dientes del cadáver, que se convirtieron en maíz. Plantó las costillas en la tierra, y se convirtieron en tallos de yuca. Enterró la carne, y se convirtió en la pulpa acuosa del pepino. Pero el sol recuperó su ombligo y su pene y con ellos creó un nuevo niño. Entonces, Pachacámac, temeroso de las represalias, se perdió en el océano. Más tarde, en la orilla, se construyó un templo. Allí irían los españoles a dar sus picotazos.

Los puentes

La tasa de ahorro, las curvas de producción, los balances, el producto interior bruto o la masa patrimonial son, sin duda, un lenguaje metafórico para traducir un despotismo más difuso que el del orden de antaño. Pero los conquistadores, inclinados sobre sus mulas, ¿no se gritaban obscenidades mientras soñaban con no sé qué rústica beatitud? Imaginemos por un instante que ellos fueran, además de unos inútiles sanguinarios, un mísero rebaño de sonámbulos llegados para repetir sus gestos cotidianos, mientras que disimuladamente, en la penumbra, los impulsaban otras motivaciones. Imaginémoslos ascender por las montañas, ensangrentar el país, reunir montañas de oro y plata, enviarlas a los imperios y banqueros europeos, luego matarse entre sí, acostarse en la hierba y morir. Azotaban con el pie los flancos de sus mulas, sudaban, gritaban, buscaban sus espadas a gatas en medio del lodo.

El capitán Hernando Pizarro, a la cabeza de veinte caballos y algunos fusileros, avanzaba por las pampas desiertas, primer eslabón de una delgada columna de cifras y servidumbre. Su caballo no se desvió de su ruta, como hizo la burra del profeta Balam. ¿No había un ángel que, provisto de una espada, se apostara en el camino para impedir esos viajes? No. No lo había. Los españoles podrían destruirlo todo, Dios no les haría nada. Las riquezas que cogían y arrancaban, como las patas de los saltamontes, se desprenderían fácilmente de sus cuerpos.

Había partido en una misión de reconocimiento, pues corrían rumores de una revuelta. En la ciudad vecina de Huamachuco, donde se decía que iban a reagruparse las tropas del Inca, fue bien recibido. Se quedó allí un tiempo, patrullando por los alrededores, en busca de centinelas o de campamentos. Pero no había nada. Para los españoles, que se sentían aislados en el corazón del imperio y dueños de un rico tesoro, la idea de perderlo todo les provocaba pesadillas. Debían estar alerta, desconfiar. Quizá los rodearían lentamente y, una noche, como si fueran un collar de hielo, los estrangularían.

Muy rápidamente, la intrepidez de los inicios dio paso al temor. Debían conservar lo que habían obtenido. Ahora eran propietarios. Las zarpas se cerraban. Pero Pizarro pensaba ya en otras riquezas, en aquellas que se escondían en las montañas negras. Había recogido el fruto aún verde y quería toda la cosecha.

Al regreso de una expedición, Hernando recibió, en Huamachuco, su mensaje. Pizarro le aconsejaba viajar a Pachacámac para buscar el oro, si se creía capaz de ir. Y él sí se creyó capaz.

Enseguida abandonó sus expediciones, hizo reunir a suficientes porteadores, y partió al frente de su pequeña corte de mendigos.

El país estaba cortado por varios ríos. Había que cruzar puentes de cuerdas, sujetar a los caballos de las riendas en senderos abruptos. La ruta era larga. Pasaron varias noches en pueblos colgados de las pendientes montañosas. En cada pueblo les ofrecían víveres, los proveían de porteadores. El segundo día vieron una montaña cubierta de nieve y sintieron una alegría infantil. Hernando lloró. Le vinieron a la mente recuerdos de infancia imprecisos y, a la vez, intensos. Eran impresiones. La imagen de un poco de nieve sobre el embaldosado de tierra cocida. El calor que desprendían los copos. La serenidad y la excitación que reinan en la atmósfera cuando nieva. Sí, cada uno sentía revivir en su interior algo antiguo, y una dulzura parecía decir: «Nada ha cambiado».

*

Las vertientes soleadas de las montañas están cubiertas de parcelas geométricas, verdes, pajizas, oscuras. Grandes rebaños pacen en los valles. Guías sumisos conducen a esa pequeña jauría por aquel imperio que todavía parece no saber nada de ella. A veces, Estete o Hernando intercambian una señal con un grupo de agricultores, otras veces se detienen y el intérprete traduce. Estete escucha. De esa lengua nueva para él, oye los *ou-a*, los *cha*, los *ki*. Varias palabras se repiten tanto que termina por memorizarlas: *tambo*, *runa*, *huaca*, *kgochu*, *apu*. Un *tambo* es una especie de albergue, lo sabe. *Apu* es como el Inca llama a Pizarro. Las papas se secan al sol. Las cimas están nevadas, siempre. La nieve está surcada de corredores grises que descienden y en cuyo fondo se acumulan bloques de hielo y tierra. Los escasos bosquecillos apenas dan madera para encender fogatas. Hay que comer las cosas crudas. Los perros resoplan, respiran mal; uno de ellos mordió a varios porteadores y Estete ordenó que lo abatieran.

La ruta se adapta a las curvas de las colinas, en ocasiones bordeadas de míseras chocitas. Hay poca maleza, desde hace unos días la tierra está casi desnuda. Ayer pasaron cerca de una ciudadela inexpugnable; la senda había sufrido un derrumbe y tuvieron que tirar de los caballos para que avanzaran por las rocas. Haber edificado una fortaleza en semejante lugar sobrepasa el entendimiento.

*

Nieves. Un lago azul y, detrás, una montaña blanca. Campos de guijarros. De día, polvo y sol; de noche, frío. A lo lejos entrevén ruinas. Los porteadores se detienen. Se ponen a rezar delante de un montón de piedras. Nieves. Las llamas pastan al borde del camino. A la salida de un pueblo, los labradores corrieron detrás de los caballos, pero no osaban acercarse. Uno de ellos se atrevió. Extendió el brazo y les ofreció un fruto que humeaba. Hernando lo tomó e hizo un gesto con la cabeza. Las mejillas del hombre eran muy rojas. Poco después, al ver que el hombre caminaba a unos metros de ellos, Hernando le arrojó un pequeño frasco que llevaba consigo. El indio se apresuró a tomarlo y, quieto, lo apretó contra sí. Los miró un instante. Inmóvil, los vio alejarse sin hacer un solo gesto.

Picos negros en medio de las nieves. Torrentes lodosos. Los porteadores dejan sus bultos y se meten casi desnudos en una poza de agua helada. Avanzan, lanzan piedras mientras sujetan pedazos de tela entre varios; una vez que el círculo de sus cuerpos es lo bastante estrecho, con las manos atrapan truchas. Hernando nunca las ha comido tan sabrosas.

Hace un rato, un soldado ha sumergido la cabeza en el torrente. Después se ha friccionado el cráneo con hierba. Una llama le ha escupido.

*

¿Cuántos puentes cruzaron? El primero franqueaba un río impetuoso. Era imposible vadearlo, la corriente era demasiado fuerte. Un ancho pilar se eleva desde el nivel del agua hasta gran altura. El río es profundo; las rocas de alrededor, azules. Entre las dos orillas hay tendidos gruesos cordajes en los que han entrelazado sogas resistentes. Los parapetos son altos y, por debajo, pesados peñascos consolidan el puente. Los cordajes están anudados a piedras enormes.

Les vendaron los ojos a los caballos: extraña gallinita ciega en la que las bestias buscan delante de ellas una verdad a tientas. Sus pesados pasos hicieron oscilar la inmensa pasarela. Las cuerdas vibraban, los hombres jalaban suavemente de las riendas de sus caballos. Se hubiera podido decir que era un enorme columpio sobre el vacío. Cruzar duró un buen rato. Se oía «¡Oh! ¡Oh!» cuando una pezuña resbalaba y uno de los caballos se iba hacia un lado. Luego, la tranquilidad regresó y continuaron dando pasos precisos, silenciosos.

Después descansaron dos días. Otra vez recibieron víveres y todo lo que necesitaban. Luego, una mañana, hubo que cruzar otro puente y, poco después, otro más. Aquello no se acababa nunca. El paisaje era una enorme sobrequilla hecha pedazos. Por doquier había cañones y, tendidos entre los cañones, estrechos caminos de cuerdas. A veces, la neblina impide ver el otro lado y se avanza hacia un mundo deshilachado, donde se vislumbran sólo durante unos instantes las cimas de las montañas o la copa de algunos árboles. Manos vacías, pobreza; al pie de los acantilados las zarzas se retuercen. «¡Hazme caer, que mi vida se vuelva preciosa!» A lo largo de las pasarelas, cada pie se posa con tanta precisión como nuestros dedos sobre los agujeros de una flauta.

Más allá, sobre las mesetas onduladas, pasaron entre grandes rebaños de alpacas. Los perros corrieron detrás de ellas. Las alpacas se dispersaron por las laderas verdes; parecían gruesos copos de nieve. Maravillados, las vieron correr, muy blancas y ligeras, bajo la gran plancha del cielo. Los españoles conducían a sus caballos a lo largo de entablamientos rocosos. Las herraduras se desgastaban, las pezuñas raspaban los escalones; y dejaron atrás los rebaños de lana blanca para bajar a pie las escaleras de roca, guiándose unos a otros, torpemente, temiendo lastimar a sus caballos.

Al fin apareció un valle de maizales, lindos caseríos, y los caciques los acogieron con afabilidad. Les dieron llamas, chicha. Alcanzaron una gran ciudad, donde se los proveyó de muchos víveres y de porteadores. Y retomaron una vez más su ruta angosta, el lento zigzag entre los vigías de piedra. Pero uno de ellos estaba volviéndose loco; avanzaba, perplejo, sobre su caballo, la cabeza descubierta bajo el cielo abrasador. Nadie sabía muy bien de dónde venía. Lo llamaban Pablo, nada más. Había cursado estudios en Salamanca, le gustaban los pintores, los poetas. Más tarde, en Sevilla, le ocurrió una desgracia y partió. Entonces, las Antillas le habían confiado nuevos secretos y él había bebido, bebido; y cuanto más tiempo pasaba, peor soportaba la visión de la sangre. Era un muchacho todavía joven, con los cabellos negros y un bello rostro. Siempre mantenía cerrados los gruesos labios. Parecía embargarle un gran pesar.

*

Una mañana apareció una colina. El sol la hacía centellear tanto que era imposible mirarla fijamente. Los españoles se quedaron atónitos un instante, sombras calientes espiando un sol terrestre. El misterio tranquiliza, nos protege de sí mismo, y, no obstante, los españoles terminaron avanzando. Pablo, que iba delante, gritó: «¡El tesoro!». Nadie entendió lo que quería decir, creyeron que era otra de sus locuras. Dios ha hecho milagros por los huesos, por las raíces, la tierra todavía no nos ha sepultado, pero ¡he aquí que entrega sus tesoros! La colina chispeante no tenía contornos, tampoco forma. Se medía con el cielo. Realeza. Algunos se prosternaron. La naturaleza es un libro para los iletrados. La colina ardía. Aquel fuego los sumió en una inefable beatitud. La beatitud de los soldados no es menor que la de los demás. Quien busca a Dios verá un ápice del sol. Y los asesinos, los fusileros, los conquistadores, ¿qué veían? Ver no es otra cosa que poseer. Quien ve a Dios posee la vida. Pero «ninguno de los hombres ha visto ni puede ver» a Dios, según san Pablo. Entonces, ¿qué? ¿Qué estaban viendo? Colina ardiente, pureza. «¡El tesoro!», gritó Pablo, y se echó a reír; se acercó, tambaleante, y arrancó un pedazo de la colina. Se reía como un loco. Vieron movimientos en una colina aledaña. Los españoles retrocedieron, algunos desenvainaron. Unas sombras vigilaban la colina ardiente. «¡Venid a ayudarme!», gritó Pablo, y los demás se acercaron empuñando las armas.

Entonces vieron. Se les abrieron los ojos. «Se alimentan de piedras aquellos que comen del pan de la codicia.» La colina estaba cubierta no de riquezas divinas, sino de faltas, de pecados. Si Jesús tuvo hambre durante su corta existencia, ¿cuál fue el alimento que no le avergonzaba desear? «Mi alimento es hacer la voluntad de quien me ha enviado» (Juan 4, 34). Y nosotros, pobres hombres derramados por el mundo desde la aparición de la carne, ¿qué deseamos? ¿Nuestra salvación? Los conquistadores, tras descubrir que aquella colina que los había puesto de rodillas era en realidad un montón de vasijas, platos y ornamentos dorados, se levantaron riendo. «Bienaventurados los que tienen hambre y sed de justicia porque ellos serán saciados.» Pero los conquistadores no lo serán. Se levantaron entre risas y se acercaron tambaleándose, deslumbrados, hasta la colina. Fabulosa almoneda, fábula de Góngora.

Las sombras se hallaban a unos metros, eran servidores del Inca que llevaban a Pizarro una parte del rescate. Los hombres, agotados, descansaban un rato tras dejar en el suelo su carga de oro y plata. Tan numerosos eran los bultos que esa colina, por unos instantes, había encarnado no se sabe qué imagen que los pobres soldados del rey de España sabían por el catecismo o habían oído de boca de su madre.

*

Hacia el mediodía, un soldado se divirtió persiguiendo a campesinos que trabajaban en un campo cerca del camino con pequeñas layas de madera y una especie de azadas muy curvas. Los campesinos corrían y se caían. El soldado hirió a uno de ellos. Otro español lo siguió y, juntos, rodearon a un pequeño grupo, al que aterrorizaron. Los guías indígenas no se movían.

Más tarde, los españoles cruzaron un desfiladero. La vista era inmensa. Montañas de un color gris azulado, con innumerables pliegues. Las sombras y las superficies soleadas creaban un relieve único, aunque cambiante. Más abajo, un lago de un azul profundo. El agua estaba muy fría y hubo que calentarla para beberla. Las siluetas de las cimas se adivinaban entre las nubes. Pero el cielo se oscureció. Al día siguiente, el viento sopló fuerte, cayeron borrascas heladas. Los márgenes del camino estaban cubiertos de pedregales. Los españoles bordearon la vertiente de una montaña donde florecían miles de flores rojas.

Les pareció distinguir un ave muy grande. Era como si un oscuro pasado habitara en aquel lugar. Quizá estaban en esa región donde Dios conservó las cosas como eran en los tiempos de Noé.

Más tarde aún, atravesaron un pueblo donde las gentes bailaban. Algunos llevaban plumas sobre la cabeza. Sin embargo, aquí no había cotorras, guacamayos o pájaros de colores. Algunos se cubrían el rostro con máscaras muy expresivas. Debía de ser una especie de carnaval. Un carnaval siniestro.

De inmediato dejaron de bailar y la abigarrada multitud se volvió hacia los jinetes que entraban en la aldea. De repente, un hombre avanzó hacia ellos y gritó. Se situó delante de los caballos sin timidez alguna, e incluso se acercó a Hernando con una lanza del desfile en la mano. El español se quedó inmóvil. Se miraron. Y el hombre volvió a gritar. El intérprete y los guías indígenas le hablaron con severidad, pero el hombre no los escuchaba y, sin dudarlo un segundo, rodeó a uno de los jinetes y levantó la cola de su caballo. La multitud se echó a reír. Los españoles también. Entonces, el hombre acercó su lanza a la coraza del soldado y le dio un golpecito seco. El hierro sonó como una campana.

*

Finalmente, la pequeña hueste, abandonando la calzada real que se dirige a Cuzco, torció hacia la costa. La tierra era ahora roja. Las nubes blancas se deslizaban detrás de enormes montañas azules y blancas. La hierba estaba seca. Algunos peñascos salpicaban el suelo, al capricho de derrumbes pasados. Los jinetes avanzaban entre inmensas drácenas. Algunas tenían hasta diez metros de altura, porque era el periodo de floración y cada una lleva, según se dice, más de veinte mil flores y millones de semillas. Pocas semillas consiguen germinar. Pero, un día, un tallo grueso emerge de un círculo malva que se abre lentamente en la tierra. Se convierte en un árbol pequeño y mal peinado. Un tronco robusto y punzante brota en medio de una mata de hojas. Y una drácena puede alcanzar hasta tres, cuatro, cinco o seis metros, y vivir durante treinta, cincuenta, sesenta años, un siglo; y después florece y muere. Sus flores son de color blanco crema, con puntas naranjas en su interior. Así, los jinetes trotaban entre las flores gigantes.

(Fue en el Jardín Botánico de Milán donde Antonio Raimondi asistió a la tala de un enorme cactus peruano. Vio cómo los picos hendían la carne de la planta. Aquello lo conmovió. Con veinticuatro años, huyendo de los horrores de la guerra, desembarcó en Perú. Morirá en San Pedro de Lloc cuarenta años después, el 26 de octubre de 1890. Hasta entonces, recorre el país, describe los paisajes, las costumbres, cataloga las plantas, los animales, los minerales, dibuja las ruinas, los monumentos, navega por el Marañón, el Ucayali, el Amazonas. En 1869 se casa con una mujer de Huaraz, Adela Loli; tendrán tres hijos. Un rostro dulce, los cabellos hacia atrás, la pajarita mal puesta. Antonio dio su nombre a una flor, la flor gigante, la *puya raimondii.)*

Entonces los glaciares brillaron entre los acantilados lejanos, y vieron planear sobre ellos una enorme ave de rapiña que tenía en la frente un moco de pavo. Las montañas del sur y del oeste eran negras, pero al este había cimas enteramente blancas. El camino estaba enlodado y la perspectiva quedaba a menudo oculta por la niebla. Hernando pensó en una mujer. Era inglesa, *«con nombre de Victoria»*. La había conocido en Toledo. Estaba casada. Seis años habían pasado desde entonces. Su vida había dado un giro imprevisto. Con sus hermanos, se había lanzado al asalto de un pueblo. Pero ¿qué quería decir eso? Quería decir mucha sed y mucho esfuerzo, quería decir muchas penalidades para acabar viviendo aureolado por una nube de tábanos. Porque ¿dónde estaban las mujeres, los lechos mullidos, los bailes? Solamente había putas, e indias cuyas frases ondulantes él no entendía. A él le gustaban las mujeres elegantes, las damas. Le gustaba el mármol pulido, los miembros bellos. ¿Adónde se habían ido los juegos, las faldas, los balcones?

Por momentos, Hernando se sentía una viga corroída por la carcoma; aquello le roía lentamente, pero un día ya no quedaría nada. ¿Por qué se había ido? Y a aquella mujer, ¿por qué la había abandonado? ¡Bah! Habría envejecido, también ella se habría vuelto una de esas añosas vigas que se pelan en las alquerías. Y él, el buen Hernando, a caballo como uno de esos insectos atravesados por una aguja que los mantiene derechos sobre un pequeño corcho, en realidad apenas sentía el dolor, se inventaba males para pasar el rato. Pero, en el fondo, su única herida se la había hecho el frío. Tenía el labio partido.

*

En los días siguientes, la ruta comenzó a bajar. Por la noche todavía helaba. Por la mañana había que ayudar a los caballos en las pendientes, mantenerse a un lado del camino, en la hierba, intentar no resbalarse. Hacía frío; las llanuras estaban cubiertas de pantanos y de nieve.

Luego el tiempo cambió, el clima de la costa era diferente. De repente la ruta pasaba entre vergeles. Una alegría simple invadió los corazones. Podían recoger flores sin apearse del caballo.

Hernando decidió detenerse en un pueblo grande, el primero que encontraron en la ribera. Había allí una fortaleza y cinco fortines pintados. Los habitantes tenían miedo de los caballos. Se quedaron dos días para descansar. Luego partieron. Y hubo que vadear otra vez un río; los caballos nadaron, los hombres pasaron sobre balsas. Y otro río, muy ancho y rápido. En aquella parte del país no había puentes. Los ríos se desbordaban sin cesar.

Más allá, el camino se vuelve llano, flanqueado por un pequeño muro a cada lado. Por la noche encontrarán una gran ciudad a orillas del mar. Más allá todavía, dormirán en un pueblo que Pablo denominará «el pueblo de las perdices», porque en todas las casas hay una jaula con una perdiz dentro. Pablo querrá abrir las jaulas. Y es que Pablo está loco. Pero reanudarán el camino por la mañana. Al cabo de dos días se encontrarán un vado. Penetrarán en un bosque y no saldrán de él hasta alcanzar Pachacámac.

Pachacámac

Todo comienza con el error.

Cuentan que labraron un arca de madera en cuyo interior se depositaron las tablas dictadas por Dios. La cubrieron con un velo de púrpura, y en esa morada de tela se conservó. Después, Salomón construyó el Templo. Y entonces introdujeron el arca en el santuario, un cofre con dos figuras de querubines que extienden sus alas. Ocurrió diez siglos antes de Jesucristo.

Pero también cuentan que Tito, hijo de Vespasiano y penúltimo de los césares, cuya existencia resume Suetonio en once párrafos, nacido en la oscura y exigua habitación de una humilde vivienda, de una gracia y un vigor extremos pese a su vientre prominente, acudió a Judea con el objetivo de reprimir una revuelta. Después de muchas peripecias, sitió Jerusalén. Cuentan que, en homenaje a su hija, tomó la ciudad el día del cumpleaños de ésta. Según Flavio Josefo, en la ciudad había ya tal hambruna que algunos iban a los albañales a buscar excrementos de reses para alimentarse. Un soldado, sin haber recibido orden alguna, arrojó un pedazo de madera en llamas por la ventana de un edificio, y el fuego se propagó con rapidez. Despertaron de inmediato a Tito, que estaba adormilado en su tienda, y ordenó a gritos que sofocaran el incendio. Pero el estruendo impidió que lo oyeran y los soldados romanos, en lugar de obedecer a su señor, saquearon el Templo y masacraron a los judíos. Cuentan que Tito corrió hacia el santuario, aún fuera del alcance de las llamas, pero el furor de sus soldados y el odio por los judíos eran tales que resultó imposible detenerlos. El Templo se destruyó el mismo día en que otrora lo incendiaran los babilonios. Este segundo incendio tuvo lugar once siglos, treinta años, siete meses y quince días después de su edificación, y seiscientos treinta y nueve años y cuarenta y cinco días después de que lo construyera Zorobabel.

Una vez en Pachacámac, el capitán Hernando Pizarro, ocultando sus intenciones, pidió ver el ídolo. Su método fue distinto al de Tito. El resultado, en cambio, fue el mismo. Lo condujeron hasta una casa pintada con primor, redonda, hecha de tierra. En el centro de una sala muy oscura y fétida estaba el ídolo. Miguel de Estete dice que era de madera y muy feo. Hoy en día, el pequeño museo de Pachacámac expone una figura tallada del ídolo. Su sonrisa está llena de dientes. Sus ojos son dos almendras vacías.

Delfos se apagó lentamente, hasta no ser más que una aldea achicharrada entre los olivares y los campings. Pachacámac fue profanado. En medio del desierto costero, el ídolo fue hecho añicos. En Delfos, los sacerdotes interpretaban los gritos de la Pitia. En Pachacámac, se entraba de uno en uno en la cámara, y luego cada uno formulaba su pregunta al tiempo que posaba en el suelo la canasta con maíz o quinoa. Píndaro llamó a Delfos *omphalos*, es decir «ombligo de la tierra». *Pacha* quiere decir «mundo» y *cámac* quiere decir «animar». En Delfos dieron muerte a Esopo por haberse burlado del oráculo. Se dice que Plutarco fue sacerdote del templo. En Pachacámac, el ídolo está embadurnado con sangre; preside una sala oscura y apestosa de paredes revestidas de oro. Antes de Salamina, Delfos apoyó a los persas, pero cuando los griegos vencieron, encontraron, por suerte, bajo una capa de incienso, oráculos que hablaban en favor de ellos. Durante la conquista del litoral, Pachacámac se unió al Inca y se salvó. El pueblo sobre el que Pachacámac reinaba se sometió y el santuario perduró. Los romanos despojaron lentamente a Delfos de sus tesoros. Los españoles destruyeron Pachacámac en un día.

Hernando vio enseguida que los sacerdotes habían escondido la mayoría de las riquezas. Sólo quedaban algunas joyas sobre la arena. Hernando sabía muy bien que, en trescientas leguas a la redonda, y sin duda desde hacía siglos, los sacerdotes reclamaban innumerables ofrendas. Todos los habitantes de la costa pagaban un tributo al templo. Así pues, alrededor de aquel poste mugriento sin duda se alzaban pequeñas colinas preciosas.

Así empezó. Un indio grita. La piel enrojece. El fuego, el filo de la espada no son metáforas. Los sacerdotes se agitan. He aquí lo que ocurre. Un hombre quiere algo. Otros se lo ocultan, pues le profesan una adoración ferviente y no quieren perderlo. Pero el hombre desea ese algo más que nada en el mundo, y no para tenerlo entre sus brazos, ni para admirarlo, no, sólo quiere destruirlo.

Hernando (que es el «hombre» que quiere ese «algo») es un guerrero hábil y feroz. Con su padre, fue a combatir en Navarra, muy joven. A los diecisiete años ya era capitán de infantería. Los sacerdotes de Pachacámac (que son esos «otros» que adoran ese «algo») constituyen un alto clero, una especie de casta. El culto a su ídolo se remonta a muchos siglos atrás. La conquista inca no acabó con él. El santuario es incluso uno de los más visitados del imperio. Sin embargo, el pequeño capitán español lo convertirá en las ruinas arenosas que conocemos. Sí, el hidalgo de pacotilla soplará frente a la casa de paja. La propia ciudad quedará abandonada desde 1535.

Así pues, un indio grita. Pero de repente Hernando habla y el intérprete traduce. Les dice que el ser que hablaba por este ídolo era el diablo, los engañaba. Los indios están mudos de espanto. El capitán y sus hombres han entrado en el recinto del templo. El ídolo afirma que es Dios y que puede destruirlos. Dice tener en su poder todas las cosas del mundo. Los españoles no parecen tener miedo. ¿Están locos?

Sí, están locos. Abren el muro de la cámara. Estete lo agujerea con la espada, luego amarra su caballo a una cuerda y con ella rodea una parte del muro. ¡Ay! El caballo se yergue y jala y relincha. ¡Ay! Miguel lo azota. El muro cae. Primero, la mitad, en bloque. A patadas, los españoles hacen el resto. Los indios gritan, los brazos pegados al cuerpo, meneando la cabeza.

En medio de toda aquella polvareda y del ruido, los españoles les explican cómo santiguarse.

*

Entonces llegaron los caciques. Pagaron su tributo y se sometieron a su Majestad el Rey de España. El cacique de Malaque trajo un presente de oro y plata. El de Hoar hizo lo mismo. Los de Chincha, Guarva y Colija hicieron lo propio. Etcétera. A lo que se había arrebatado al templo, se le sumaron noventa mil pesos. Hernando habló con bondad. Les dio las gracias, les dijo que siempre actuaran de la misma manera y, muy satisfecho con cómo se habían comportado, los envió de vuelta a sus pueblos.

Una primera visita

Faltaba la capital: Cuzco. Atahualpa pidió que enviaran españoles allí a recoger su rescate. Temía, sin duda, un retraso. De Soto se presentó como voluntario. Desde el comienzo del cautiverio de Atahualpa, el capitán español había mostrado hacia el Inca una extraña deferencia; quienes no respetan nada ni a nadie sienten apegos irracionales y profundos. A menudo acudía a visitarlo bajo su sombrilla de paja, regodeándose con el invariable ritual de los servidores. Con la cabeza aún pesada por los excesos de la noche pasada, ejecutaba su pequeño asalto de cortesía, después de lo cual, sintiéndose todo un caballero, volvía a marcharse para galopar o beber.

De Soto se arrepentía de haber sido tan brusco durante su primer encuentro. La majestuosidad venida a menos le conmovía, sentía una curiosa piedad por aquel diosecillo al que había visto caer de su pedestal. Él, que despreciaba a la Virgen y a los santos; él, que habría arrojado a la hoguera sus divinidades de arcilla o madera, de pronto se sentía cercano a ese dios que había tenido que cerrar su negocio, un dios cadáver, y al drama de su existencia.

Y, una noche, ocurrió aquella extraña escena. De Soto había visitado al Inca, borracho, la boca manchada de babas y vino. Se sentó en el camastro del soberano, olvidando de pronto todo lo que los separaba. El Inca seguía de pie, y era extraño ver a un emperador de pie frente a un soldado apoltronado en su propio lecho. Entonces De Soto gritó. Los sirvientes lo miraban estupefactos. De pronto lloriqueó. Como el cadáver de un árbol, se había derrumbado sobre el lecho. Lloraba. Era una tristeza dulce y terrible que llegaba de toda su vida sarmentosa, de su violencia, de su ridícula leyenda como soldado. Y aquello era más fuerte que la voluntad o el odio, más fuerte que el chancro de la riqueza; era, con todo, algo irrisorio, una tontería, pero que provocaba en una pobre alma una verdadera hoguera. Era amor.

Nadie habría sabido decir a ciencia cierta lo que eso significaba para aquel hombre. Era un sentimiento minúsculo y antiquísimo, una nana que no se había terminado de cantar y de la que ese niño viejo, durante unos instantes, había creído oír una palabra. Poco a poco los lloriqueos remitieron. El Inca había retrocedido y se había sentado en otra parte. De Soto notó algo parecido a una suave caricia y abrió los ojos, y, tras levantarse en la oscuridad de la celda, salió sin saludar.

El Inca creía que, si ocurría alguna desgracia, De Soto le sería de ayuda. No quiso, pues, que partiera a Cuzco y prefirió mantenerlo cerca. Se le concedió ese favor. Entonces, Pizarro escogió a tres de sus hombres más brutales. Eligió a Pedro Moguer, Martín Bueno y Juan de Zárate. Probablemente, pocos españoles habrían querido partir y arriesgar su vida en ese preciso momento, tras haber reunido tantos tesoros. Ellos fueron, pues, los designados.

Se encaminaron acompañados de algunos delegados del soberano inca, un notario, varios servidores indígenas y algunos negros. Atravesaron un buen número de pueblos con acequias llenas de paja y boñiga de llama. Pese al frío, pese al viento, todos avanzaban, primero echados hacia atrás durante horas, después doblados sobre el espinazo de sus borricos durante el mismo número de horas. Por la noche se dormían ateridos de frío. El roce de las monturas les hería los muslos. Cabalgaban en fila, uno detrás de otro. Unos iban escuchando el sermón del viento. Otros, quizá rezando sus oraciones paganas, sus «ayúdame, Dios mío», «haz que salga vivo de ésta». A Moguer se le pegaba el cabello sucio a la frente. «No regresaré nunca», se decía. Y quizá era cierto. La grasa chorrea en el cuchillo. Perdona a pocos. Pero, a veces, hacia el mediodía, las herraduras tocaban un alegre carillón. Y los tres compadres atravesaban los pueblos entre risas.

El mundo es un delirio. Las piedras se mantienen erguidas en los campos. Cementerios sin muros. El desierto está por todas partes. Martín Bueno mira, mira las bayonetas de piedra, la tierra viuda, los montoncitos de piedras. Compara la grandeza de ese país con su propio aislamiento.

Un largo camino de polvo esperaba a Pedro Moguer, Martín Bueno y Juan de Zárate. Una ruta de cerca de mil quinientos kilómetros. El imperio acababa de salir de la guerra civil. Los españoles ignoraban cómo reaccionarían las poblaciones a su llegada. Iban acompañados de partidarios de Atahualpa, y Cuzco era la ciudad de Huáscar. ¿Respetarían los salvoconductos? Quizá sólo unos locos, con todos los excesos y las debilidades imaginables, pero también con toda la inconsciencia y la brutalidad necesarias, podrían cumplir esa misión. ¡Y menuda misión! Tenían que atravesar el territorio completamente desconocido de un imperio poderoso, desgarrado por la guerra, situado en el corazón de la cadena montañosa más vasta de mundo, y sólo tenían con ellos a los nobles de un monarca caído.

*

En la región de Huánuco, se cruzaron con una larga fila de hombres. Un grupo de soldados indios custodiaba a unos prisioneros. Se trataba de Huáscar, su esposa, su madre, algunos de sus más altos dignatarios y un sacerdote del sol. El antiguo soberano caminaba descalzo, las ataduras le desgarraban la carne. Parecía hambriento, extenuado. Le habían atado las manos detrás de la espalda. Le habían perforado la carne para hacer pasar cuerdas por los ligamentos de los hombros.

Los españoles dudaron. ¿Debían dar media vuelta para entregarlo a Pizarro? ¿Dejarían a los indios llegar solos hasta Cajamarca? Ni Moguer ni Bueno estaban autorizados a solucionar asuntos de esa índole.

Zárate ordenó que desataran al Inca. Le dio de beber y de comer. El soberano caído se lamentó. Propuso triplicar el rescate si lo ponían en libertad y mataban a su hermano. Él, hijo legítimo, sabía dónde se encontraban los tesoros de sus ancestros. Evocó lugares secretos de los que sólo él conocía la existencia y que escondían más riquezas que todas las que había en el imperio. Empezaron a soñar. Se imaginaron un inmenso bloque dorado, dios ciego y sordo. Está bajo tierra, a una profundidad insensata. Largos corredores y escaleras empinadas llevan hasta una enorme caja de granito. Se sumergen en la oscuridad, como en un sueño. Es imposible pronunciar una sola palabra. Una pelusa plateada revolotea en el aire. Finalmente, el oro hiende la oscuridad. Es un matojo de gotas. Crepita como el verano. Cerramos los ojos. La diosa nos envuelve en su manto. ¡Atrapadme!, dice. Pero, de repente, los brazos caen y se pegan al cuerpo como ramas rotas.

Escucharon al Inca un buen rato. Después tuvieron que reemprender su camino. Zárate le prometió hablar en su favor, ordenó a los indígenas que condujeran a sus prisioneros a Cajamarca sin infligirles castigos inútiles. Entonces los tres españoles continuaron. Ahora, para ellos, los nudos de un árbol, las algas del mar, las palabras del Inca formaban una sola cadena de pensamientos. Y mientras avanzaban entre el vaho de las cosas, de los acontecimientos, de los signos, sintieron que cada fragmento del mundo sólo podía descifrarlo otro fragmento, sólo podría comprenderse si se lo permutaba, si se lo insertaba en otro lugar, si se lo desplazaba, se lo plegaba y se superponía de mil maneras. Los acontecimientos pertenecen a la misma piel con la que el mundo se cubre el cuerpo. Cada uno acariciaba la piel y admiraba los reflejos luminosos. Nada buscaba ser comprendido. La vida circula y baila. La convertimos en imágenes, no sabemos hacer otra cosa.

*

Durante todo ese tiempo, Pizarro hacía sus cálculos. No necesitaba a dos soberanos. Con uno bastaba. Un soberano diminuto en una caseta de piedra, una figurilla en el pesebre de Cajamarca. Y Pizarro susurró al oído de Atahualpa una extraña perorata. Afirmó querer, por encima de todo, restablecer en el país la concordia, la fraternidad y dos o tres cosas de ese tipo. Atahualpa durmió mal durante unos días. Veía su imperio partido en dos; y, ¡peor aún!, se decía que, si la causa de Huáscar era escuchada, ésta bien podría imponerse. Se vio, bastardo, alejado del trono por los españoles. Creyó un poco en la justicia de Pizarro, lo justo como para temer sus propias malas acciones.

Desde su prisión, sopesó sus posibilidades. Se dio cuenta de que eran escasas. Pizarro había exigido que Huáscar fuera conducido con vida hasta Cajamarca. Si Huáscar moría, Pizarro lo mataría a él. Había, pues, que recurrir a una estratagema. Había que hacer probaturas.

Invitó a Pizarro a que cenaran juntos. Cuando Pizarro llegó, encontró al Inca muy agitado, diciendo, entre gimoteos, que iba a morir. Pizarro quiso serenarlo, saber qué le ocurría, pero Atahualpa gimió aún más: «Señor, me ordenaste, amenazándome con la muerte, que no le hiciera nada a mi hermano. Los míos, ignorando tu advertencia, lo han ejecutado. Ahora soy yo quien debe morir».

Pizarro consoló a su prisionero. Le dijo que no tenía por qué preocuparse, puesto que era inocente de aquel crimen. Y repitió algunas banalidades. Entonces, el Inca creyó haber engañado a Pizarro, creyó haber engañado a la vieja cabra. Y ya que parecía que lo perdonaban de un crimen que no había cometido, se apresuró a cometerlo.

Tuvo que enviar a hombres de confianza al encuentro de su hermano. Tuvo que soplar a través de su jaula una flecha sangrienta. Pero el Montero Mayor no era tonto, sabía que el Inca mentía. ¿No lo sabe él todo, hundido en su sábana de arcilla y sal?

Pizarro sin duda pensaba que, matando a su hermano, Atahualpa se enemistaría definitivamente con los nobles cuzqueños. Si así ocurría, él, Pizarro, podría destrozar a la figurita del belén y aparecer como el sostén de la monarquía. Aquello abriría los caminos del sur.

Pero, de momento, no tiene más que esperar los tesoros. Puede descansar, beber un poco de vino y rascarles el vientre a los abejorros peludos que zigzaguean, titubeantes, entre las copas. Es el rey barbudo de Cajamarca y espera a que el sol se ponga. En el borde mismo de la tierra, se oiría el ruido que hace el sol cuando se levanta, relata Tácito sin convicción, pero Pizarro quiere oír el ruido de astro cuando se pone. Depositarán ante él las vajillas sagradas, y él oirá el tintineo del oro en su sayo de porquerizo.

*

La muerte de Huáscar sigue siendo un misterio. El Inca Garcilaso cuenta que lo cortaron en pedazos y se lo comieron. José de Acosta afirma que lo quemaron. Al parecer, su cuerpo ardió como una tea y rápidamente se convirtió en cenizas. Otros afirman que lo arrojaron a las aguas del río Andamarca, que apareció la Virgen y se lo llevó allá donde las imágenes son al mismo tiempo las cosas y su doble, la verdad y la mentira, el ocultamiento y la revelación, el testimonio y la calumnia. Dicen que ella murmuraba: «Ahora sé prudente, ven a mis brazos para que pueda llevarte a mi pecho, diablillo, ven a mis brazos. Y no escuches más las voces de tus sacerdotes ni de esos españoles solitarios. ¡Ven! Camina sobre mi manto y, si lloras, no te avergüences».

*

A partir del mediodía sopló el viento y llovió a intervalos. El polvo se convertía en barro, luego otra vez en polvo. Al oeste del lago Junín, Moguer, Bueno, Zárate y su pequeña tropa penetraron en un paraje de tierra y piedras de colores amarillo y rosa muy pálidos. En medio de una vasta superficie polvorienta, en un remoto valle ciego rodeado de enormes montones de piedras, advirtieron a lo lejos dos rectángulos rojos y, en la linde de uno de ellos, una choza de una sola pieza. Aquellos dos campos de cultivo secos rodeados de piedras, y esa pobre cabaña en el corazón mismo de un paisaje tan inhóspito y grandioso, les oprimieron el corazón. ¿De qué vivirían esas gentes? Por supuesto, Moguer se acordó de la ciudad de Ávila, pues un invierno había cruzado la ventosa meseta. Recordaba la austeridad de la piedra gris, las colinas secas, el viento. Pero en esa zona no había nada más. Ni siquiera un almendro enclenque, un matojo de hierba. Sólo polvo, hierba amarillenta, piedras. Y, en medio de eso, hombres, una familia.

Pasaron por Huamachuco, Huaraz, Tarma, Jauja, Huamanga, Vilca, Vilcaconga. Durante la segunda parte del viaje también atravesaron ríos, muchos ríos. El centelleo del agua en las rocas, el suelo brillante después de la lluvia, las micas, los cuarzos mezclados con los guijarros del camino, el brillo de la mirada, el reflejo del sol en las corazas, los puntitos de luz engarzados en el granito: son tantas las luminosidades en las que la materia se desprende de sí misma, exaltando los vínculos entre los ojos, la luz y el espíritu. Pero también hay un parentesco evidente, y pese a todo misterioso, entre el oro y el sonido de las gotas, los murmullos del follaje, el tintineo del vaso. Sonoridad del oro, murmullo, cascabeleo del deseo, todo lo que se arruga, roza, percute, como el martillo contra la campana, habla un poco la lengua del oro, que es silencio y música.

Xrusos.

Oro. Riqueza.

Quemo bloques de roca y tierra para extraer de ellos la masa caliente. Al enfriarse, se forman pequeñas pepitas, finas placas, lingotes duros y fríos. El fuego te consagra. *Auri sacra fames.* Sed maldita de oro. Tormenta. Sol. Inalterable frente al aire y el agua. Te fundes a más de mil grados, metal maleable y dúctil. Rey. Sólo eres soluble en el agua regia. Virgen. Estás libre de toda culpa. Astro llegado del mundo subterráneo. Hay que escarbar en el lodo con el hocico, abrir túneles mugrientos, largos y frágiles. El tizne baña las paredes sombrías, apuntaladas con vigas, surcadas por espaldas que cargan cestos llenos de piedras. En ocasiones, se te encuentra al aire libre, la nariz menos reluciente de grasa, las uñas menos sucias, menos destrozadas por el esfuerzo. Se te encuentra desnudo, brillante, pepita entre los alevines y los reflejos del agua, echado sobre la arena de los ríos. De rodillas, el hombre agita su tamiz y recoge una hebra de luz en la palma de su mano. Y mira fijamente, gritando de alegría, aquel botón amarillo como si fuera el pomo de una puerta.

*

Reían. Era mediodía. El cielo era blanco. Zárate atropelló a tres porteadores cuando partió al galope. Martín Bueno azotó el caballo de Zárate, que dio de coces. Zárate dio media vuelta y fustigó un rostro. Moguer reía, Zárate reía aún más. Todos reían. Reían de estar tan solos y de ser tan grandes. Reían de su locura. El sol asaba sus mejillas. ¡Y ellos estaban vivos, vivos, vivos! Estaban ahí, solos, a caballo, en medio de la nada, en medio de un país inmenso que no conocían y que parecía no tener fin. Y ellos reían. Eran los amos de la vida y de la muerte.

*

Los pueblos se divisan desde muy lejos. La luz irisa las colinas. Un pueblo puede parecer cercano, pero hay que descender, perderlo de vista, volver a subir, bajar otra vez y subir de nuevo para, en el último momento, volver a verlo. Pueblos sin calles, hechos de cercados de piedra y de espinas, de casas emplazadas al azar y que se terminan de manera caprichosa, cuando la hucha se vacía o la mano se cansa.

Más allá no hay nada humano. Las praderas se extienden hasta donde alcanza la vista. Simples piedras bordean el camino. Un Pulgarcito las ha puesto ahí para encontrar su camino. No ha regresado.

Los indios suben la tierra. Cada año, la lluvia arrastra la tierra más abajo, siempre más abajo. Pero los indios sacan la tierra de los barrancos, de los canales. Rehacen las tapias de piedra seca en las terrazas de las colinas. Apilan las piedras, calzadas sobre pequeños pedruscos. Luego bajan al fondo de los barrancos y cargan tierra. Y después suben lentamente, llevando sus cestos a la espalda. Una vez que alcanzan las terrazas, se sientan y vuelven a verter, cada año, los mismos terrones detrás de las pequeñas tapias frías.

Durante horas los relámpagos cubrieron el cielo. Sin un ruido. De golpe, una franja de cielo se iluminaba. Tormenta sin trueno, sin rayo, sin lluvia. Las nubes bordan en la hierba hilos de sombra que las patas de los caballos desgarran. Aquí no hay otoño ni primavera. Las zarzas hunden en el suelo sus espinas de pedernal.

Todas las noches hay que limpiar las herraduras, rascar el barro. Los indios tienen demasiado miedo de los caballos. Moguer almohaza, cepilla, distribuye el forraje. Zárate acaricia a su caballo. Le gusta notar esa lengua rugosa en sus manos. Pero Moguer odia a los caballos, odia el estiércol. No bien se encuentra solo, maltrata a las bestias.

A la entrada de los pueblos, los niños se agarran a las piernas de sus madres. Los soldados bordean las casas de adobe. Los muros sudan, deteriorados por el viento. Por la mañana, otra vez un lento ascenso. A comienzos de la tarde los caballos galopan. Después regresa la lasitud. El frío carcome los labios. Llegados a un torrente, los porteadores temen pasar, no saben nadar. Moguer les fuerza a entrar en el agua. Uno de ellos se ahoga.

En pleno día, la tormenta. El granizo cae, crepitante, punza el cráneo. Zárate galopa en medio de la tormenta entre risas. Echa la cabeza hacia atrás y abre la boca. Una bola de granizo le golpea los dientes, él se ríe. Desengancha de las mangas las que se han quedado prendidas en la lana. Se las lleva a la boca, las chupa, luego las escupe. Martín Bueno se ha puesto una bola de granizo sobre el dedo, es como la gema de un anillo, y sonríe, feliz. Zárate galopa por la pampa acribillada de canicas blancas. Los caballos se resbalan y sudan. El camino se adapta a las crestas de las montañas.

Por la noche divisan una decena de chozas. Pájaros de picos rojos están posados, pensativos, en el borde de una larga tapia. Los campos negros incrementan la austeridad. Un humo ralo indica que hay una fogata.

Acampan en el pueblo. El cansancio los enmudece. La noche es negra entre las estrechas casas de piedra. Un poco de luz sale por una puerta. Moguer entra. Primero no ve nada, salvo el fuego en un pequeño hogar de tierra cocida. El humo escapa por las hierbas secas del techo. Unas cobayas corren a lo largo de las paredes, se detienen y después vuelven a correr. Alrededor del fogón, la piedra está calcinada; el suelo, aplanado por incontables pasos. El humo le irrita. Dos rostros, de los cuales al principio sólo ve los ojos, lo miran fijamente, asombrados; Moguer sonríe. Tiene, de pronto, un sentimiento curioso. Ya ha visto a esas mujeres acuclilladas cerca de las brasas, ya ha sentido ese olor. Está emocionado. Ese humo, ese fuego, las paredes ennegrecidas, todo aquello no le es extraño. Quisiera decirles algo, cualquier cosa, hacerles alguna confidencia, aunque sea diminuta. Pero bruscamente recuerda que no sabe una sola palabra de su idioma, que no puede decirles nada. Y, de golpe, se siente enormemente solo. Podría ponerse a reír, a llorar, a hablar en el vacío. Pero se queda ahí, sin hacer nada. Las indígenas ya no lo miran, siguen removiendo sus patatas y cuidando el fuego. Y cuando Zárate lo llama, su voz es casi un insulto a lo que experimenta.

*

Están tristes. Queda ya muy cerca la gran ciudad desconocida, pero ellos han dejado de hablar de esclavos y de tesoros. Callan, sólo se oye el resoplido de los caballos, sus grandes hocicos secos. Es como si los sueños perdieran toda su fuerza tras cumplirse, como si se arruinaran al contacto con las crines. El aire fresco quema la garganta, restriega las mejillas, las manos se arrebujan bajo la lana, las orejas enrojecen de frío. El vaho que sale de la boca les arrebata a las palabras su poder. En la aurora, la vida imita su nuevo comienzo. La riqueza ya no parece gran cosa.

Los ríos se suceden, los campos son cada vez más grandes y regulares. Los pueblos son numerosos. Jefes autoritarios acaudillan a la población. Algunos los reciben recostados en literas, como lo hicieran los dignatarios de Cajamarca. La sensación de estar en el corazón del imperio es cada vez más clara. Aquello parece una trampa que empieza a cerrarse. Y cuanto más se acercan a la capital, más les parece que entran en una ratonera. Cada uno disimula su angustia. El mundo que los rodea posee una fuerza organizada, una historia. La sensación de ser extranjeros crece hasta el vértigo. ¿Qué han venido a hacer?

Cuzco

La mano raspó a Cristo hasta los huesos. Se le confió el pequeño cuerpo, y la mano ahondó en cada una de las articulaciones y quitó la carne. Raspó el pecho y descarnó la escalera de sus costillas. Luego, el rostro. Reina tal oscuridad en la carne que la mano tiembla un poco, pero el cadáver siempre resucita. En ese momento el cielo se encapota y el sol ilumina las nubes de costado. La uña vuelve a rascar el pecho y el rostro. Así, Pedro Moguer, Martín Bueno y Juan de Zárate rascaron, rascaron con sus uñas y royeron con sus dientes. Rascaron el fondo de sus sueños y subieron cegados por las montañas frías. Entonces atravesaron el Apurímac.

Las profundísimas gargantas llevaban a playas de arena llenas de mosquitas. Los caballos bebían del légamo; estaba oscuro, cada vez más oscuro. Tardaron un día entero en cruzarlo; en la otra orilla vislumbraron una manada de ciervos. La violenta belleza de esos paisajes volvía silenciosos a los hombres.

Entraron por la tarde en los suburbios, siguieron un camino largo bordeado de casas de piedra seca o de adobe. La severidad de las fachadas producía una impresión de pobreza y grandiosidad. Delante de las casas, una hilera ininterrumpida de rostros. A lo lejos, veían salir a la gente de sus casas, alertados de la llegada de los forasteros. De modo intermitente, como una ola, les llegaba un murmullo.

Las calles se tornaban cada vez más estrechas, sus cabezas sobrepasaban los techos, una multitud de indígenas aterrados por las bestias corría delante de ellos. De repente, un indígena asustado, sin pensar, cruzó la calle. El caballo de Moguer dio un brinco. El indio cayó y se abrió el cráneo contra la piedra. El caballo tuvo miedo, coceó y la muchedumbre que avanzaba detrás gritó.

Luego apareció el centro de la ciudad, los grandes monumentos públicos, los bloques ciclópeos de templos y palacios. En lo más alto vieron una fortaleza. Se detuvieron en la plaza principal. Algunos palacios hechos de muros antediluvianos estaban pintados con colores vivos; otros muros, formados con bloques mal escuadrados, eran más gruesos y altos, aunque la mayoría de los edificios sólo tenía una planta.

La multitud era densa y se mantenía a distancia de los jinetes; las herraduras que se estrellaban contra los adoquines acompañaban el avance de los españoles con una cascada de sonidos secos. Quizá en ese instante el notario tomó posesión de la ciudad, depositando sobre ella su fina mancha de tinta.

Los incas recibieron a los tres hombres y a su séquito con mucha consideración. Les enseñaron sus palacios, sus templos y la fortaleza. Una muralla triple la protegía; sus puertas estrechas, sus gigantescas jambas, el tamaño de ciertos bloques de piedra de más de cuatro metros de altura sorprendieron tanto a los españoles que sintieron para sus adentros orgullo, pero también espanto.

Pedro Pizarro o Sancho de la Hoz contaron después que, al verlos, nadie hubiera dicho que los había colocado ahí la mano del hombre. Parecían pedazos de montañas o de rocas. Las piedras eran de todos los tamaños y estaban tan perfectamente acopladas entre sí que parecía que la naturaleza había encontrado el medio de mostrar cómo las incontables formas que ella crea se reúnen para hacer realidad su gloria.

Pero lo que los españoles vieron en primer término fueron las placas de oro que decoraban las fachadas de los templos. Sus ojillos risueños y llenos de deseo solamente vieron eso, por decirlo así. El segundo día, los llevaron a visitar el Coricancha— el recinto dorado— y allí, por unos segundos, sus corazones dejaron de latir.

Una multitud de peregrinos y curiosos se agolpaba en los alrededores del templo. En el recinto rodeado por una vasta muralla, había un conjunto de cobertizos recubiertos de paja. El santuario se elevaba entre los ríos Huatanay y Tullumayo. Anchos muros sostenían una terraza donde se encontraban las residencias de los sacerdotes y los dioses.

Hubo un instante de silencio. Enmudecidos, dieron la vuelta a una parte de la muralla, con pasos lentos, como subyugados. El muro medía cuatrocientos metros de largo y tenía un friso de dos palmos de ancho confeccionado con delgadas placas de oro. Las partes en las que daba el sol brillaban tanto que los españoles sintieron algo parecido a la angustia.

De pronto el cielo se cubrió, se volvió negro. Aquella mañana había helado, de las ramas de las techumbres colgaban carámbanos, pero se derretían y ahora caían unas gotitas. Moguer entró en el recinto. Vio que cada edificio estaba también cubierto con un friso brillante. Moguer entró en uno y corrió a decirles a los demás: «Dentro es igual. ¡Hay oro por todas partes, por todas partes!».

Entonces empezó a llover, una lluvia pesada. Moguer soñaba. Sus ojos descifraban las formas grabadas en el oro, la lluvia resbalaba por su rostro. El agua se separaba de sí misma de forma tan maravillosa; corría, como el oro, creando múltiples formas perfectas; a veces se mezclaba consigo misma y formaba una corriente más viva, una masa más profunda. No cesaba de correr; después, gracias al milagro de la evaporación, volvía a subir y se adensaba en el cielo.

El agua subterránea debe de ser tan calma, se dijo. Pero se preguntó cómo los hombres conocían su existencia. ¿Cómo se sabe dónde está? Esa agua no debe de tener ningún reflejo en su superficie, sin duda está inmóvil, y es negra, oscura, también fría, muy fría, y profunda.

Pero el agua de los mares se agita sin cesar; la ola, reflejo centelleante, como si, con una variabilidad pura, se esforzase en no conservar un solo instante una imagen de los cuerpos, exige que se la vea entera en ese resplandor. Y mientras Moguer entraba en silencio en el pequeño cuadrilátero de tierra que el Inca roturaba simbólicamente durante la fiesta de la siembra, la lluvia arreció, era muy densa. El agua corría como vetas por los muros de piedra.

Y, de repente, en el jardín del Inca, en el suelo, Moguer advirtió unas estatuillas amarillas, tallos de maíz. Recoge algunos, guiado por una sensación de algo sobrenatural. En la puerta del jardín, los incas esperan y espían sus gestos. Moguer sólo piensa en aquello que mira, que es también en lo que sueña. Duda un poco en el pequeño cuadrilátero. La tierra ha sido labrada, surcada por el hierro. Y el ángel abrió la puerta del jardín.

Desde entonces, en el borde de los canales, una hierba muy verde crece en primavera. Mientras camina, cada uno sueña con su ruta; abriendo y cerrando los ojos, abre y cierra las puertas que necesita atravesar. En septiembre, son las flores rojas y amarillas las que nos guían, en marzo pequeñas flores blancas. Y ahora, después de que el sacerdote hubiera cavado los surcos, era verano y la tierra se había cubierto de frutos. Pero aquellos frutos eran de oro, ¡de oro! Y Moguer comenzó a recogerlos.

Martín Bueno había arrancado algunas placas de oro con un viejo puñal. Lo miraban en silencio. Un general inca se mantenía a algunos metros, despectivo. Los indígenas habían tomado a los tres españoles por mensajeros de los dioses. Pero ahora que los veían subir a la espalda de un negro y descolgar ellos mismos las primeras láminas de oro, los miraron con estupor. ¿Quiénes eran ésos? ¿Por qué arrancaban los frisos que decoraban el templo?

Muy rápido, cogieron a un centenar de hombres y los pusieron a las órdenes de Martín Bueno. Sin tomarse la molestia de dispersar a la muchedumbre ni de dar explicaciones, se les ordenó desmontar las placas y doblarlas como si fuesen chatarra, fácil de llevar. Lo cargaron todo en unas llamas y lo llevaron al palacio donde se hospedaban los españoles. Aquello duró tres días, después de los cuales el recinto y los templos del Coricancha quedaron vacíos y llenos de orificios.

El saqueo se extendió muy rápidamente a los demás templos y palacios. Los principales edificios de la capital fueron desvalijados. Los siglos enteros de un reino que celebraba sus victorias fueron enrollados como billetes de banco y alineados unos junto a otros, bien apretados. No se tomó precaución alguna. El expolio fue rápido, brutal. No hubo ninguna explicación, ningún intento de justificación. Hubo rezos. Era un milagro ver a tres hombres, acompañados por un notario y diez esclavos, subyugar a una ciudad. En aquel entonces Cuzco contaba con doscientos mil habitantes. Se convirtieron en doscientos mil espectadores.

*

Al cabo de unos días enviaron a un negro con un centenar de cargamentos de oro y plata. Reclutaron porteadores; y pusieron al negro a la cabeza del cortejo de petates, como un príncipe del Sahel.

Un poco más tarde, Hernando Pizarro, que volvía de Pachacámac, se encontró con el tropel de esclavos. Se le oprimió el corazón. Todo un pueblo dejaba partir sus riquezas. Él mismo no pudo reprimir una vaga angustia al presenciar el apacible expolio.

Sin duda no supo por qué aquello le oprimía el corazón. Y, sin duda, nunca lo sabría. Sin embargo, tenía un corazón. Un pobre corazón seco, cautivo de sus deseos. Pero, a la vista de aquel cortejo fúnebre, volvió a latir. Un esclavo negro iba a la cabeza, sentado en una litera, y cuatro hombres lo llevaban en andas. La vista de un negro sobre un palanquín ofendía sus costumbres y le reveló la verdad, encarnada en una imagen. Saqueaban un pueblo despreciando todas las leyes, todas las reglas; lo sometían tan brutalmente que incluso los negros ejercían su dominio sobre él. Esta idea terrible y fea fue para él la única manera de sentir la impostura de la situación. Pero no pudo decirle nada al negro. El oro llegaría a Cajamarca sobre el carro de un sol oscuro y crespo. Era lo único que importaba.

Hicieron, pues, la ruta juntos. A Hernando le hubiera gustado decirle algo al negro. Buscaba palabras que, como una ola del mar, se lo llevaran todo. Pero esas palabras no existen. Las únicas palabras que existen apenas permiten encontrarse y unirse. Sin embargo, palpitan bajo cenizas de orgullo. Para Hernando, las lecciones de sus maestros habían castrado las palabras. Con ellas habían creado un proyecto sin alma. ¿Dónde encontrar palabras intactas y puras? ¿En qué corriente de aire se las puede refrescar? No lo sabía. El rostro del negro bastaba para sonrojarlo, pero las placas de oro lo retenían. Las palabras se quedaban ahí, como piedras. Había algo de inexistente en las palabras. Una ranura secreta en la que él no podía deslizar su odio y su rabia.

*

Y luego estaban aquellos despojos del ejército inca, un guiñapo de treinta mil hombres, cerca de Jauja. Contaban que se disponían a castigar a los huancas por haberse sublevado contra los incas. Contaban que Challco Chima, uno de los generales *yana* más conocidos, los comandaba.

Pero los acontecimientos recientes habían infundido en los españoles una confianza casi ilimitada. Con su veintena de caballos y su pequeño escuadrón de infantería, Hernando se encoge en su montura y se apresura a ir a Jauja. El negro lo sigue como puede, corriendo al lado de su landó.

Cuando penetraron en la ciudad, se hizo un gran silencio. En todas las calles, picas adornadas con cabezas, piernas y manos. Por todas partes esos troncos de árboles con su pesada flor. Arrancaron las picas sin decir una palabra. Después enviaron un mensaje a Challco Chima, quien había levantado su campamento cerca de la ciudad. Hernando quería verlo. Venía, en nombre del Inca, a pedir la paz. Challco Chima dudó en ir. Pero los extranjeros lo atraían. ¿Acaso no tenía él también ganas de ver aquellas bestias enormes, aquellos tubos de fuego? A fuerza de embajadas corteses, se dejó convencer.

Seguido de una larga comitiva, una mañana entró en la ciudad. Hernando lo esperaba. Fue amable y hábil. Le dijo que el Inca deseaba verlo, que había ordenado que cesara la lucha. Si no le creía, no tenía más que acompañarlo y verlo con sus propios ojos. Challco Chima debió de sentir el regusto ácido de la mentira. Pero estaba debilitado, confundido. El Inca había perdido el trono de una manera extraña y brutal, estaba prisionero. Habían visto señales de ello en el cielo. Y después estaban esos hombres misteriosos, llegados de muy lejos.

Al cabo de unos días, el general inca aceptó seguir al capitán, y su ejército se dispersó en las colinas. Entonces volvieron a ponerse en marcha, con el indio y el negro sumidos en el mismo estupor. Quedaban muchas más curvas, escaleras de piedra. Los rayos del sol lastimaban los ojos. Las manos se soldaban con las riendas. Ya no se veía nada.

Cuando las herraduras de los caballos se desgastaron, a falta de otro metal, tuvieron que fundir cuatro pequeños arcos de plata para cada una. Y retomaron la ruta, condotieros de fortuna, sobre sus preciosos talones.

Challco Chima iba en su litera, silencioso. Hernando no sentía el menor interés por ese guerrero austero. Apenas lo miraba; para él sólo era uno de esos grandes fardos de paja que se arrastran hasta el granero para desmenuzarlos con la horca.

De nuevo la nieve, el barro, las manadas de alpacas. Una rutina maravillosa se adueñaba de la tierra. De noche, algunos estiraban las manos en lo oscuro para palpar un rostro; pero estaban solos y sus manos regresaban a ellos temblorosas, avergonzadas.

Volvieron a cruzar los puentes. Esta vez los jinetes los atravesaron jalando de sus bestias sin miedo, casi como si soñaran. Los acantilados ya no les fascinaban, pero la distancia, que ahora conocían, los aplastaba. El camino erosionado estallaba bajo sus pasos. Tizón, cuarzo.

Lentamente el paisaje se abrió. Dejaron atrás las elevadas mesas de piedra y llegaron a un pequeño valle. Mientras atravesaban un pueblo, Hernando vio un herrerillo sobre el brocal de un pozo. Picoteaba granos invisibles. Entre las casas vecinas, bajo el sol de la mañana, un grupo de árboles verdes formaba una falsa cruz.

*

En su guarida norteña, Pizarro recibe los convoyes. Cuenta los jarrones, las copas, los platos: deposita sobre su vientre pedazos de oro frío. Pero, en su caverna roja, vive como un guardián de cabras. Sus frazadas bullen de pulgas, le pica la cabeza. A veces medita sobre su tesoro, sobre esa enorme acumulación de objetos y sobre esa vida de gitano extraño. Es rico, poderoso, y sin embargo es tan pobre como antes, sus arrugas son igual de marcadas, sus manos igual de pequeñas. Y eso lo enternece.

¿Qué hará con todo eso? ¿Qué se puede hacer con todo un imperio, un pueblo y una cadena montañosa? No lo sabe, nadie lo sabe.

Desde la emboscada de Cajamarca, la tierra bebió sangre. El cerro floreció. En medio de los labrantíos, los huesos se secan.

Una mañana, Pizarro levantó la cabeza. Vio una bandada de pajarillos cruzar el cielo. Algunas cornejas estaban inmóviles en los tejados. Otras planeaban en el viento, apenas visibles, o volaban en grupos compactos sobre los viejos osarios. El cielo era una sucesión de azules y grises más o menos sombríos. Algunos helechos enmohecidos, en el borde de las tapias, temblaban al viento.

Hacía más calor, cada vez más calor. Al pasar cerca de un maizal, Pizarro se detuvo. Los tallos secos parecían una extraña cabellera que contrastaba con la hierba, de un verdor intenso. Alrededor, los zarzales eran verdes y punzantes. La forma ligeramente abombada de lo alto del maizal dejaba ver sólo las cabezas de las llamas. Divisó un gavilán que, en medio del viento, se mantenía quieto, sin hacer el menor movimiento con las alas.

El verano se termina. Las lluvias han llegado para apisonar la paja. En la hierba, un arbolito agoniza. Sus ramas en forma de parasol no protegen nada. Su tronco está desnudo. Está cubierto con una especie de muérdago.

Nunca había visto el cielo tan alto, las nubes tan negras. En verano, los matorrales formaban largos canutos de espinas. Había mandado tallar troncos para hacer comederos, y ahora, dispuestos de tres en tres, semejaban barcas naufragadas. Las rodeaba el gran círculo de fango que pisoteaban las bestias.

«¡Mira! ¡Parece una corona de lana!» Teresa había dicho eso, maravillada, él ya no recuerda cuándo, pero no había olvidado la juventud de aquel rostro ni su sonrisa. La recordó, los brazos en cruz en medio de la hierba, de cara al cielo. Recordó sus hermosos cabellos. Era invierno, debía de ser mediodía, el sol estaba clavado en el cielo. Habían quemado plumas de pájaro y las habían mezclado con un poco de aceite. «Es un secreto que me han dicho; hay que beberlo y acostarse en la hierba con los brazos en cruz, de cara al cielo. Después te contaré el resto.»

Ella lamió de la palma de su mano el aceite y la ceniza. Luego, sin decir nada, se acostó en la hierba y extendió los brazos. El corazón de Pizarro había latido, latido. Maquinalmente, se limpió la mano con la manga, después se quedó sin hacer nada. Una nieve de gloria y silencio cayó sobre sus hombros. Dio dos pasos, se acuclilló y posó sus labios sobre la boca fría. ¿Acaso ella dormía? Tocó el hombro inerte y desnudo, se levantó y empujó suavemente el cuerpo con el pie. De pronto se sintió perdido, gritó: «¡Teresa!», pero ella no se movió. ¿Por qué había tenido que comer de esa ceniza?, ¿se había desmayado, estaba muerta? «¡Teresa!»

Le entraron ganas de llorar. Su beso le pareció un juego estúpido. Vio a lo lejos un círculo de campesinos alrededor de una fogata. En invierno se amontonaban ramas secas y viejos maderos detrás de los antiguos graneros. Siempre había algo que aprovechar; pero exigía cada vez más tiempo y esfuerzos. Primero se quemaban los entarimados del suelo, después las ventanas, los dinteles y finalmente los armazones.

De repente, los brazos de Teresa se habían deslizado sobre su pecho como dos lenguas calientes. Él la había perdonado. «Vamos», dijo ella, y regresaron despacio a sus casas. Delante de la puerta, no la había besado, ¡ella había entrado tan rápido!, ¡apenas pudo decirle adiós!

La granja era fea, con su techo de paja podrida, sus postigos de madera de pino, pero él la quería. Recordaba las acequias de lodo en invierno, allí donde se cruzaban los campos. Recordaba un montoncito de plumas.

*

Una mañana, Pizarro partió solo. Fue hasta el antiguo campamento del Inca. A unos metros de los manantiales, en medio del campo, se bajó el pantalón y meó. Las sombras y la melancolía velaban su rostro. Había encontrado la rama dorada, el Argicida, pero ¿qué había hecho con ella? «Pasaré mi vida muriendo», se dijo, «pasaré veinte años, treinta años muriendo.» Rápidamente alejó ese pensamiento y entró en el patio. En unas semanas los edificios parecían haber envejecido siglos. Estaban vacíos, deteriorados. Todo transpiraba una gran tristeza, la de las ruinas recientes. Los hombres habían venido, habían hecho fogatas, cometido violaciones. La tierra estaba pegajosa. Una atmósfera mortecina lo impregnaba todo. Era tan sórdido como esas casas quemadas cuyos muros negros dejan ver pintadas obscenas y por donde corren cascos de botellas rotos.

Pizarro pensó en Almagro, en su inminente llegada. Y se sentó en un viejo pedazo de madera. Ya no había ocre, rojo, blanco. Solamente el gris, el moho amarillento. El techo estaba destripado y los charcos inundaban la pieza. Pizarro se levantó, titubeó un instante, después salió. Atravesó de nuevo los campos hasta la ciudad como un gato atraviesa el puente.

Almagro o la Pascua Florida

Para que abundara el alimento, hubo que domesticar a las bestias, separar a los cabritos de sus madres y sacar el estiércol de los establos. Mucho más tarde, aparecieron los conquistadores, ogros torpes con heridas en forma de ocelos. Una familia de raza blanca, desunida, que se llevó el café, la papaya y el tabaco. Allí por donde fueron, los conquistadores hicieron lo mismo: masacres, saqueos. Tenían el rostro seco y llevaban sobre los hombros un sólido cráneo de buey. Y bajo ese cráneo soñaban enajenados con cosas de aquel mundo, soñaban con ellas en medio de la tristeza cotidiana.

Pero el rostro de Pizarro está lleno de malicia. Él desciende del chacal, del ocelote. Él gañe. Un grano de arena restriega la piel, los muros, y elimina toda la carne o la argamasa que queda. Y Pizarro recorta, enjuaga, mira a través del huequito de su máquina, y su muela cercena, y su morro escarba con todas sus fuerzas, con toda su alma.

Se dice que un gran pecado pone de rodillas tanto a las víctimas como a los culpables. Así, los indios, los peones y los negros tuvieron que pedir perdón por el pecado cometido en perjuicio de sus razas. Dado que aquellos que habían traído consigo la fe en Cristo se preocupaban muy poco de sus propias faltas, dado que sus descendientes perderían la fe, sus víctimas serían las únicas que tendrían que arrodillarse y rezar.

Así, todos los días en Santa Clara, a eso de las seis de la mañana, son las multitudes rojas quienes oyen la campana, ríos silenciosos que fluyen hasta el atrio. Son las vendedoras de tamales que llevan a rastras a niños llenos de mocos, los jornaleros, los carteristas, quienes posan sus rodillas en las losas de piedra. Y toda esa multitud mira al Niño Jesús. Lo mira con sus ojazos negros, y después le canta llorando canciones paganas.

*

Los conquistadores andan a trompicones por los senderos secos, se cansan y mueren. «¡Vete de aquí!», les ordena su padre, y ellos se van. También Almagro corrió hasta el lejano mundo, con una falsa bonhomía que ocultaba su verdadero rostro. Era un poco más joven que Pizarro y venía de un pueblecito de Castilla. Almagro no tenía linaje, títulos, nada que se transmitiera por la carne. Sus padres se enorgullecían, como lo habían hecho las generaciones precedentes, de poseer un poco de trigo sarraceno y algunas cabras. Como muchos labriegos españoles, sin duda sólo hablaban de honor, de desprecio, de la horrible igualdad de la vida y la muerte.

Almagro era el hijo bastardo de un simple campesino. Decididamente, había muchos bastardos. Atahualpa lo era. Pizarro lo era, también Almagro. Para casarse con su madre, su padre se batió en duelo a horquillazos y resultó herido. Nada grave. Su madre se casó más tarde con un tal Cellinos y dejó la educación de su hijo a una simple criada.

Durante algunos años Sancha López lo crio. Después fue su tío materno, Hernán Gutiérrez, un hombre que castigaba con dureza. Harto de que lo azotaran, Diego se marchó. Es asombroso comprobar hasta qué punto el azote ha encaminado a los jóvenes en la senda de la crueldad y la gloria. El Nuevo Mundo fue una empresa de bastardos y niños golpeados.

Tras haber abandonado jovencísimo su pueblo, trabajó de sirviente en Toledo. Cuentan que, después de un cuchillazo, huyó a Sevilla. Allí se embarcó. Y vio delfines, gaviotas, olas. Almagro olvidó todo lo que había hecho. América arrancó de su corazón una mata de ortigas. Y él se convirtió en un soldado reconocido, formó parte de numerosas exploraciones, pero no subió en el escalafón, sino que fue, hasta su encuentro con Pizarro, un simple soldado.

Se lo describe como un hombre feísimo, de baja estatura. Rostro delgado, labios gruesos. Durante la primera expedición a Perú, perdió un ojo y recibió una herida en la mano. La sífilis se encargó del resto.

Pizarro y él eran socios desde hacía nueve años. Un religioso, Hernando de Luque, había actuado de proveedor de fondos o de testaferro, eso nunca se sabrá. Algunos cuentan que los tres compartieron una hostia; su carne se derritió en sus paladares. Un simple contrato parece más verosímil. Tuvieron que abrazarse y aguantar en pie hasta el amanecer con un ardor en el gaznate.

Pero ahora Almagro acudía para reclamar lo que le correspondía. Hacía años que buscaban aquel Perú, años en que no habían tenido más que la transparencia del viento, las espinas y la sal. Pizarro había dado los primeros pasos en las costas, se había hundido en la gran selva y él, Almagro, lo había abastecido, sostenido, pero ahora ya lo tenían, sus manos ya se habían cerrado sobre el pomo de marfil. La puerta se abría y el jardín estaba intacto. Iban a poder beber del rocío; la fuente nunca se secaría. Pero las riquezas insólitas no se comparten. Almagro lo sabe en uno de los repliegues de su alma; la hoz lo quiere todo.

También se preguntaba cómo lo recibiría Pizarro. Entre ellos ahora había una escudilla llena y, tal vez, el viejo polichinela la querría para él solo. Almagro, que no estuvo el día de la captura del Inca, temía que lo apartaran cuando repartieran el botín. Y se apresuró a ascender a los Andes. Subió de cuatro en cuatro los peldaños de piedra y llegó arriba la víspera de Pascua, el 12 de abril de 1533.

*

Pizarro salió al encuentro de Almagro para recibirlo dignamente. Los dos hombres se abrazaron. Hubo una efusión de buenos sentimientos. Las tropas confraternizaron y trotaron juntas hasta la ciudad. Pizarro contó la formidable historia, la lluvia de sangre. Todo el mundo quería escucharlo. También Almagro, como un niño que pide que le cuenten una historia que ya conoce. Y Pizarro, con pocas palabras, les describió el gentío, la espera, la embestida, el triunfo. Y entraron en Cajamarca escuchándole en silencio.

Se celebró la llegada de aquellos hombres que traían consigo mucha esperanza y muchos problemas. Prendieron las lámparas, se bebió, se bailó. Fue una noche llena de luz, de olvido. Bodas de criados, músicos de huesos, noche eterna, glotonería, palacetes de telas, chisporroteos, escenas macabras, ladrones, batiburrillo, cencerros, cascajo, y la salida del sol. Por todas partes había cadáveres calientes, ebrios, perdidos en un átomo de sol. Eran ellos, los gigantes torpes destinados a enturbiar la vida cotidiana de los hombres. Los curanderos del alma, hechiceros, gitanos. Algunos, ya levantados, tenían la barba embadurnada de jabón. La cosa empezaba bien.

Pero cuando vieron las proporciones del botín que se acumulaba día tras día, los hombres de Almagro sintieron pesar, después rencor. Querían su parte. ¿No habían llegado para apoyar a Pizarro? ¿Acaso su presencia no impediría la reacción de los indígenas?

Los hombres de Pizarro, de Benalcázar y de De Soto no opinaban lo mismo. Habían sufrido durante meses en las selvas o en las arenas del norte. Habían vencido solos, y solos se lo repartirían todo. No había más que hablar. Los de Almagro debían buscar otra hucha que vaciar. Ellos tenían un imperio, y apenas les bastaba.

Hubo negociaciones penosas. Llegaron a las manos, después se calmaron. Alcanzaron un acuerdo que dejó amargados a los soldados de Almagro, pero que les concedía lo suficiente como para que se callasen y esperaran. Pizarro accedió a que una parte del botín valorado en cien mil ducados se entregara a los hombres de Almagro. Era la única solución: comprarlos, pero no a un precio muy alto. Pizarro había evitado lo peor. Con todo, el espadazo que lo haría irse al otro mundo, desangrándolo por la garganta, vendría de aquí, de Cajamarca. La tierra se había abierto entre los dos hombres y no se cerraría hasta mucho después, con el bueno de La Gasca y sus reformas, que alejarían del poder la lanza y el clamor de la falsa gloria.

Los Reyes Magos

Pizarro cenaba todas las noches con el Inca. Se acostaba sobre el vientre de su víctima y se adormecía; luego, lentamente, recuperaba energías. Sin duda alguna, se entregaban a una guerra, tierna y secreta. Y se dijeron todo lo que era necesario. Se dijeron que serían hermanos para siempre y que se querían. Se dijeron que Pizarro se casaría con la hermana de Atahualpa, que las manos se replegarían sobre el rostro durante mucho tiempo y que lo esconderían. Que la vergüenza sería terrible.

«Te he visto hace un instante, estabas solo en tu celda, no debería decírtelo, pero te he observado. ¿Quién eres? ¿Y por qué te hablo? Nadie lo sabrá. Tampoco sé nada de ti. A veces te noto tan triste que me das miedo. ¡Ven, acércate! Tu desgracia me ha conmovido. Sin conocerte de verdad, me parece que, si el mundo se derrumbara, yo no te abandonaría.»

Pizarro conservó el cadáver en sus brazos. Cenó con los muertos. Pudo, como aquellos españoles de las fábulas, hablar con los muertos durante una noche, y después despertarse al día siguiente acostado en la hierba; la casa y los muebles, todo había desaparecido.

*

Entonces regresaron los reyes de aquel Oriente que habían saqueado. Reyes de nada, magos inquietos, ebrios de sí mismos. Primero llegaron los servidores del Inca, después Hernando y el negro, luego llegó Zárate, a finales de abril, y por último, tres semanas más tarde, Pedro Moguer y Martín Bueno. A cada uno lo seguía una larga columna de hormigas, y Cajamarca se convirtió en un enorme hormiguero.

Pero aquellas hormigas no llevaban migas de pan, sino pesados cargamentos de metal. Sobre sus espaldas acarreaban copas de oro abolladas a pedradas para que ocuparan menos espacio. Ahí estaban también los revestimientos dorados del Coricancha, doblados en láminas. Y estatuas, joyas y todo tipo de objetos sagrados.

Amontonaron en las chozas de barro esas cargas de sol y de luna. Los bohíos rebosaban de formas extrañas, a menudo irreconocibles después de que las retorcieran a pedradas o rodillazos. A comienzos de marzo se empezó a reducirlo todo a lingotes. Habilísimos forjadores indígenas fundieron en poco tiempo los tesoros de sus ancestros.

Los navíos que habían transportado a Almagro y a sus tropas esperaban a que se les pagara. Los comisarios reales tuvieron que verificar, contar, evaluar lo que se había incautado desde la fundación de Piura. Una vez retiradas la parte del rey y la de los soldados que se habían quedado atrás, se dividió en doscientas diecisiete partes, cada una por un valor de 5.345 pesos, lo que equivalía a más de veinte kilos de oro y cuarenta y dos de plata. Éstas fueron a su vez repartidas entre ciento sesenta y ocho personas, en función de la jerarquía, el grado de participación en los negocios y otros criterios más misteriosos. Pizarro recibió treinta partes, o sea 57.220 pesos de oro y 2.350 marcos de plata. Tenía derecho, además, a la pieza del botín que él designara. Escogió el trono. Se estimó en 30.080 pesos de oro y 1.267 marcos de plata, una suma considerable. El trono, por sí solo, equivalía a siete partes. Pero, sobre todo, era la obra y el símbolo de un mundo.

Uno imagina a Pizarro, solo en su tienda, levantando el trono como una silla caída y posando sus nalgas de plomo sobre las planchas de oro. Un niño habría jugado. Un adulto también. Habría jugado al Inca. ¿A quién, si no? Mucho tiempo después, los niños de la burguesía jugaron a ser el *Negus,* sentados en tronos de ébano, en los pasillos de los barrios elegantes. Aquí, nada parecido. Pizarro no es el hijo de un médico de las colonias ni el sobrino de un anticuario. Es un obrero de la sangre.

¿Va a extraviarse un pueblo en su deseo creciente de gloria para terminar remedando a escondidas los gestos de los niños? Nadie puede destruir sin amar. Se admira la castidad que se viola, un mismo sueño fermenta o macera.

Y Pizarro, en su tienda, sólo hizo realidad *el* sueño. Relámpago delicioso, trueno mudo: «Soy el rey». Pero ¿quién se enteró? Nadie. Las murallas son gruesas. Pizarro fue como los lacayos que, un día, mientras limpian el trono y desempolvan la corona, se sienten audaces y se atreven a sentarse en el trono y a coronarse. Pero si resuenan pasos en el corredor, de inmediato se levantan y siguen frotando la barandilla.

Detrás del cielo no hay nada. El oro es sin duda esa nada que los niños se disputan. «¡Dámelo! ¡Devuélvemelo!» Pero no es nada, sólo un pañuelo, un trapo apelotonado que parece la cabeza de un loco. Sin embargo, los españoles no son unos locos, son ricos, aunque estén en el desierto y su tesoro deba partir a Europa, donde se reencontrará con sus hermanos.

El reparto fue lento, meticuloso, dejó mucha insatisfacción. No obstante, fue un acto prodigioso. Se repartían los colores, las formas, los recuerdos de todo un pueblo. Se arrancaban las entrañas a mordiscos. Aun así, no bastaba.

Un imperio no es suficiente para algunos centenares de hombres. La tierra entera es demasiado pequeña. Más allá, siempre hay un Edén por cuyas riquezas merece la pena morir.

Cuentan que durante el reparto se sustrajo gran cantidad de oro, que Moguer, Bueno, Zárate, los soldados de Pachacámac, en fin, que todo el mundo levantó una piedra, una raíz, un poco de tierra y escondió un brazalete, una copa. Cuentan que los mismos indígenas volvieron a dejar el oro en la tierra de la que lo habían cogido, que enterraron incontables riquezas en abras perdidas. Afirman que las riquezas escondidas sobrepasan mil veces a las arrebatadas. Es sin duda falso. Pero, por otro lado, es muy cierto que todavía los tesoros pasan entre nuestras manos y se deslizan bajo las piedras.

Aquel formidable póquer terminó con la partida de Hernando Pizarro rumbo a España. Había que dar cuenta a Carlos V del éxito de la expedición, asegurar apoyos, obtener nuevos privilegios. Una veintena de hombres se pusieron en marcha a toda prisa, decididos a disfrutar con tranquilidad de su fortuna. Y bajaron de los Andes, dando tumbos, camino de su país natal. Sus hermanas y sus madres los habían criado entre algodones y lacitos ridículos. Eran de nobleza hidalga o labriegos pobres. «¡Tienes ojos, Pedro Moguer! ¡Aquel árbol es el del jardincillo de Molón! ¡Y el Arca es nuestra casa! ¡Qué bella es, toda parda y granulosa! Pareciera que no has mirado todas esas cosas con ojos de verdad. ¡Y el asno del belén, ya lo viste en nuestras tierras, y el buey es la vaca gorda de Miguel! Ah, no te detengas nunca, Pedro, mira las cosas tanto como puedas, míralas hasta que se hagan polvo, y después vuelve.»

Cada uno tenía una región, una ciudad, un lugar de procedencia, y lo llevaban en su apellido. Trujillo, Aldana, Candía, ciudades o simples aldeas. Todas eran zonas secas, rudas, pero también había olivares, dehesas para toros.

«Si te vas a las Indias, te llamarán Benalcázar, fundarás una ciudad que llevará ese nombre. Será también la nuestra. Pero te lo ruego, no te olvides de regresar. Entonces harás que pinten de nuevo la Virgen, ¡prométemelo! Recubrirás el cuerpecillo gastado con oro y cal. ¡Regresarás, Sebastián, y vosotros, Pedro, Sancho, vosotros también regresaréis! Mira aquel lindo Jesucristo con los brazos demasiado cortos, es un Cristo para los hijos de los pobres, sus brazos no pueden tomar nada y sus piernas no pueden ni sostenerlo. ¡Pero fíjate en su mirada! Es de un azul oscuro y nos lanza relámpagos de yeso a los ojos.

»¡No tengas miedo! Le quitaremos la carne de las piernas y los brazos, ¡pero vamos a ponérselo todo nuevo! Será muy hermoso, ya verás, tendrá una expresión más dulce y también más piedad por vosotros. Ya lo sabes, Sebastián, ¡no levantes la voz delante de las vírgenes santas! Son como gatitas que no soportan el ruido. Allá lejos, en América, ¿harás sonar el peso del amor y del oro en la balanza? ¿Darás una libra de carne por una de oro? ¡Cuidado, Sebastián, los hombres tienen un alma, piénsalo!

»¡Regresarás, di que regresarás para pintar de nuevo la preciosa Virgen de allá arriba, en el hueco del peñasco! ¡No lo olvides!»

«Lo haré, María, te lo juro, haré que la lleven sobre andas de juncos verdes. La coronaremos cada día con nuevas ramas. Delante de ella quemaré incienso. Iré a las Indias, María, y traeré incienso para tu Virgen.»

Pero ninguno de ellos cumplió. Varados en los Andes, sus nombres se hicieron ilustres en el contrabando entre las islas y después en la rapiña. Había merecido la pena. Pero la virgencita de la montaña se quedaría con su vestido desgarrado y su enlucido gastado. Habían embadurnado con sangre y vino las paredes de algunas posadas, pero el nicho donde se mantenía despierta la virgencita de los pobres siguió sucio, con su yeso desconchado.

El océano

Descendieron, paso a paso, con el oro cargado en las llamas o en las espaldas de los indios. Cada día desaparecían porteadores. Por mucho que los españoles vigilaran, al final de cada tramo siempre faltaba alguno. El grupo de porteadores disminuía, las llamas se dispersaban hasta esfumarse. Los cargamentos se derramaban, los precipicios se cobraban su tributo de hombres y bestias. El tesoro menguaba y, una vez más, a ellos los acuciaba el hambre, la sed, el cansancio.

Pronto no fueron suficientes para cargarlo todo. No se decidían a abandonar sus tesoros. Sobrecargaban a las bestias que quedaban, y éstas se agotaban y rápidamente morían. Entonces, los españoles decidieron llevar ellos mismos una parte de su botín. Cargaron a su vez, y cada día más. Y la caravana se fue haciendo más lenta. Se hubiera podido decir que era un cuerpecito grueso, enfermo. Todos tenían grandes verrugas amarillentas en la espalda, bultos, excrecencias doradas. Maldecían su suerte cada vez que un animal se precipitaba al vacío. Se ataban una cuerda alrededor del pecho y bajaban por las pendientes haciendo rápel, recogiendo lo que podían de las riquezas perdidas. Aquello requería tiempo, fuerzas. Reanudaban su camino cansados, decepcionados. El sol quemaba. El descenso nunca terminaba. Así llegaron pese a todo a Piura; después alcanzaron, extenuados, Panamá y Nombre de Dios. Allí embarcaron, y Nuestro Señor, que es a la vez céfiro, rumbos y corrientes marinas, los llevó finalmente de regreso a Sevilla.

*

¿Cuántos, de los miles de navíos que atravesaron en aquel entonces el Atlántico, se hundieron? El tapiz de basalto que se mueve con lentitud lleva consigo pequeñas conchas cargadas de oro. Los cofres acumulan sal, y las algas saben amargas, pero los doblones se mantienen inalterables, pequeños soles que el océano entrega, cambiante y naciente en su igualdad, su maravillosa igualdad, acorde a la naturaleza. Y los puentes de los pecios, invadidos por los pólipos —al igual que, más tarde, los toneles de melaza despanzurrados—, estarán cubiertos de pesos y joyas. Cerezas brillantes, perlas. Pero esa Alhambra oceánica será menos luminosa, menos embriagadora que la otra, la de los moros. Esconderá otros vestigios. Los vestigios de la codicia, nada menos. Obras de arte martilleadas rápidamente, vasijas de oro aplastadas, fundidas toscamente para que cupieran en los cofres.

Sin embargo, diez años antes de que Hernando repatriara los tesoros, Jean Fleury, frente a las costas de España, se apoderó de tres naves. Transportaban una parte del tesoro de Moctezuma. Tres cajas con lingotes de oro, doscientos treinta kilos de polvo de oro, trescientos diez kilos de perlas, cofres de joyas y piedras preciosas, esmeraldas, topacios. Pero también había ídolos aztecas, valiosas vajillas, escudos, cascos indígenas, etcétera, etcétera. Cortés ni siquiera consideró necesario armar el navío. Y es que por el océano circulaban entonces los primeros barcos de aquella larga flota española, que llevaba, en unas naves, el oro, la plata, las esmeraldas, y, en otras, las corazas, las espadas, los caballos y a las prostitutas.

*

Durante horas, Leandro había desafiado el oscuro oleaje, hundido la cabeza en el mar, resoplado, escupido. Durante horas había mirado fijamente la orilla que tenía enfrente. Y de vez en cuando, aturdido por el esfuerzo, habría jurado que no era él quien atravesaba el estrecho, sino que eran las orillas las que se alejaban y se acercaban.

Pero entre América y Europa se debe viajar en barco. En ocasiones, el barco se detiene en algunas islas y después parte de nuevo. La travesía dura varias semanas.

En su camarote de madera, Hernando se da la vuelta sobre sus sábanas húmedas. Helo aquí rico, rico, tanto que en ese feudo de tablas, no lejos de los cofres, se siente como en casa. Duerme pegado a su sueño, a escasos metros de los tesoros. Y eso le quema. Sí, le duele, siente que la cadera le arde, que la mano le arde, jamás ha conocido algo mejor.

Al atardecer mira la espuma blanca del mar. No sabe nada. No quiere nada. Lo tiene todo. Todo. ¡Ah!, ¡podría naufragar aquí, ser devorado por un pulpo, ahogado en un barril de tripas! Ahora le importa un bledo, ha tenido en la palma de su mano toda la carne.

Y aquella mujer, que tal vez ahora habrá oído hablar de él, de esos prodigiosos logros, ¿intentará volver a verlo? Siente orgullo, luego olvida, se ve príncipe del firmamento, el pecho atravesado. Después, una larga agonía, quizá toda una vida con esa flecha justo ahí, cerca del corazón.

Eso es todo. Ya no ve nada más. Ha anochecido. El ruido de las olas lo decepciona.

*

El 5 de diciembre de 1533 llegan a Sevilla. Van a desembarcar los veteranos de veinticinco años, extenuados tras haber vivido una vida entera. Entre ellos, inválidos, locos, viejos. Han obtenido su cesantía. Regresan a casa. La virgencita de los pobres volverá a tener, gracias a un joven, una cara de cera. Las manos llenas de cicatrices acariciarán sus pies y cubrirán el soporte de yeso con una fea capa dorada. Todos esperan con impaciencia ver los tesoros. Su renombre es todavía humo, sortilegio. Primero hay que tocar, palpar, morder ese oro. Untar con él los cuernos del vellocino.

Atracó un primer navío de los cuatro que habían llenado, con Pedro Moguer a bordo. Tenía delante de él una caja modesta pero pesada. Miraba el muelle fijamente, como alguien a quien no le espera nadie. Durante la travesía había contemplado las aves marinas, sorprendiéndose de esas grandes alas que el viento azotaba. Y él, que había encontrado ferozmente su magra verdad y que ahora la llevaba en una caja de hierro, él, que siempre había querido regresar a España y presumir de su fortuna, ahora se arrepentía de algo.

El cielo de España le era extraño. No regresaría con los suyos para cumplir con su falsa caridad. No. Tal vez se quedara aquí, en el desembarcadero, para volver a ver el tumulto de Cajamarca, sentir la manecilla del tiempo puro.

Ha pasado muchos años entre la pólvora seca. Su rostro está muerto; la piel, cubierta de algas. Ya no es posible salir del fuego.

Pero no era el único que regresaba. También estaban Juan, Agustín, Antonio. Ellos no tenían los mismos escrúpulos. Había corazones muy distintos en los veleros. Reían, saludaban al gentío.

En la popa estaba Cristóbal de Mena. Traía consigo el equivalente de 8.000 pesos de oro y 950 marcos de plata, para él solo. En el puente del barco también se podía distinguir a un clérigo oriundo de Sevilla, Juan de Soja, que se había embolsado sus buenos 6.000 pesos y 80 marcos de plata. El barco entero —arca de Noé a la que la paloma habría llevado mil veces la rama dorada— contenía, según dicen, 38.946 pesos. Llevaba, además, un poco de plata, tejidos y piedras preciosas, pero nadie los contó.

Mena publicó rápidamente una crónica de la conquista y sorprendió a Jerez, quien creía ser el primero. Hubo que titular la suya *Verdadera relación* para distinguirla de la precedente. El libro apareció en julio de 1534, tres meses después del de Mena, impreso por Bartolomé Pérez. La crónica de Mena es tal vez injusta con Pizarro, pero la de Jerez es tendenciosa de cabo a rabo. En ella se describe a Pizarro como un jefe magnánimo, generoso. Apareció casi al mismo tiempo que la *Pantagruéline prognostication*. Así, mientras que Pantagruel construía el puente del Gard y la Arena de Nimes en menos de tres horas, Pizarro hacía caer un imperio en menos de dos. La artillería es un invento de inspiración diabólica, es cierto, pero la imprenta no solamente es de inspiración divina, porque el mejor lenguaje siempre está un poco fabricado por el diablo. Y las bellas crónicas del pasado, las de Jerez y Estete, las de Diego de Trujillo, Cristóbal de Mena o Pedro Pizarro, las de Sancho de la Hoz o Marcos de Niza, cada una será un vestido de oro, pero bordado con mierda, según dicen.

Papas

Borgia, Médici, Farnesio. Un arte político grandioso y tormentoso. Un asunto de familia.

Al establecerse la línea de demarcación, que iba desde el Polo hasta Cabo Verde, se le dieron a España todas las tierras que descubriera en el oeste. El tratado se firmó bajo el arbitraje del papa Alejandro VI. Ducentésimo décimo cuarto papa, Alejandro VI, es decir, Rodrigo Borgia, fue nombrado cardenal a los veinticinco años. Tuvo varios hijos con Rosa Vannozza, entre ellos César y Lucrecia. Maquinó y traficó con todo aquello con lo que se podía traficar. Amaba a las mujeres, el oro, el poder. El descubrimiento del Nuevo Mundo se produjo durante su pontificado.

Pío III, papa por veintiséis días, era quizá un tipo decente.

Después vino Julio, el segundo. Ordenó que Miguel Ángel le levantara una tumba. La tumba nunca se terminó. Son célebres sus vestigios: el *Moisés* de Roma, los *Esclavos* de Florencia. Con los que se puede hacer, reuniéndolos, otra Fontana di Trevi. Pero por el Nuevo Mundo no hizo nada. ¡Eso no!

Después vino León. Hijo de Lorenzo el Magnífico, ducentésimo décimo séptimo papa. Angelo Poliziano lo educó. Hombre de corte, fastuoso mecenas, renovó las indulgencias. Lutero las condenó. León redactó una bula. Fue quemada públicamente.

Adriano VI conserva su nombre de bautismo. Flamenco hostil al lujo, sería el último papa no italiano en cuatrocientos cincuenta y cinco años. Todas sus reformas fracasaron.

El ducentésimo décimo noveno papa y séptimo de los Clemente era sobrino de Lorenzo el Magnífico. Su primo había sido papa poco antes que él. Después del saqueo de Roma, tuvo que coronar emperador a Carlos V. Excomulgó a Enrique VIII por un lío de faldas y desencadenó el cisma anglicano.

Pablo III, ducentésimo vigésimo papa desde Pedro. No era un cualquiera. Príncipe enérgico, amante de la pompa. Sin embargo, será el papa de la Contrarreforma, parodia del restablecimiento de un orden.

¿Y qué tiene que ver todo esto con el Nuevo Mundo?

La tierra había sido repartida entre los hijos de Noé. Uno obtuvo Europa; otro, Asia; otro, África. La tiara triangular de los papas simbolizaba eso, la antigua división del mundo. América añadió una cuarta parte, gratuita, si se me permite la expresión. ¿Qué harían con ella?

Los papas acababan de repartirla entre los príncipes de la cristiandad, y confiaron a cada uno de ellos la misión de conquistar alguna porción. Ese país, Perú, le había tocado a Don Carlos, y el gran monarca había enviado en su lugar al gobernador Francisco Pizarro. Sí, los papas habían excluido tajantemente de la conquista del mundo a cualquier nación que no fuese cristiana. Y, entre las cristianas, los papas habían elegido. Habían dicho: «Portugal y España, pero ninguna más». Entonces, Francia e Inglaterra, que no se beneficiaban de la bula *Æterni Regis,* ni de la enmienda que entregó a España todas las tierras situadas al oeste de un meridiano que pasara por los 38° de longitud oeste, y menos aún de aquella otra que trasladó la línea imaginaria hasta los 46° 37' de longitud oeste, lo que permitió a Portugal reivindicar Brasil, pues bien, Francia e Inglaterra, como íbamos diciendo, colocaron un aro en la oreja de ciertos marinos y les dijeron: «Id al océano, no a pescar sardinas, sino barcos españoles, cuyos vientres están repletos de oro; después regresad a darme una parte y os perdonaré vuestros crímenes».

Así, gracias a la brújula fija, al astrolabio, al timón de codaste, a los portulanos, gracias a las carabelas, manejables y rápidas, pero también gracias a los papas, aliados valiosos, los españoles se apoderarían de las riquezas de México y de Perú, si bien los franceses y los ingleses les birlarían algunas.

¿Qué hacer con un prisionero tan abrumador como lo es un soberano? Se lo puede confinar en una isla en medio de la nada, rodeada de cañones. Se lo puede conservar para que viva debajo del trono, y aprender de él lecciones sobre el reino. Pero Atahualpa no parecía estar listo para convertirse en un simple consejero. Era autoritario, estaba acostumbrado a que lo sirvieran. Así, cuando Challco Chima, el general *yana,* atravesó las puertas de la ciudad, tomó un fardo de uno de sus porteadores y se lo echó a la espalda. Al entrar en el cuarto donde custodiaban al Inca, alzó los brazos al cielo y lloró copiosamente. Después le besó el rostro, las manos, los pies. Pero Atahualpa no parecía conmovido por esas demostraciones de amor y respeto. Los españoles se quedaron estupefactos de la humildad de uno y la arrogancia del otro. Miguel de Estete escribe, al final de su relato: *«Aquí se ha visto una cosa que no se ha visto después que las Indias se descubrieron».* Que se sorprendiera de eso es llamativo. Uno espera, por el tono y las proezas acometidas, una revelación inaudita. Sin embargo, sólo se trata de un *yana,* animal modesto, frente al Inca, animal soberano.

*

Fueran verdaderos o falsos, empezaron a circular rumores sobre cuadrillas de indios dispersas por las colinas; y surgió el miedo. Primero, muy poco. Después, cada vez más. Las sospechas recayeron al principio sobre el general inca. El rumor lo colocaba a la cabeza de una conspiración. Se caldearon los ánimos. Almagro acababa de llegar, acaso quería reforzar su estatus. Con De Soto, apresó a Challco Chima, puso un poco de chatarra sobre las brasas y sopló encima. El *yana* se retorció sobre el potro, tela de piel extendida sobre su bastidor de carne; creyeron que así hablaría. En vano. Sus pies ardían. Pero Hernando Pizarro intervino y lo salvó. Le había prometido muchas cosas en Jauja. Lo había traído consigo a fuerza de ruegos.

Sin embargo, apenas Hernando se fue a España, comenzaron a hostigarlo otra vez. Pizarro ordenó que lo encadenaran y lo puso bajo estricta vigilancia.

Aumentaron las rondas. Los centinelas, una vez en el ángulo de las murallas, lanzaban miradas inquietas a los campos. Contaban historias terribles, historias de pueblos que se vengaban. Los vencedores tenían el miedo en el cuerpo. Cada uno escuchaba algo y después lo contaba, y nadie distinguía entre la vida y las canciones, entre los hechos y las palabras. Porque todo lo que les ocurría ya lo habían oído cantar en el patio de una venta de Cáceres o de Burgos.

De modo que montaron a De Soto a lomos de su caballo armado con su gran espada. Había indios por todas partes, de eso estaban seguros, y el capitán debía ir a los cerros a interpretar su mascarada delirante. Tomó consigo a algunos hombres y cabalgó hasta Huamachuco. Allí había sin duda muchos indios, todos preparados para la lucha.

De Soto galopó sobre la hierba amarga. Maldijo las espinas de cactus, los picos de las rapaces, las garras de los pavos. Él y sus soldados atravesaron gritando numerosas aldeas; y en pocos días llegaron a Huamachuco.

Algunas ancianas cambiaban la lana de los españoles por heno. Manos oscuras extendían delicadamente sus patatas. Eso era todo. De Soto rodeó las casas; los niños miraban, un perro dormía en la tierra polvorienta.

*

«Jamás le faltaron a un príncipe motivos legítimos para disimular su inobservancia», Maquiavelo *dixit.* El 26 de julio, Pizarro reunió a sus oficiales. No necesitó a ninguna Herodías ni que danzara Salomé. Hubo un chaparrón de reproches. El talismán se había roto, en breve expulsarían a Atahualpa de la partida.

Desde hacía varias semanas, la vigilancia se había estrechado. El Inca estaba encadenado. Ya no había más cenas entre príncipe y arriero victorioso, veladas mano a mano. Quedaban el oro y las amenazas: la política, según Pizarro. Y, entretanto, Atahualpa pesaba cada vez menos, la balanza volvía a inclinarse, y sus nalgas demasiado ligeras se alejaban cada vez más de su trono.

Se decidió que moriría y se le notificó la sentencia. Se encargó de ello Pedro Sancho, era el notario de la expedición, de modo que le tocaba a él leer los lúgubres considerandos del fallo. Inculpaban a Atahualpa de la muerte de Huáscar, y de diversas traiciones. Pocas pruebas bastaban. Todo era verdadero y falso.

Al final de la jornada, los españoles se reunieron, armados, en medio de la plaza. El Inca apareció con una cadena alrededor del cuello, las manos atadas a la espalda. Valverde abría la comitiva. Había un tesorero, un capitán, un alcalde y soldados. Todos vestían sus mejores galas. Atahualpa creía estar soñando. Preguntaba a los hombres, quería comprender, prometió otro rescate y sin duda miles de cosas más. Había nacido como hijo de rey, estaba destinado a la vida eterna; esa muerte no era la suya, aquello no era posible. Sin embargo, los españoles, con sus antorchas rojas, no parecían estar bromeando. No lo iban a quemar en efigie, sino de verdad.

Lo amarraron al tronco de un árbol, le pusieron leña bajo los pies. Pero ¿por qué querían quemarlo? Nadie lo sabe. Tal vez por su idolatría. Tal vez, como se hace en nuestros días, para que las cenizas se dispersen por la hierba y se olvide mejor. Sea como fuere, todo estaba listo. El soberano estaba allí, de pie sobre un montón de ramas, y la antorcha, bien derecha en la mano del soldado.

De repente, Atahualpa preguntó algo. No se le oía bien. Valverde berreaba su sermón, en el que lo exhortaba a bien morir. En sus labios, aquello significaba morir después de haber recibido un poco de agua en la frente y la señal de la cruz sobre el pecho. Pero ¿dónde están las almas de los hombres que han fallecido sin extremaunción? ¿La pequeña Madonna de dulce rostro no las auxilió? ¿No les sopló algunos modestos secretos de la tierra? ¿No las bendijo a toda prisa cuando llegaron ante el trono de Dios?

El Inca miraba fijamente a su viejo amigo. Pero la hierba abrasaba a su alrededor. El sol golpeaba el corazón. Y Pizarro frotaba su hocico contra el viento, agitándolo de un lado a otro, apabullado por lo absoluto y el vacío. Ya podía Atahualpa llamarlo con la mirada: él no le respondería. La escena del tapiz se terminaba.

Pizarro, situado en primer plano, no piensa en nada, está solo con la muerte sobre su fanega quemada. ¿Qué es un Inca? ¿Una mariposa de luz? ¿Una tela de araña?

Sintió en la boca el sabor del queso agrio de Extremadura. No había comido. Todos se habían sentido febriles, inquietos. Un viento ligero acarició los rostros.

El Inca volvió a preguntar. Lo interrogaron acerca de lo que quería. Felipillo tuvo que traducir. Quería saber adónde van los cristianos después de su muerte. El sacerdote respondió que se los enterraba en la iglesia, respuesta acaso cínica, acaso no. Entonces el Inca declaró que quería hacerse cristiano. Extraña demanda que parece ser la consecuencia de una extraña respuesta. Para Atahualpa, era esencial que no lo quemaran. Quería ser enterrado, ser un cadáver mudo, carroña. Si salvaba el cuerpo, quizá podrían rescatarlo de noche y untarlo con crema para alcanzar la eternidad.

Valverde se conmovió. Pizarro cambió la hoguera por el estrangulamiento, como una deferencia.

Fueron esclavos negros, o indios de otras tribus, quienes ejecutaron la sentencia. Todo el mundo estaba allí. Un temblor recorrió la asamblea. Nunca se había visto nada semejante, ejecutar a un rey. Volvería a ocurrir. A Carlos I de Inglaterra le cortarían la cabeza con un hacha. Un siglo y medio después, la guillotina se ocuparía del resto.

Los rostros blancos, alineados, estaban conmovidos. Las manos negras y amarillas lo estrangularon, y su nuca fue quebrada por un garrote. El rostro se crispó. Los ojos se desorbitaron, un poco de saliva le resbaló por la mejilla. El cuerpo se estremeció, la cabeza cayó sobre el hombro. Eso fue todo.

Entonces, decenas de indios que habían asistido a la muerte se arrojaron al suelo. Parecían epilépticos, locos. Estaban como borrachos, deliraban. Algunos hablaban muy rápido, murmuraban, la mirada perdida, echándose las manos a la cabeza. Un inmenso dolor los embargaba, como si se derrumbara un mundo. La muerte era necesaria para la vida, ellos lo sabían bien, pero el Inca no podía morir de ese modo, estrangulado, atado, no, eso no era posible.

Sin embargo, fue aún peor. Le quemaron el cabello, ultrajaron su cuerpo. Los indios, en el suelo, estiraban los brazos hacia los despojos sagrados. Sollozaban, impotentes; un pueblo entero incapaz de hacer nada. Parecían no creer lo que veían; hasta ese momento no habían medido el alcance de lo que pasaba, lo ocurrido en los últimos meses no era más que un mal sueño del que algún día despertarían.

Pero ya habían despertado. El Inca estaba muerto, los españoles lo habían matado. No cumplían ninguna de sus promesas. El sabor del oro era el de la sangre. Exactamente el mismo. No debían esperar nada de ellos, era imposible conmoverlos o corromperlos. ¿Qué había que hacer, entonces, para que volvieran a subir a sus caballos y regresaran a sus alquerías polvorientas? Había que expulsarlos, había que vencerlos y expulsarlos hasta que no quedara ni una pezuña, ni una pluma de casco, ni un marinero, ni un soldado; había que echarlos lejos, muy lejos de allí; había que seguir luchando, nunca transigir, ser pérfido, brutal, y no creer nunca más una sola de sus palabras.

Duelos

Descubrieron unos cuerpecillos sin vida colgados de las ramas, de las vigas, vaciados de su saliva y su esperma. Eran las esposas del Inca, los esclavos. Le habían seguido al otro mundo para servirlo.

Durante varios días, dos mujeres erraron por el campo golpeando un tambor que se habían colgado al cuello. Los conquistadores descansaban en sus jergones, extenuados tras lo que habían hecho. Matar a un rey requiere mucha fuerza. Y, mientras Pizarro se vestía de negro y fingía estar apenado, las dos indias cantaban las hazañas de su esposo, expresando una y otra vez su pesadumbre. Una noche en que Pizarro había salido, suplicaron que las dejaran entrar en la recámara del Inca. Las hicieron pasar. Ahí estaba todavía su lecho, un montón de frazadas de lana y algodón, su mesa repleta de jarrones, platos, algunos restos. Ellas buscaron por todas partes levantando los tejidos, examinando el lecho. Luego susurraron su nombre. Estaban llamándolo, llamaban al muerto. Como si siguiera vivo, habían ido a buscarlo.

La muerte violenta es un acontecimiento tan extraordinario que ellas no concebían que hubiera ocurrido. Así, lo buscaban por todas partes, día tras día. Bajo el sol, detrás de los lienzos del campamento, en los pútridos osarios, bajo los huesos contusos. Alguien fue a decirles que los muertos no regresan, que el cuerpo podrido se disgrega. Ellas escucharon en silencio, calmosas, después se fueron.

Volvió a vérselas en los campos entonando sus himnos, siluetas tenues. Recorrían las cimas de las colinas aledañas cantando y llorando. Se las vio, durante cinco o seis días, errar cerca de la ciudad lentamente, con los ojos cerrados, como si fuese de noche y ellas siguieran el camino de sus pensamientos. Sus cantos fueron, primero, quejidos muy tristes. Después, extrañas melodías, como despojadas, dulces y alegres. Todos acabaron por acostumbrarse. Las dos llevaban ramitas en la palma de las manos, las depositaban en cualquier parte, entre las piedrecitas. Pero un día ya no estaban. Nadie se dio cuenta de inmediato. Y, cuando advirtieron su desaparición, nadie supo decir cuándo se habían marchado.

*

Cada cual cree más o menos en sus propias costumbres y sus propios relatos. Los nuestros valen tanto como los de los lapones, del mismo modo en que los de los Andes valen tanto como los de Castilla. ¿Los rituales del trabajo y el placer son menos feroces que la noche cósmica en la que Narayana vela las cenizas del último sacrificio?

Si Cristo murió profiriendo dos veces su grito, si el velo del templo se desgarró y si los peñascos se resquebrajaron, al poco de la ejecución del Inca y la profanación del templo de Apurímac, una sacerdotisa llamada Azarpay, después de ascender hasta el borde de un acantilado altísimo, se cubrió la cabeza, se quedó un momento en silencio, y, tras gritar el nombre de Apurímac, se precipitó al vacío. Lo cuenta Pedro Pizarro hacia el final del capítulo decimocuarto de su crónica.

Desde no sé qué noche de los tiempos, las sombras se arrojan al vacío y gritan. Es un grito de dolor, pero también de otra cosa. Golpe de ariete. Tajo. Escapatoria.

Contratos

Los conquistadores, en materia de derechos, eran evidentemente muy bastos. Un espadazo era suficiente para romper un acuerdo. Los notarios no abundaban tanto como los asesinos, y los pupitres eran menos sólidos que las láminas de acero. La sangre borraba la tinta. La evidencia de una ganancia difuminaba las promesas.

Se firmaron diferentes contratos entre los conquistadores. Ha quedado poca cosa de ellos; sus consecuencias fueron casi nulas y se cuestiona la existencia de los más importantes. García, quien ha indagado bien el asunto en las fuentes originales, estudia un montón de cláusulas y juicios que se resumen aproximadamente en lo siguiente: debió de existir un primer acuerdo entre Pizarro, Almagro y el sacerdote Luque, una especie de Tabla de la Ley, pero aquel acuerdo se mantuvo en secreto y nunca se ha podido tener acceso a él.

Detengámonos en el historial. El 20 de mayo de 1524, se levantó al parecer un acta entre Pizarro, Almagro, Luque y Pedro Arias Dávila, gobernador del Darién. Dos años después, un nuevo contrato recondujo el pacto entre los socios, ahora ya sin Pedro Arias.

Después de la muerte del Inca, Luque escribió a Carlos V el 20 de octubre de 1533. Obispo electo, protector de las provincias del Perú, que había adelantado el monto necesario para la conquista, estaba ahora enfermo y a punto de morir, y reclamaba su parte. La lamentable situación de Luque era verdadera. Pizarro no se conmovió. Luque murió. El licenciado Gaspar de Espinosa heredó el caso. Escribió y escribió. Pizarro negó. Espinosa murió. Más tarde, su hijo obtendría de Pizarro 13.000 pesos, sin duda para que se callase. Y se calló.

Pero no lloremos por Gaspar de Espinosa. Cuentan que hizo cortar tantas narices que lo llamaban «Espinaso». Quizá, en la terrible persecución de pueblos emprendida por España, fue uno de los primeros que dieron de comer a los perros carne humana. ¿Y es necesario llorar al clérigo Luque, prudente inversionista, pero cuya sagacidad no lo protegió de Pizarro, y que, después de haber especulado con la conquista, terminó sus días en la indigencia?

Parece que Espinosa, rico y poderoso, invirtió en la empresa de Perú. Tal fue vez quien más aportó para costear la expedición. Pero prefirió, por razones políticas, mantenerse en la sombra. ¿Quién podría desembrollar, con cinco siglos de distancia, los innumerables tejemanejes de semejante panda de bandidos?

El Derecho de contratos procede sin duda de una larga serie de negocios de esta índole, como Adán procede del barro. Pero el expediente de la conquista se perdió en la hierba roja. Nunca sabremos la verdad. Luque apretó la verdad contra él y la hundió en tierras de Panamá. En su carreta de carne se llevó toda su teología y el financiamiento secreto de la conquista.

Un paseo

Fue entonces cuando los españoles dieron un paseo de mil quinientos kilómetros. Tras varios meses, abandonaban los lugares donde habían obtenido sus primeros logros. Pizarro había extendido sobre el imperio sus largos aunque finos tentáculos; uno de ellos había llegado hasta Pachacámac, el otro hasta Cuzco. Moguer, Bueno y Zárate habían regresado de la capital con mucho oro y, sobre todo, con descripciones alentadoras. Y todas las miradas se habían vuelto hacia ella. Así pues, dejaron Cajamarca a una desvaída guarnición de enfermos e incapacitados.

Para llegar a Cuzco necesitaron tres meses. Fue largo, muy largo. La tropa de Pizarro ya no era tan ligera. Contaba con cerca de cuatrocientos soldados, casi doscientos jinetes, numerosos ayudantes indígenas, esclavos. Y todo aquel tropel chirriante avanzaba más lentamente que de costumbre en los desfiladeros y se alargaba más en los llanos. Los hombres tenían que comer, y sus caballos pastar y beber, y, todos, dormir.

A comienzos de septiembre, llenos de esperanza, partieron los primeros conquistadores mezclados con los hombres de Almagro. La columna de polvo no tenía fin. Al final de los caminos, al mirar atrás, se la veía hasta perderse de vista. Los caballos se cortaban los corvejones con las piedras, el frío intenso se deslizaba bajo las armaduras. De nuevo tiritaban encima de caballos famélicos. Pero, esta vez, sabían más o menos adónde se dirigían. A su derecha, la cordillera estaba cubierta de nieve, mientras que a la izquierda era sombría y húmeda. Los españoles llevaban a los caballos de las riendas. Tenían el calzado agujereado, polvoriento; lo habían remendado rápidamente, pero no bastaba.

A menudo había que descender mucho por cañones húmedos, hirvientes de moscas, y después atravesar un río a nado, jalando los cofres colocados en balsas. La bajada era peligrosa; los pies echaban a rodar sin querer piedras que, más abajo, hacían caer a las monturas o golpeaban en la cabeza de alguno. Una vez en lo más hondo de las gargantas, tardaban días en construir las balsas y preparar la travesía. Los penosos trabajos entrecortaban el ritmo del avance. Tras atravesar el río, las ropas no acababan de secarse, tenían frío, la armadura hería la piel, las camisas mojadas se les pegaban al cuerpo dificultando los movimientos. Y, entonces, había que volver a subir por la quebrada. El ronquido del torrente era agotador. Apenas se oían gritar.

La subida no era menos dura que el descenso. También ahí resbalaban y, a medida que ascendían, el frío se hacía más vivo y la humedad de los equipajes y los utensilios penetraba en el cuerpo. El agua se congelaba, las crines de los caballos y el cuero se endurecían. El vaho salía de la boca como si fuera neblina. Las manos dolían al sujetar las riendas, al aflojar y apretar las correas. Aparecían sabañones, los labios se agrietaban, los pies pateaban el suelo a cada paso para aliviarse del frío. Después había que bajar, bajar una vez más. Los caballos cabeceaban para quitarse de encima las moscas o la nieve. Pasaban del frío al calor en apenas unas horas. Avanzaba lentamente en un perpetuo yoyó.

Era un tropel inmenso y fantástico. Había más soldados y cargadores que al comienzo de la conquista, pero, sobre todo, había mujeres. Los conquistadores, al igual que muchos otros como ellos, querían oro, nada más que oro, y aun así, en cuanto pudieron, consideraron que era perfectamente compatible librar esa guerra y llevar consigo concubinas y esclavas. No es fácil decir a qué podía parecerse aquella recua. Apenas a un ejército. Sin duda más a una farándula, composición variopinta de palanquines, perros vagabundos, soldadesca mugrienta y princesas violadas.

*

Antes de partir, Pizarro y sus oficiales habían decidido, a fin de amansar a los indígenas, colocar a un Inca en el trono. Un tal Túpac Hualpa fue elegido por su carácter discreto y dócil. Celebraron en Cajamarca una ceremonia desangelada. Cieza de León asegura que se siguió el ritual inca. Sin duda alguna, no ocurrió así. Se apuró el trámite. Pizarro ciñó al monarca el trapo de lana roja de sus ancestros. Una llama blanca fue degollada. El joven Inca se puso bajo la protección del rey de Castilla. Se dieron un abrazo. Pizarro recibió como regalo algunas plumas de loro, involuntaria alusión al estatus del nuevo Inca, quien no debía abrir la boca salvo para ejecutar órdenes. Aquella parodia tuvo que ser siniestra, como todas las parodias. Baste imaginar a Catalina la Grande desfilando por calles fantasmagóricas, o pensar, más cerca de nosotros, en la República de Saló, en sus centinelas muriendo a orillas del lago Garda en un decorado de cartón.

No hubo en la coronación fervor ni fasto, sólo un joven atrapado en las redes de un caballero anciano. Pizarro ordenó ondear el estandarte castellano y leonés. Se levantó acta notarial, para darle a todo eso un poco de donaire; lo cual fue asaz poco. Triste círculo de muñecos el que los notarios alegran con sus plumas, más oscuras que las de las cacatúas, pero más aceradas.

De esta manera aparece, en medio de la nada, un personaje, el del pequeño empleado que dominará, mucho tiempo después, la literatura de toda una época. Se distinguió, mucho antes de que el polvo se acumulara sobre sus hombros, por desempeñar un papel a la vez fútil y determinante. El hombrecito, el más moderno de toda la tropa, la figura con futuro, quizá no tenía un gran peso, pero siempre estaba ahí en el momento oportuno. Hubo, durante el periodo de las miríficas cruzadas, un montón de afables escribas, juristas y copistas, Bartlebys de los confines, para escribir, anotar, sumar, contar, prescribir, negociar y, en ocasiones, destruir los actos inoportunos. ¿En qué se han convertido? En ricos. Y, desde aquel entonces, mucho más ricos que el conquistador sanguinario y miserable.

Se ha repetido, a lo largo de los años y en todos los foros posibles, que una apariencia de legalidad constituye un primer remedio contra la arbitrariedad, un poco como la peluca es el remedio contra la calvicie. Y, en efecto, de este modo —justicia aparente o injusticia flagrante— los notarios se mantenían escondidos detrás de los árboles de la legalidad y el silencio. Estaban ahí siempre, y cuando les tocaba, sacaban el pupitre y ¡pum!, os entregaban mil indios, cien fanegas de tierra, un reino. En todas las parodias tuvieron el último gesto. Dios no los olvidará en el Juicio Final, por supuesto. El registro divino, sin duda, se lleva mejor que los que ellos mismos han llevado, y se dice que ningún poder de este mundo podría modificar una sola letra.

Así pues, el joven Inca también partió con los españoles. En litera, atravesó los Andes, como un viejo bebé perezoso. Se lo vio subir y bajar en un paisaje delirante. Reía, dormía, quizá hacía el amor, pero sólo bajaba de la litera para orinar. Pobre muchacho, murió en Jauja, tal vez envenenado por Challco Chima, el general *yana,* prisionero de Pizarro, que también formaba parte de la columna, con sus pies quemados y todo su rencor.

*

Pasaron por Huamachuco, por Tarma, por Bombón. Se toparon con indígenas vestidos de mil maneras, peinados con todo tipo de plumas y sombreros, y de diferentes razas, con lenguas que recordaban al maullido de un gato. Pedro Pizarro cuenta que algunos consideraban a los huaylas gente sucia porque lamían el sexo de sus mujeres. Ciertos pueblos llevaban el cabello largo, gorros blancos; otros, toquillas amarillas y rojas; algunos, moños amarrados a la cabeza; incluso los había que se afeitaban la parte superior del cráneo, algo parecido a una tonsura. El imperio parecía compuesto por mil pueblos heterogéneos que no hablaban la misma lengua ni tenían las mismas costumbres. Aquello era una ventaja que los conquistadores captaron de inmediato. Podían despertar antiguos rencores, reabrir viejas heridas. Siguiendo este principio, cuyas aplicaciones son tan numerosas como los nudos en la barba de los conquistadores, Pizarro trataba bien a los huancas, soras, ancaraes, pocras, chancas y a muchos más. El imperio se hacía trizas, Pizarro sopló encima.

*

Benalcázar ya había llegado a Piura y organizaba su vida de provincias. Soñaba con Cuzco, que no volvería a ver, con los tesoros de los que se le alejaba. Soñaba con una nueva etapa en su camino de gloria, pero, esta vez, él sería el único a la cabeza de su hueste. ¿No podría convertirse en el dueño del norte, el dueño de Quito? Por el momento se ocupaba de sus hombres, de los soldados de pacotilla que le habían asignado. Con ellos debía constituir una tropa sólida.

De Soto, por su parte, había seguido a Pizarro. La muerte de Atahualpa lo había afectado. Se comportaba de manera extraña, se había vuelto más irascible. Benalcázar lo recordaba aquel atardecer, en Cajamarca, atrapado por la carne muerta, junto a los muros rojos. Lo oía gritar. ¡Cuánto había cambiado desde entonces! Se mostraba más huraño, más violento. Siempre temían enojarlo. Pero ¿no habían cambiado todos desde su inconcebible victoria? La alegría no había durado, les había dejado un regusto ácido en la garganta. Habían anhelado tanto aquella oruga de hombres llena de joyas. También habían anhelado tener en su poder a aquel rey de los Andes, y habían extendido esa mano larga que atrapa y ya no suelta nada.

Pizarro, a su vez, no parecía cambiar. Estaba hecho de la misma pasta que sus deseos, vivía reconcentrado, mirando el centro del pequeño charco de sangre. Deseaba en cuerpo y alma beber de él. La piedra angular que hay a la entrada del mundo y de la granja es la misma; y sobre esa piedra Pizarro apoya el pie. Y se levanta y se queda quieto, y no quiere que otro llegue y ponga sus suelas. Hay poco espacio en la piedra, un niño merodea alrededor y trata de subir. Otra persona ya está allí.

En Cajamarca, Pizarro se había unido con la bestia futura. Había mirado fijamente al futuro a través de todo el presente y el óxido pasado, y había creído ver su muerte. Desde luego, no había visto nada. Había visto unas cuantas peladuras de cebolla, un esfuerzo lamentable, su éxito. Eso es todo lo que había visto. Y siguió caminando, como todo el mundo, por la estrecha vereda, creyendo que se guiaba por su experiencia, pero avanzando a tientas.

Un mediodía vio hermosas rocas oscuras, un lago helado. Se tocó la barba y la notó tan fría que se inquietó. El silencio del grupo era impresionante. Luego, el frío remitió y empezaron a reír y charlar. Organizaron un gran pícnic en la frontera de dos países acerca de los cuales lo ignoraban todo.

A veces, Pizarro convocaba a Martín Bueno y Juan de Zárate para asegurarse de la ruta. Ellos opinaban, menos seguros de sí que los guías indígenas. Se ocupaban de los esclavos, alimentaban a los caballos, relegados, pese a su rara proeza, a las labores menores.

*

Los restos del ejército inca se mostraron en pocas ocasiones y de lejos. Aparecían en la cima de las colinas, insultaban a los españoles y después se dispersaban. En ocasiones sorprendían a fugitivos, alguno con los mocos formando sobre el labio superior una costra horrible. Pero nada serio se presentó antes de llegar a los glaciares. Al principio, el peor enemigo fueron las montañas, la cordillera. Atravesaron un valle estrecho. Era invierno. ¿Cómo pudo una comitiva de labriegos con cascos y mujeres de la vida atravesar desfiladeros a más de cinco mil metros? Lo ignoro. Imagino escenas burlescas y terribles, caídas ridículas en el barro y la nieve, gente que muere de frío, la larga ristra de días dedicados a subir y bajar de la litera, a sujetar las riendas de un jamelgo terco, a frotarse las manos para que no se congelen.

El viaje les deparó sorpresas agradables. En Chacamarca, en Andahuaylas, cuando dejaron Curumbá, o incluso en Vilca, en un galpón sencillo. ¿De qué se trataba? De tesoros, evidentemente, siempre de tesoros. Objetos dorados, pequeñas piezas para adornar prendas, revestimientos de plata destinados a no sé qué ídolo, vasijas de oro. Debían de formar parte del rescate, pero el Inca había muerto y los porteadores habían huido, abandonando aquí y allá sus cargas inútiles.

Una noche, durante una de las largas veladas de su cortísima unión, Atahualpa le había hablado a Pizarro de una selva que, cuando se la incendiaba, sus cenizas eran de plata fundida. Pero no la encontraron. Ningún incendio fue capaz de dar con ella. Debe de seguir intacta en alguna parte, entre Cajamarca y Cuzco.

Retablo

El retablo de la conquista ya está avanzado. En uno de los paneles, hay un río que lo divide. En una orilla están los indios, en la otra los españoles. Los indios, que se hallan al otro lado del río Mantaro, ¿qué hacen? Desafían a una cuadrilla de reconocimiento enviada por Pizarro. Los indios se irán sin duda a la montaña y los españoles volverán a su terreno. Pero no ocurre nada de eso. Quien va delante, un hombre de barba fina y puntiaguda y cuyo cuerpo parece un solo bloque de madera, es De Soto. Su impetuosidad tomará otra decisión. El río es ancho a finales de invierno. Los indios están bien protegidos en sus blandas orillas. Pero no. ¿Qué ocurre? De Soto espolea a su jamelgo y, ¡zas!, se arroja al río. Éste puede ser todo lo ancho que quiera, pero en realidad es poco profundo. Y De Soto llegó al otro lado en un santiamén. Está allí, solo, los indios lo miran petrificados.

Entonces suelta el célebre «¡Santiago y cierra!», grito de verdad terrible y acerca del cual no se sabe con certeza quién lo pronunció primero, si el Cid o un labriego de Toledo, ni cuándo se oyó por vez primera, si fue en la batalla donde perdió la vida el cruel Búcar o en una escaramuza con contrabandistas. En cualquier caso, durante las múltiples y amenas campañas que llevaron a cabo los españoles contra los moros, sin duda se oyó a menudo ese grito, tal y como De Soto lo gritó aquel día entre un puente en ruinas y dos aldeas humeantes.

Los otros jinetes atravesaron el río rápidamente. Aquello fue otra carnicería. Los indios, estupefactos, dieron media vuelta al instante e hicieron lo posible por asirse a las pendientes y subir para escapar. Pero los jinetes no los dejaron. Y quedaron muchos cadáveres sobre los guijarros.

*

El panel siguiente cuenta la fundación de una ciudad: Jauja. La ciudad acababa de ser incendiada por los indios. Los conquistadores encontraron en ella bastantes víveres, pero poco oro. Recompensó sus esfuerzos el descubrimiento de un convento de vírgenes del sol, que eran escogidas por su belleza; los españoles sólo tuvieron, pues, que sorteárselas. Se quedaron en Jauja quince días. Hacía buen tiempo. Pizarro se dedicó a forjar alianzas. Cuzco todavía estaba lejos, pero Piura también; se hallaban en medio de la travesía. Una tropa inca había recobrado Cajamarca, la situación se volvía frágil, era necesario actuar hábilmente y con prudencia. Entonces fundaron Jauja sobre las ruinas de la ciudad indígena; y se hizo sin mucha ceremonia, pues todo el mundo estaba apurado.

En Jauja murió el Inca títere. Eso acrecentó la perplejidad. La confianza se resentía, el paseo se llenaba de trampas. Se reunió a los principales oficiales y nobles incas que formaban parte de la columna. Se les preguntó a quién podían poner en el trono. Se sugirió a un tal Manco, acerca del cual hablaremos después.

Desde la costa, Jauja era de fácil acceso. Pizarro dejó en ella a veinte soldados y cuarenta jinetes. Los demás abandonaron allí parte de sus equipajes y de su séquito.

En medio de la creciente inquietud, Pizarro envió avanzadillas. Galopaban y plantaban en la cordillera numerosas cruces para indicar el camino. Pero también era una vaga superstición lo que empujaba a los hombres a plantarlas, como para amansar el suelo o conjurar otras fuerzas.

Las trompetas

En las cercanías de la capital, la resistencia era cada vez más violenta. De nuevo, De Soto fue enviado en misión de reconocimiento. Al principio sólo cubrió algunas leguas, salvó las primeras colinas; luego se animó y, pese a las órdenes recibidas, decidió no esperar y ser el primero en entrar en la ciudad de Cuzco.

Quemó las etapas. Los caballos tuvieron que avanzar a un ritmo endiablado, los hombres estaban extenuados. Tras el último barranco que bajaron, las prendas, húmedas, les molestaban tanto que, pese al peligro, algunos se desvistieron y subieron por el cañón con las armas en bandolera, el torso desnudo.

La pronunciada pendiente agotó las últimas fuerzas que les quedaban tanto a los hombres como a los caballos. El ascenso era tan penoso que algunos empezaron a quejarse. Un hombre lloró. El cielo estaba cubierto, el paisaje era tétrico, los jinetes dormían sobre sus caballos. El día declinaba.

Entonces pareció que de cada matorral, de cada peñasco, surgían una lanza, un rostro, un grito. Los españoles retrocedieron a toda prisa. Bajo una lluvia de piedras, los caballos se resistían a continuar. A algunos jinetes que, víctimas del pánico, saltaron de sus monturas, los mataron de inmediato. Un caballo empezó a cocear y arrojó al jinete al suelo. Los españoles intentaron reagruparse, pero apenas oían las órdenes. Un nuevo asalto indígena los dispersó. Los jinetes que intentaban llegar a lo alto de las pendientes vieron, por primera vez, a los indígenas arrojarse contra sus caballos para hacerlos caer. Nunca antes habían visto a los guerreros indígenas tan resueltos y brutales. Desesperados, se lanzaban sobre los animales y trataban de empujarlos al vacío. Gritaban, gritaban, arrojaban piedras, golpeaban con los puños los flancos de los caballos.

De pronto, una mano agarró la cota de malla del capitán. Ocurrió muy rápido. En ese mismo momento, por uno de aquellos azares que los antiguos tanto temían, la mano del capitán se quedó enganchada en una hebilla dorada de la montura. De Soto apenas tuvo tiempo para decirse: «¡Se acabó!». Cerró los ojos, un segundo fugaz, y dudó. En momentos como ése, sabemos instantáneamente a qué atenernos, sabemos, como por instinto, que hemos levantado mal la pierna, girado mal el cuerpo, retirado mal el brazo, y mientras ejecutamos el movimiento equivocado, sentimos de inmediato que teníamos que haberlo hecho de otra manera, pero que es demasiado tarde: un oscuro demonio, rápido como un relámpago, nos ha disuadido de hacerlo.

Y, mientras perdía el equilibrio, De Soto supo enseguida que había cometido un error y que iba a caerse. Y, en efecto, se cayó.

Antes, cuando el indio se había acercado, De Soto lo había visto, pero lo ignoró. Y éste acababa de sorprenderlo y derribarlo.

El caballo siguió algunos metros, arrastrando a De Soto. Después, la bota se soltó de la espuela y el jinete rodó por la pendiente; su cuerpo era de pronto más ligero, más ingrávido que una llama de fuego. Sintió una intensa sensación de bienestar. Vio el pequeño Cristo rojo de su pueblo, su manto triste, su sonrisa mal delineada. Pero en esa figura vislumbró la imagen misma de la abnegación y el amor. Sintió, como un elemento físico más de su caída, que de la estatuilla le llegaba una ternura infinita. El Cristo era un pedazo de madera pintado por campesinos. Pero de él emanaba una especie de consuelo sin parangón. De pronto, su corazón se contrajo con tal fuerza que creyó morir. Pero eran su mandíbula y su frente, que golpeaban contra el suelo mientras él rodaba. Un poco de polvo y de líquido rojo resbaló sobre sus ojos. Perdió un diente.

Un matorral lleno de piedras frenó su caída. El indio llegó

hasta él. El capitán no se movía y el indio le dio la vuelta con el pie. No estaba muerto. Y todavía sujetaba su espada. De inmediato abrió los ojos. En medio de las zarzas, con los brazos extendidos, parecía un títere desvencijado. Con la mano libre tanteó entre las piedras y se arañó con las espinas. El indio mantenía la lanza encima de su pecho, pero por un instante se quedó quieto.

La mirada del español acorralado le provocó en la sangre el mismo efecto que un helado filo de espada. No sintió piedad; sintió temor. Tuvo miedo de aquella feroz desesperación, de aquel deseo de vivir, vivir a toda costa. Entonces, la mano del español se cerró sobre el polvo. Sin pensar, cogió un puñado y apretó, apretó, y después, bruscamente, siguiendo una especie de instinto vulgar y asombroso, lo arrojó a los ojos del indio. Éste, sin dar un solo grito, retrocedió. Con un solo gesto, se pasó la mano sobre el rostro. La espada de acero le entró en el vientre al mismo tiempo que abría los ojos. El español la hundió más aún, y cuando el hombre se desplomó, rápidamente la retiró con el pie.

*

Mataron a cinco españoles y hubo diecisiete heridos. Unos quince caballos murieron. Los cóndores los despedazaron al día siguiente. Nunca antes habían visto osamentas tan bellas.

Después de muchos esfuerzos, De Soto y sus soldados llegaron a la cima. Allí, para su alivio, les esperaba una extensa planicie.

Cayó la noche. Acamparon. Los soldados extraviados vagaban en la oscuridad buscando una luz. Cantaron, los llamaron, encendieron fogatas. Lentamente, los que se habían quedado rezagados llegaban, estupefactos, deslumbrados, extremadamente temerosos de caer en una trampa. Martín Bueno se había perdido. Vio un resplandor a lo lejos y se acercó a hurtadillas. En las proximidades del campo, se quedó largo rato escondido detrás de unos matorrales, escuchando las voces para asegurarse de que se trataba de los suyos. Reconoció la lengua española, según cuenta él mismo, y la voz de Zárate. Entonces salió de su escondite y se acercó sin temor.

Apenas lo vieron los indios, creyeron que se trataba de un ataque. Eso lo salvó. Se dispusieron a defenderse y perdieron tiempo. Al principio, Martín Bueno no entendió el porqué de tanta agitación, pero entonces vio pasar una silueta por delante de la fogata, y esa silueta no era española. Las voces adquirieron de pronto entonaciones indígenas, los gestos se volvieron los de los guerreros incas. Iba directo al campamento enemigo.

Se detuvo lo que dura un pensamiento. Por un instante, se quedó aturdido; luego, bruscamente, dio media vuelta y desapareció en la noche. Los indios, demasiado sorprendidos por aquella equivocación, apenas tuvieron tiempo para lanzar con sus hondas algunas piedras que oyeron rebotar contra la tierra y golpear las ramas de un matorral.

De hecho, De Soto apenas tenía nada, algunas contusiones, nada grave. Pero cinco hombres habían muerto por su culpa. Los indígenas acampaban cerca. Al día siguiente querrían terminar su trabajo. Y ellos tendrían que escapar o defenderse.

Por la noche, los gritos de los indígenas aterrorizaron a los hombres, apiñados alrededor de una fogata mal alimentada. Había en ella un poco de madera, un poco de hierba, muchas piedras. La noche era oscura. Los indígenas habían vencido. Era su primera victoria de verdad, no la desaprovecharían. El día se anunciaba duro, los hombres callaban. Algunos rezaron en silencio, apartados, pero no se atrevían a alejarse más de unos metros.

Todos sabían, por experiencia, que los indios no combatían de noche; no obstante, como en Cajamarca, tuvieron miedo. Temían un ataque, pensando tal vez que el sabor de la victoria alentaría a los indios a romper, si quiera por una noche, con su costumbre.

De pronto, en medio de la oscuridad, se oyó una nota quejumbrosa. Por supuesto, en España se conocía el *Cantar de Roldán,* los jinetes se sabían de memoria cualquiera de las estrofas contra los sarracenos. Conocían versiones más cortas que la nuestra, pero quizá más antiguas, y cantinelas. Uno de ellos había visto en Güel un cuerno de marfil resquebrajado, otros simplemente se habían cruzado con peregrinos procedentes de Francia y éstos les habían hablado de Roncesvalles y de la roca partida. Así, en medio de sus desgracias, creyeron oír el cuerno de Roldán, y la emoción los embargó. Por un instante, sin duda cada uno soñó. Cada uno escuchó el lamento lejano; la voz helada del tiempo hablaba por él.

Pasaron unos minutos. Terribles. Tristes. Entonces se oyó un sonido aún más nítido, un canto de cobre: era el sonido milagroso de la trompeta. Quizá, sí, llegaban refuerzos, Almagro había venido, ¡ya llegaba! Una hora después, las dos tropas se reunieron en la oscuridad. ¡Qué alegría! ¡Qué alivio! ¡Almagro! ¡La trompeta! ¡Qué júbilo! ¡Ah! Se pierde tan rápido la costumbre de morir; la derrota es amarga, incluso para aquellos que acaban de vencer. La muerte es tan dura para quienes han vivido como para quienes no han hecho nada. Pero en cuanto la suerte te sonríe, todo se olvida.

Esa noche, durante mucho rato sonó la trompeta. Los supervivientes fueron regresando, uno a uno. Martín Bueno, el último, volvió por la mañana. Durante la noche se había mantenido alejado del campamento. A veces se había decidido a acercarse, pero, lleno de incertidumbre y temor, no se atrevía; el miedo lo mantenía paralizado a unos tiros de piedra. Pasó una mala noche; la madrugada lo reconcilió.

Challco Chima y el fuego

Uno sólo se lava de verdad cuando lo hace en leche de burra o en sangre. Las reinas de Egipto eligieron la leche de burra, los conquistadores la sangre. Las reinas de Egipto tomaban largos baños tibios y blancos, los españoles se rociaban brutalmente de rojo. Así se lavaban todos los remordimientos, todos los escrúpulos. Las reinas de Egipto soñaban con su belleza, deseaban conservar la suavidad y el brillo juvenil de su piel, pero los españoles solamente anhelaban embriagarse de olvido.

Muy cerca de Cuzco, Manco Inca, de quien se había hablado en Jauja como futuro heredero del imperio, acudió al encuentro de Pizarro. Suspiraron de alivio. Toda la tensión acumulada se disipó. El joven parecía querer cooperar.

Esta nueva alianza con la nobleza cuzqueña volvió súbitamente muy peligrosa la situación de un prisionero: el general *yana* al que Almagro había quemado los pies. Había sido uno de los consejeros más cercanos a Atahualpa y, por lo tanto, era un viejo enemigo de la nobleza cuzqueña. De pronto, volvieron a recaer sobre él graves sospechas. Se lo acusó de haber alentado una revuelta indígena y de haber urdido los violentos combates recientes. También de haber envenenado al joven Túpac Hualpa, el Inca títere. En suma, lo declararon culpable de todos los hechos funestos ocurridos desde la salida de Cajamarca.

La madera arde, o uno puede hundir clavos en ella, según las necesidades del suplicio. Como sin duda alguna necesitaban llamaradas y gritos, se lo condenó a ser quemado vivo. Plantaron un gran poste en la arena, recogieron trozos de madera y los apilaron sobre un poco de paja. Y la ceremonia comenzó.

Valverde lo siguió hasta la hoguera para, valiéndose de la razón, el temor o la zalamería, convencerlo de que aceptara ser bautizado. Pero sus argumentos llovían sobre el jefe indígena sin hacer mella en su ánimo. El sacerdote habló de la condena eterna, de la grandeza de Dios, de la miseria del hombre, de Cristo, que murió en la cruz por todos nosotros. Pero, para el indígena, aquel «todos nosotros» no quería decir nada, aquella cruz era un travesaño de madera seca, y la condena eterna, algo inefable. Valverde cumplía con su deber de sacerdote; el *yana,* su deber de indígena. Maniatado, avanzó entre una hilera de hombres hostiles; incluso los indígenas presentes estaban, en su mayoría, contra él.

Pero quizá una vieja momia invisible trotaba, benévola, al lado de Challco Chima y derramaba sobre él la miel de sus creencias más profundas. Cuando Valverde terminó su discurso, no sin antes insistir en las glorias del Paraíso y en el amor de Dios, el indígena le respondió fríamente que no entendía nada.

Sin duda, la misma viejecita que había acompañado más de mil años atrás a los chiquillos cristianos en el desierto de África era quien tomaba del brazo al general inca. Debía de infundirle valentía con buenas palabras, pero también con una voz categórica y decidida.

Mucho más sereno ante la muerte que su señor, Atahualpa, Challco Chima no solicitó apoyo alguno ni pidió auxilio con la mirada.

Valverde se alejó de la hoguera, que comenzaba a arder. Había notado ya el calor en la cara. Las llamas ascendían por la madera, alcanzando la carne. El indio guardaba silencio. El cabello le ardía, sus prendas se carbonizaban, el humo le envolvía el rostro. Los españoles estaban inmóviles, como pasmados. De pronto, Challco Chima dio un grito, un solo grito. No era un grito de dolor, sino de triunfo. Invocó a Pachacámac, su dios. Durante todo ese tiempo, los hombres de su propia tropa, ahora a las órdenes de los españoles, alimentaron la hoguera.

La jauría

Tuvieron aún algunas refriegas; después, los españoles cabalgaron sin encontrar más obstáculos. Hacia el final del día divisaron a lo lejos la capital del imperio. Se produjo una gran conmoción entre las filas de los guerreros. La noticia recorrió velozmente la larguísima columna de hombres, caballos, literas y porteadores. Empezaron a hablar a voz en grito, emocionados y alegres. Cada uno contaba algo, nadie escuchaba a nadie. Reían, charlaban de todo. Enseguida cayó la noche.

Levantaron con rapidez el campamento y se organizó una rigurosa guardia. La noche transcurría lentamente. Algunas noches son a la vez largas, terribles y dulces. El temor y el deseo de que llegue el día siguiente nos traen pensamientos que estaban enterrados. Respiramos con felicidad el aire frío, nos dejamos arrastrar hacia recuerdos tristes pero que amamos. Esas noches son las mejores del mundo. Quizá uno se convierte en conquistador solamente por eso. Cuando el amanecer despunta sobre el cansancio y lo disipa, cuando el fuego de la mañana atiza las fuerzas y dispersa el enternecimiento, queda ese amor violento, incomprensible, todos esos deseos acumulados venidos desde el fondo de la noche como un peñasco surgido del fondo de los mares.

Creo que todos los hombres han vivido al menos una vez una noche como ésa, replegados sobre sí mismos, inmersos en el amor y el pesar. Así fue para los españoles la noche del 14 de noviembre de 1533. Y a la mañana siguiente, *«al rayar el alba»*, entraron en Cuzco.

Nadie entra en la ciudad en un instante; hay que acercarse lentamente y atravesar sus interminables arrabales.

Una hora después de que saliera el sol, éste empezaba a calentar. Las piedras del camino crepitaban bajo sus pasos. La hilera de hombres y bestias avanzaban en silencio. Ahora la ansiedad obstruía las gargantas; al fin habían llegado.

Una innumerable multitud acudía, sin hostilidad, aunque sí curiosa, ávida de ver a esos extranjeros cuyas hazañas militares habían oído contar cientos de veces. ¿Quiénes eran? ¿Cómo eran?

Pizarro bordeó una serie inacabable de casitas de tierra y paja. Todo el mundo había interrumpido sus labores, los niños y los adultos estaban allí, juntos, y los viejos, los jóvenes, las mujeres, los hombres, todos. Algo así ocurría sólo una vez. Únicamente sabemos que hay que abrir los ojos y mirar.

¿Y qué ocurre cuando *verdaderamente* ocurre algo? ¿Qué ocurre cuando todo cambia? No se sabe. Ven el desfile de soldados. Sonríen, victoriosos. No son tan distintos a ellos, sólo un poco más grandes, más blancos, más gordos, eso es todo. Por supuesto, hay animales desconocidos, los caballos, y también hombres negros que dan miedo. Esta vez, la eterna expectativa se ve colmada. La nueva vida llega. Sin duda, aquel día, los indios la vieron. Pero ¿qué vieron exactamente? Vieron aquello que soñamos ver. El final.

Por su parte, los guerreros españoles querían sin duda, y por encima de todo, ver, tocar, palpar el oro, como si el oro fuese el último grado del deseo, un amuleto capaz de metamorfosearse en otra cosa, una lámpara de Aladino. Pero en esos instantes el oro les importaba un bledo, igual que los imperios y sus riquezas; estaban entrando mucho más allá, ebrios de un azar delirante, en el ombligo de otro mundo.

Y los indios, a su vez, los miraban caracolear, veían, ellos también, a la doncella y la muerte de los que hablan nuestros cuentos, la veían avanzar delante de los soldados, y los cascos de los caballos percutían como los dientes de una gigantesca mandíbula.

*

Sólo podemos asistir al final de nuestro propio mundo. El final del mundo que hemos devastado, ese no lo vemos. Pero, entonces, ¿qué hay que perder para vencer? ¿Cuánto olvido es necesario? Los indígenas comprendieron de inmediato que esos hombres ya no se irían nunca. Habían venido de muy lejos, de tan lejos que nunca habían oído hablar de ellos ni de su país. «Nunca veré un mundo que se derrumba», pensamos cada uno de nosotros. Pero, en el fondo, ese es nuestro gran deseo: el brutal y piadoso final de los tiempos. Y he aquí que un pueblo lo ha visto. Hacía buen tiempo. El cielo estaba despejado y hacía fresco cuando desfilaron con las armas rutilantes. Los indios oyeron primero el ladrido de los perros, el sonido lejano de las trompetas, que producía un extraña algarabía. Nadie habría podido afirmar si era bonito o feo, pero probablemente provocaba un poco de temor. La trompeta parecía deletrear con dificultad el nombre de un dios amarillo y grasiento. Los indígenas se precipitaban a las calles gritando. Los caballos los atemorizaban. Cruzaban de un lado a otro de la calzada y a veces se les caían los listones de madera o los fardos de lana que llevaban, quedándose en medio del paso de los jinetes, y ellos detenían sus bestias, altivos y sonrientes. El indio los miraba en silencio, retrocedía. El español golpeaba ligeramente las ancas de su caballo y la columna reanudaba la marcha. Los colores de las telas, los rostros nuevos, la multitud reunida fuera de las casas, las llamas escurriéndose delante, todo aquello infundía a los conquistadores una intensa alegría, una sensación de simple y sana superioridad. Penetraban en una ciudad abierta, una capital desconocida. Sueño de infancia, sueño loco que reprimen las madres: «¡No digas tonterías y ven a comer!». Pero aquel día los hijos de Iberia no irían a comer, no acudirían a la mesa, no estarían a la hora de la comida. Aquel día ya no soñaban, estaban sentados sobre quinientos kilos de músculos y huesos y avanzaban entre una multitud sumisa. Aquel día, los hijos tenían toda la razón. Habían desobedecido y alcanzado un éxito tan desmedido, tan grande comparado con las esperanzas que abrigaban, que aquello sería para los educadores del futuro un furioso desmentido. Pizarro había extraviado cerdos y se había ido. Almagro había asestado una puñalada. Benalcázar había matado una mula. Seguramente, De Soto había hecho cosas peores. Pero, en el fondo, ¿qué habían hecho todos, además de huir de un padre o de una madre, de un tío demasiado severo, de una hermana demasiado cariñosa, además de huir de un país en el que cada uno había sido el niño que debía sentarse bien recto contra el respaldo de la silla? Habían perdido un cerdo, matado una mula, reventado un vientre. Poco importa. Lo habían hecho mientras soñaban. Mientras pensaban demasiado en lo que se puede coger con la mano, sin el trabajo cotidiano de un labriego o de un obrero, mientras se imaginaban como un sultán entre los negros, habían dejado que el lobo mordiera las patas de la mula o del cerdo. Y ellos habían partido, fugitivos, proscritos, parias insignificantes, exiliados de la infancia, pero ahora volvían a oírla, volvían a escuchar esa voz de vieja. Las manos apretando el crucifijo, les parecía —mientras trotaban victoriosos entre la muchedumbre— sentirlas de nuevo en sus brazos. La madre de los demás no es nadie, pero la que nos ha estrechado contra sí es la única a la que podemos ver. *Mi* madre, voz tranquilizadora, nota profunda. Hay que haber sido amado, calmado por esa alma para reconocerla. Y también los conquistadores habían tenido madres, de esas bien presentes y útiles. Sus madres eran pequeñas y oscuras, un poco como esas indígenas de Cuzco. Llevaban la ropa siempre limpia y, cuando sus labios temblaban y la cólera adoptaba en ellas una apariencia de profunda dureza, al pequeño conquistador se le hacía un nudo en el estómago, que hacía ruido. «¿No te da vergüenza?», decía ella. Su voz cambiaba de golpe, y entonces ella agitaba los brazos, se ajustaba el mantón. Pero, de repente, parecía extraviada. El niño hubiera querido tomarla de la mano. Le daba vergüenza, sí. Era la cosa viva que más contaba: la vergüenza y su revés: el orgullo. «Tontuelo, ven aquí..., acércate, ¡ven! Dime, ¿qué has hecho? ¿No has hecho nada? Ven, vamos a ver.» Él tenía miedo. Le avergonzaba tener miedo. Estaba sobre un enorme corcel negro, iba a irse al bosque, lejos. Pero su padre sujetaba la brida y el caballo avanzaba a su lado como un poni. «¡Ven aquí, tontuelo, ven!» A veces, de noche, se iba a correr por los campos, a sorprender a los jabalíes cerca del río. Se esconden en los matorrales espesos, bajo los frutales. Hay que quedarse quieto mucho rato para sorprenderlos. Por la mañana, la puerta del cuarto se abría. La silueta de su padre aparecía, mutilada por la luz. El niño, deslumbrado, daba un paso. Otro paso. ¡La planta de sus pies rascaba el suelo, le lloraban los ojos, la luz había entrado tan rápido! «¡Qué sucio estás! ¿Y te has acostado así? Ven, pobrecillo, que la puerca te lama las manos.» Su madre le acariciaba el pelo entre risas, pero su padre los miraba con desdén. «Pichoncito, cuánta paja tienes en las plumas.» Entonces el niño sonreía; después, lloraba. Su madre lo consolaba: «¡Pichoncito, sé bueno, llora todo lo que quieras, pero pórtate bien!». Tiempo después, al niño le gustaba aislarse, darle vueltas a las impresiones nocturnas, a lo que había ocurrido. Pasaba así varias horas, solo, sintiendo en su piel el calor del sol. Algo había muerto. Pero ¿el qué? Hay que voltearse hacia Dios, a él debe preguntársele. «No tengo suficiente carne, Señor. No puedo vencer el miedo. Mi cuerpo me parece lejano, muy lejano. Dios mío, ¡mis huesos están llenos de su propio vacío, como las piedras! ¿Qué error he cometido? ¿Dónde está el resto de mi carne? Dime, ¿por qué el sol no deja ver al sol? ¿Por qué mi rostro es tan tosco y poco agraciado?» «No diré nada. Confórmate con tus privaciones. Que la inquietud te escueza. ¿Duele? ¡Pobre simio con la nariz llena de pelos!» Entonces tomaron navíos, caballos, espadas, y subieron hasta lo más alto del mundo. Había sido necesario venir hasta aquí para no olvidar. Y ahora, mientras avanzaban por los arrabales de la ciudad conquistada, los españoles lloraban. Nadie lo ha contado, pero estoy seguro de que lloraban. Lágrimas, en efecto. Y también todo el alcohol, el sudor, la sangre, el asco. Habían atrapado el ovillo de lana. Para ellos, ya nada sería parecido; poseen para siempre una imagen de su sueño. Pero a algunos ya los atormentaba aquel mal, el mal de lo ya cumplido. No tiene remedio. Pocos lo han sufrido. César, Alejandro y algún otro. Murieron muy rápido. El complot, la enfermedad, poco importan, había que encontrar una solución para morir. No se muere decidiéndolo, no se muere solamente porque suspiramos. Desde Panamá, algunos sintieron una tristeza que crecía cada día y a la que se acostumbraron como al veneno. Apenas podían prescindir de ella. La visión de los primeros muertos, el rostro barnizado de los cadáveres, el barro eran como ángeles malvados que los visitaban una y otra vez. Avanzaban en su asco. Su fragilidad les hacía creerse lúcidos, cuando sin duda alguna sólo estaban exánimes. Uno de ellos oía la voz de Dios, voz de su deseo. Incapaz de abandonar a Pizarro y su tropa sanguinaria, un murmullo lo atormentaba, hablaba dentro de él, en el pequeño anfiteatro de su conciencia. A ratos, el sufrimiento les hizo bien, se sintieron vivir entre los hombres. Pero muy rápidamente ese sentimiento se desvaneció, se transformó en una opresión en el pecho, asfixia. «¿Qué he hecho? ¡Es necesario partir, partir! Ayer, ese indígena muerto, sus ojos... Sentí...» La angustia se agudizó. Pero algunos días, bajo el sol, uno de ellos descubría una alegría muy dulce, nunca había experimentado eso, no, ¡nunca se había sentido tan alegre! Una vez que se había ido la angustia, dejaba en el corazón un agujero. Entonces podía acudir allí una alegría plena que se alojaba en el corazón como una canica en la grava. Algunos apenas acababan de salir de la infancia. Sus recuerdos de España todavía eran recientes. También era más fácil conmoverlos. Así, atravesaron Cuzco felices y ebrios. Sintieron flotar sobre ellos una extraña levedad. Su frente era estrecha, y su expresión, seria. «Yo sueño, sueño sin cesar, pero no con ese pequeño peculio que todo el mundo espera, no, sueño con una verdadera liberación: ser un verdadero señor, sí, eso es lo que quiero. ¡Pero qué demonios hacemos aquí, Dios mío! ¿Para qué hemos venido bajo estos cielos? ¿Para enriquecernos? Quiero ser rico sin haber trabajado para conseguirlo, vivir rodeado de placeres. Quiero ser rico una hora antes de morir.»

La muchedumbre era cada vez más numerosa, cada vez más densa, ya no se veía nada más. Los caballos avanzaban solos. Por un instante, a los conquistadores les pareció que esas gentes los habían esperado desde siempre. Tuvieron la curiosa impresión de haber regresado a casa. Pizarro, a la cabeza, sonreía (lo cual era bastante raro). ¿Con qué soñaba él? A lo mejor era como esos pasajeros que van en coche y a los que el ruido del motor adormece, y que son felices. Pero tal vez, en esa indolente somnolencia, Pizarro soñaba con las innumerables riquezas que tenía finalmente al alcance de la mano, con la victoria, o incluso con aquel sendero de España que de niño había tomado cien veces y por el que, cuatro años antes, había dado un último paseo. Nunca se había atrevido a apartarse de aquel sendero siquiera unos pasos. Nunca se había atrevido a bajar un poco para ver cómo era la fisura de aquel peñasco. La última vez estuvo a punto de hacerlo; pero apenas hubo descendido unos metros, tuvo miedo de no poder subir otra vez por culpa de las zarzas y la pendiente. Es extraño: tanto coraje y presunción aquí y tan poco allá lejos, en su casa. Un pueblo entero no había conseguido que retrocediera, las montañas no lo habían detenido, y sin embargo se había dejado achantar dócilmente por un caminito. Siempre había seguido aquel sendero, con la pequeña lengua de hierba en medio y, a los lados, las dos roderas; después, más allá, la línea única de guijarros y las dos pendientes, una un precipicio, la otra llena de piedras y matojos. Jamás se atrevió a desviarse. Y ahora que avanzaba entre las dos hileras de chozas de adobe, entre una multitud tan apretada, le pareció que era lo mismo, sólo podía seguir el hilito de luz que llevaba hasta la plaza central. Así, la plaza se abrió mientras avanzaba su caballo. Entró en ella. El gentío retrocedió lentamente a medida que los españoles y su tropa penetraban en el recinto de templos y palacios. Habían sacado a las momias de sus grutas para que los recibieran. Allí estaban, bruñidas, bien vestidas. Las más venerables también eran las más ligeras, plumeros de huesos y dientes con un poco de piel, aunque sus atuendos eran más bellos. Se habría podido decir que eran diligentes alumnos de una escuela de muertos. Sus sirvientes se mantenían cerca de ellas y les habían servido de comer y de beber. Pizarro las saludó. Algunos españoles lo imitaron. Las momias respondieron con fórmulas de cortesía largas como títulos de gloria. Luego quemaron los alimentos que había en sus platos y envolvieron los utensilios y los paños; ya invitarían a cenar a los muertos en otra ocasión. Había asuntos más importantes. La plaza se llenaba de soldados a quienes los muertos no hablaban. Quizá exhibieron la pequeña masa informe del sol, efigie envuelta en un manto y venerada; por lo tanto, sus guardianes debieron de estar allí, con sus extrañas armas y sus capas de plumas pintadas. Pero quizá la plaza estaba vacía, vacía de dioses, de sacerdotes, de todo. Una muchedumbre anónima se apretujaba en los flancos del palacio. Pero, en la plaza, no se veía a nadie.

Tuvo que haber un momento curioso: el momento en que los primeros conquistadores se apearon y el contacto con el suelo hizo realidad su llegada. El impacto de la primera bota contra las piedras que adoquinaban Cuzco anunció que los españoles se encontraban *definitiva y realmente* allí. No eran sombras surgidas de los mitos, ni ángeles de paseo, tampoco dioses montados en llamas gigantes, sino más bien formas humanas, claro que llenas de pelos, grandotas, acorazadas de hierro, y sin embargo tan vivas y humanas como cualquiera.

Pero ¿alguno de ellos había visto ya a dioses y podía afirmar que los españoles no lo eran? Por unos instantes debió de asaltarles la duda, de forma imprecisa, entre un revoltijo de temores anhelados. Entonces un español desmontó, después otro hizo lo mismo, y otro más. Amarraron los caballos a lo largo de los muros. Los indígenas pudieron verlos de más cerca. Vieron también a algunos negros que llevaban jaurías de perros. Tuvieron mucho miedo. Pero los negros se mantenían en un rincón, sin decir nada, por eso se olvidaron de ellos. Apenas habían visto a uno o dos, de eso hacía varios meses, con Moguer, Bueno y Zárate. Desde luego, no todos los habían visto. Aun así, se había divulgado muy rápido la terrible noticia: existían ángeles negros.

Pero aquellos ángeles —tal y como lo comprenderían más tarde— no eran más que los esclavos de aquella misteriosa civilización que había nacido en Europa hacía poco. Los incas no conocían el tráfico, la moneda, los canjes. La administración imperial lo controlaba todo, no había lugar para el comercio. En cambio, en Europa era agradable comprar, vender, prestar dinero. Un formidable impulso lo inundaba todo: la Iglesia, la monarquía, el arte. Por supuesto, las cosas habían comenzado mucho antes, durante el Imperio romano; quizá, según se dice, durante la época de los fenicios. Pero las cosas comienzan siempre antes. Porque nunca hubo Edad Media, sino un largo renacimiento. Un mismo tendón sobre un mismo músculo.

Y, además, estaba la Iglesia, la vieja Iglesia católica y romana, aquel cuerpo de sacerdotes y doctrinas que había provisto a Europa de un destino común. No bastó que pulverizaran el poder los Alaricos y los Lotarios. Cada vez, volvía a reconstruirse Occidente, ruina eterna, Idea. Pese a que la vida se hubiera encogido cien veces hasta el punto de perder casi su forma, la Iglesia sobrevivió, manteniendo así la difusa idea de un espacio común, una herencia. Varios pueblos poseían ese elemento griego, judío y romano. Los españoles, los ingleses, los italianos, los alemanes, los ingleses, los portugueses, los escandinavos y muchos otros más. Dios era el Dios de todas las naciones, y, a partir de este fervor común, todas se arrojarían al asalto del mundo.

Europa estaba llena de ciudades atestadas de iglesias. Alrededor de los campanarios, los mercaderes se arremolinaban y vendían nabos, lechugas, remolachas. Así apareció (pero ¿cuándo?) aquel ser insatisfecho, empeñado en alcanzar la dignidad mediante la renuncia, el *burgués,* símbolo viviente de esa curiosa función que iba a provocar aquí, en la periferia de su reino, tantas conmociones.

Pero, por el momento, sólo hay una plaza, la de Cuzco, cuatrocientos españoles y un puñado de pobres negros que asustan a todo el mundo.

*

Los españoles admiraron muy poco la belleza de los edificios; su primer paseo no fue para contemplar las fachadas y fotografiar los festones. Cuentan que la ciudad tenía más de doscientos mil habitantes. Nadie sabe nada. Consideremos, al menos, la situación en que debían de encontrarse los cuatrocientos soldados en medio de un pueblo estupefacto, y se entenderá mejor. Pizarro quiso, antes que nada, asegurarse de que ninguna tropa indígena estuviera escondida, de que no hubiera una guarnición. Dieron una vuelta o dos para convencerse: los españoles eran los únicos que llevaban armas en la ciudad.

Se instalaron en la plaza, en tiendas, por lo menos durante las primeras semanas. No desensillaron a los caballos. Con las armas colgadas de la cintura, una guardia numerosa velaba.

Se puede imaginar el olor a bosta y a estiércol, las moscas, los orines, los desechos. La plaza principal de la ciudad debía de parecer un cuartel o un vertedero. Probablemente, los indígenas miraban todo eso al principio con sorpresa, y después quizá les dio pie a fantasías. Tal vez hallaron cierto placer en no reconocer los lugares que les eran familiares. En cualquier caso, cuentan que cantaban y bailaban hasta muy tarde por la noche y que parecían vivir esa nueva ocupación con una alegre indiferencia.

Sin embargo, los españoles no perdieron el tiempo. No bien Pizarro promulgó un pregón que proclamaba *«que ningún español fuese osado de entrar en casa de naturales a tomalles nada»*, sus soldados entraron en todas partes.

Arrancaron las placas doradas de las paredes, desvalijaron los edificios religiosos, las casas, los palacios. No perdonaron nada. Las tumbas entregaron sus muertos con docilidad, la tierra vomitó su grano de oro y de plata, los muros revelaron sus escondrijos. No era bueno mentir o esconder cosas. Quemaban los pies, cortaban las manos. Las cuevas ofrecían figurillas doradas como nunca antes se habían visto. Saltamontes, serpientes. Cuentan de estatuas de mujeres a tamaño real, de llamas, de antorchas de oro y de plata. Cada cronista refiere nuevos prodigios. ¿A quién creer? A todos. Todos dicen la verdad, todos tienen razón. Todos vieron las sandalias de oro de Deméter, el empeine del calzado de plata de Venus. Finalmente, vieron el rostro. Había caído el velo. Isis. Corazón frío que arde frente al vacío. Masa ciega y llena de pájaros, de culebras, arañas y lagartos.

El sueño estaba ahí, esta vez de verdad. Podían verlo, tocarlo, destruirlo. A toda prisa lo fundieron todo. Necesitaban convertirlo en pequeños lingotes, fáciles de apilar, de transportar a lo largo del imperio. Y, durante todo ese tiempo, las gentes de Cuzco pasaban las noches cantando y bebiendo con sus muertos; pero lo hacían en vajillas cada vez más sencillas y con muertos cada vez más andrajosos. Los españoles arramblaban con las joyas, los platos, las vasijas; y terminaron bebiendo en escudillas de barro que antes habían servido para dar de beber a los animales o a los niños. Los dioses, sin duda, a veces tenían que morir; nadie podía hacer nada para evitarlo. Se acurrucaban en sus buhardillas de cascajos y se dormían para siempre.

Pizarro, desde su llegada, designó la ubicación de una iglesia. La misa debía celebrarse en un rectángulo de piedras, no bajo una tienda de algodón. Ordenó que se plantaran cruces en las intersecciones de las calles; se descolgaron los últimos ídolos de sus pedestales de andesita. La búsqueda del tesoro prosiguió.

*

El valor del botín fue colosal. Las riquezas afluyeron hacia el palacio, situado en plaza, en el que Pizarro y sus capitanes finalmente se instalaron. Las amontonaron en las habitaciones sin ventanas o en los patios. Las arañas tejieron sus telas y los ratones hicieron sus guaridas. Los pasillos estaban sembrados de piezas de oro que habían caído por azar. Se podía encontrar de todo en aquel cúmulo de objetos sublimes y baratijas: llamas, soles, pajaritos de oro; como en la virgen abridera de Quelven, que tiene en el vientre todos los episodios de la Pasión, el Edén y un enorme pez.

Una vez distribuidos los tesoros, Pizarro quiso colocar a Manco Inca sobre el trono de sus ancestros, lo que revestía gran importancia política. Esta vez no lo harían como con el Inca títere; se necesitaba una ceremonia de verdad que convenciera a la capital. Se seguirían al pie de la letra las antiguas costumbres, ya no se querían los oropeles de la mascarada.

Pizarro presentó al joven Inca y vio que el entusiasmo era grande. La ceremonia de coronación no fue expeditiva; el príncipe cumplió con el ayuno prescrito, y el conjunto de la nobleza inca y todos los soldados españoles se congregaron en la gran plaza de Cuzco. Se anudó sobre la frente del Inca la franja escarlata. Se dispensó al sacerdote del sol de su tarea, pues fue el mismísimo Pizarro quien quiso colocar sobre la frente del joven Inca la cinta de lana. Entonces, el notario leyó una proclama y el estandarte de los reyes de España ondeó contra el cielo. Sonaron las trompetas. Y después nada más. El príncipe inca pareció de pronto un hombre de yeso. Se quedó en su trono como pasmado. Ningún indígena habló. Los españoles se pusieron a charlar y después se dispersaron rápidamente.

Para prolongar la ceremonia y reforzar una ilusión bien frágil, los indios sacaron sus momias y atravesaron la ciudad cantando, deteniéndose de pronto delante de un templo y luego reanudando el paso. Parecía un inmenso Perdón. Con todo, algunas de las momias estaban decoradas de oro y plata; aún quedaban, pues, algunas riquezas. Los españoles interrumpieron educadamente la procesión; ordenaron bajar a los muertos de sus andas y les quitaron sus joyas.

*

Mientras comenzaban a construir, seguían saqueando. Un año había transcurrido desde lo de Cajamarca. En un solo año, todo había sido transformado, pero el saqueo parecía no acabar nunca. Había empezado apenas pusieron los pies allí y había continuado desde entonces. Circulaba una leyenda según la cual los incas habrían sustraído a los conquistadores el verdadero tesoro. Sus riquezas estaban protegidas en alguna parte, cadáver rutilante. Los españoles habían expoliado tanto oro y plata que imaginaban que les habían ocultado riquezas aún más grandes.

Contaban que, mientras transportaban su tesoro, los incas habían tomado precauciones extraordinarias, dando inmensos rodeos, volviendo sobre sus pasos; al final se habían detenido en un lugar misterioso y sagrado, y lo habían enterrado allí. Después, se había dispersado a los animales de carga y todos los que habían seguido el cortejo hasta su destino terminaron ahorcándose.

De pronto, los españoles, creyendo que, justo allí, bajo sus pies, se escondían riquezas fabulosas, se lanzaron como una manada a destruir los caminos, las plazas, los muros de los palacios, cualquier cosa. Hurgaron en los lugares más insignificantes, en cañadas, cuevas, fosas sépticas. En su locura, sondearon las aguas de las lagunas, de los lagos, cavaron por todas partes. Rompieron cráneos de muertos, abrieron sus pechos. Entonces, como todavía no habían encontrado el tesoro que buscaban, perdieron toda mesura. Se sospechaba de cualquiera. Levantaban las polleras, desgarraban las camisas, y el saqueo se convirtió en una forma de violación. Las mujeres embarazadas fueron destripadas. Sin duda, ya ni siquiera se trataba del oro, sino de desnudar a todo un pueblo.

Por otro lado, ya no se trataba de otras riquezas, sino de *un único tesoro*. ¿Y cuál podía ser el tesoro? Nadie habría sabido decirlo. ¿Qué forma tenía? ¿Era un nuevo cúmulo de vajillas y joyas, pero más voluminoso que el anterior? ¿Era una masa de oro compacta, un cubo o una esfera perfecta? ¿O bien se trataba del mismo sol, el verdadero sol, con todos los rayos de su cabellera, aquel que con *«la menor onda chupa al menor hilo»?*

En cualquier caso, no se trataba ni del clavo dorado, ni de la lanza salvadora, quizá era el mismo Dios. Necesitaban un cofre grande como el mundo y duro como la roca, pues en él querían guardar el alma y el nombre.

Pero quién sabría decir con qué soñaban. Ramada pululante, ¿con qué soñamos? ¿Qué buscamos en la mañana fresca? «Fui vestido con flores», dice la voz matinal, «huérfano de mi propia carne. Temo a la vejez, pero nunca me veo viejo. Me precipito tras los aromas nocturnos, por debajo de los tilos o a lo largo de los ligustros. Ah, creo que me mantendré joven para siempre, con el rostro que se sonroja y la mano que toma.»

*

Enseguida, Quispe Sisa se había echado a temblar; las manos de Pizarro palpaban sus hombros, sus senos, después hurgaron entre las piernas, la parte reservada, intacta. Quispe Sisa era joven y su piel tenía aquel olor un poco repugnante de todo lo que es nuevo y le falta confianza. Sus pequeños senos decepcionaron a Pizarro, o por lo menos lo sorprendieron, con sus pezones y sus puntas tan anchos. Ella lo ayudó a desvestirla. Sus manos se cruzaban sin cogerse nunca. Las torpes caricias de Pizarro, fruto de la impaciencia, del miedo y del desconocimiento de las prendas indígenas, parecían forcejear entre las mallas de una red. Hacía mucho que no conocía mujer. Pizarro frecuentaba poco a las putas. Cómo besarse, eso no lo sabía. Abrió la boca, un ser de carne reemplazó rápidamente a la joven india, y aquel ser podía ser desvestido, mordido. Cuando estuvo desnuda, Pizarro se quitó con rapidez sus prendas, se desgarró la camisa con un gesto torpe y se introdujo en ella brutalmente. Sólo tuvo de pronto un instinto mudo. Al principio, Quispe Sisa se quedó inmóvil un largo rato. Pizarro se agitaba solo. Sintió entonces una especie de asco. ¿Qué estaba haciendo? La piel de Quispe Sisa le pareció de cuero, sus húmedos ojos de animal casi le dieron miedo. Ella gritó. Él sintió tanta satisfacción que tuvo ganas de reír. Esa moza, que representaba a todas las demás muchachas que había conocido, estaba allí, abandonada, incapaz de contener unos grititos curiosos, que no eran gritos de animal, tampoco llantos ni nada conocido, sino que le parecieron los jirones perdidos de un cuerpo virgen. El rostro de Quispe Sisa se torció, pero no era una mueca; los labios hacia delante tomaron una forma redondeada, con ligeros temblores. Ella dio un grito sordo, rugoso. Sus ojos ya no miraban a Pizarro, parecía abandonarse, extraviarse. Sus ojos miraban fijamente el techo sin verlo, como si asistiera dentro de ella misma, muy profundamente, a algo asombroso. Pizarro se alejó con brusquedad de lo que sentía, y la vio, estirada debajo de él, resoplando, los ojos abiertos como una loca; él se sintió culpable y poderoso. Podía verla, observarla, alejarse un instante de ella, ponerse al amparo del torrente. De pronto la voz de la indígena se hizo rauca; su respiración se volvió lenta, su pecho se infló lentamente. Pizarro miró sus senos y algo irresistible empujó su boca. Inclinado sobre la muerte, creyó que se lo arrebataba todo, y que ahora nadie lo veía, ni siquiera ella. Estaba a solas con su placer. Sus movimientos se hicieron más nerviosos, interesados únicamente en lo que sentía. Al final hubo un estremecimiento, algo se abrió en él para llevárselo. Un charco se expandió en su cuerpo. Todo fue abandono. Ya nada importaba; nada. Un cansancio muy dulce, y que lo conocía muy bien, lo invadió. Su cuerpo se desmoronó.

Cuando la vio echada, como muerta, a su lado, la encontró bella, muy bella. Sus piernas apenas sobresalían de la sábana. ¡Su piel le pareció tan fresca! Se sintió libre y fuerte. Era como si, dentro de él, se hubiera abierto un pasaje, y se hubiera colocado esto aquí, esto allá. De pronto, todo ocupaba el lugar que le correspondía. Una intensa sensación de bienestar lo invadió. Se levantó con lentitud, sus gestos eran seguros, pero no se apresuraba, se tomaba el tiempo necesario para ver y sentir. Tampoco era para tanto, se dijo, ya no la necesitaba más. Y, antes de dejar la habitación, se volvió hacia ella. Su boca cerrada, los labios apenas hinchados, le daban el aspecto de un niño pequeño. Un hilo de saliva corría por la almohada.

*

Quispe Sisa tenía entonces quince años. Era la hermana de Atahualpa. La habían rebautizado con el nombre de doña Inés Yupanqui.

Pizarro tuvo con ella dos hijos, y después se la pasó a uno de sus sirvientes. Los conquistadores se desposaban con princesas sobre fardos de heno para cederlas poco después a hombres de rango inferior. Así, las princesas descendieron, más o menos lentamente, en lo que sería la sociedad colonial. Primero los conquistadores consolidaban su posición, uniéndose con la nobleza del lugar; después, los más afortunados retomaban sus creencias y se casaban con auténticas doñas llegadas de España.

Pizarro llamó a su hija Francisca, como su madre, y a su hijo Gonzalo, como su padre. En el bautizo de su hija, resultó sorprendente ver al despiadado conquistador con un crío en los brazos. Jugó un poco con los volantes del gorrito y levantó el encaje para que las esposas de sus capitanes pudieran admirarla. Finalmente, la llevó hasta el sacerdote y, en el momento en el que se echó agua sobre su cabecita, pareció emocionado y se persignó. Los conquistadores, como muchos hombres que perseveran en cometer crímenes, se consideraban miserables y, a la vez, destinados a no se sabe qué lejana redención.

*

En Cuzco, durante la primera época, había reinado una fiebre sin límites. Nadie pensaba en otra cosa que no fueran el oro y el goce de una noche. Diego de Trujillo cuenta cómo los españoles profanaron el templo del Sol. Eso lo resume todo. El gran sacerdote, Willac Umu, reprochó a los extranjeros su audacia: *«Cómo entráis aquí vosotros, que el que aquí ha de entrar ha de ayunar un año primero»*. Poco les importó. Entraron sin descalzarse, rebuscaron por todas partes, y después, decepcionados ante lo que habían encontrado, apresaron a los sirvientes del templo. Los torturaron. Fundieron los ídolos antes que todo lo demás. Escupieron en el fuego eterno.

Y el joven Inca, que probablemente se había aliado con los españoles para evitar excesos como ése, se indignó. Pero nadie lo escuchó. Las gallinas menos que las lechuzas, los perros menos que los pavos. Entonces, para dejar muy claro que se había acabado con el pasado, que la época de las momias y las plumas definitivamente se había terminado, se rebautizó la ciudad. De ahora en adelante se llamaría *La muy Noble y Gran Ciudad del Cuzco*.

En la repartición hubo cuatrocientas ochenta partes, en lugar de las doscientas diecisiete de Cajamarca. Plusvalía inaudita. El saqueo duró unas semanas; la vez anterior, varios meses. Cuanto mayores eran las riquezas saqueadas, más corto era el camino que llevaba hasta ellas. Habían encontrado oro por todas partes, en las casas, en las fachadas. Los muertos llevaban joyas como si fueran maniquíes. Y la fiebre aumentaba sin parar. En cada habitación de cada palacio donde vivía un capitán de Pizarro, había montones de escorias de oro. Colinas deslumbrantes, cadáver extendido sobre la transparencia de las cosas. ORO. Palabra en la que España colocó el sol en dos ocasiones. De ella escurre, por cada lado, la miel. Se dice que los tesoros sueñan en la tierra; y nosotros, con las gotas perdidas de nuestra sangre, creamos las palabras, y ellas caen muy despacio en el fondo del mundo para la gran Candelaria. *Oriente, origen, orilla, orina, orla, Orfeo, oreo, orquídea, oropéndola, oración, orate, órbita, orden, órdago, organdí, orgía, orgullo, oriflama, orificio, ortiga.* No, el *oro* no es solamente un metal raro y precioso, es también el nombre de una bestia extraña y antigua. Su espinazo rutila, su pico parlotea. Menea la cola, que está cubierta de pinchos y es imposible ver dónde acaba ni qué grosor tiene. Monstruo terrestre, morador tanto de cimas glaciares como de fondos abisales, pensamiento secreto, precipitado de gracia e infamia, corazón erizado de trompas ávidas, de manos, de bocas, de tentáculos ocelados llenos de encías y ventosas, espuma fría, dragón cuya única cresta quedó petrificada en las venas de la tierra en el comienzo de los tiempos, Kraken, Rahab, Behemot, animal viscoso que repta entre el espejuelo y el pórfido, mandíbula fijada en la piedra pero presta a cerrarse sobre la mano que se atreve a quitarle un diente, tú eres el más macizo y el más terrible ser que produce la tierra. Y tal vez eres la verdadera personificación de nuestro planeta, lavas volcánicas que incuban un núcleo tan duro e impenetrable como Dios. Como el moco sagrado de un inmenso animal, secado «en las entrañas del mundo», como suele decirse, que, después de que el hombre lo recoja, termina en lingotes, así apareces tú, en forma de estiércol frío amontonado por los conquistadores en las salas de los palacios cuzqueños, bajo tu feroz paredra. Abres desmesuradamente tus fauces para morder el corazón y escupir la pepa. Tentaciones, trofeos de caza y de sangre, la espuma de tu hocico los cegó. Las dos cosas más frías del mundo acababan de tocarse: el oro y el corazón humano. La mano también es fría, un simple conductor. Pero el corazón palpó el veneno frío del oro, más frío que el suyo. Y al instante se congeló. Se hizo añicos, como el amor en contacto con el deseo. Sin embargo, el oro no es sólo hielo en los corazones, también es fiebre y quemadura. En el centro de cualquier cosa, el frío y el calor, lo líquido y lo sólido se anulan y se funden. El espíritu y el cuerpo no conocen más que la quemadura y el diluvio permanente del mundo. Los volcanes vomitan su magma dorado, pero al endurecerse se vuelve roca vulgar, apagada. El magma es la imagen viva del deseo; la mano que se hunde en ese magma acaba consumida.

Y, ahora, ¿qué es este coral de la tierra?, ¿de qué criatura viviente eres la saliva o la deyección? ¿Qué fósil inmenso atraviesa los continentes y los mares, del que nosotros encontramos restos dispersos, vértebras relucientes, uñas muertas? Pero esa bestia, ¿está de verdad muerta? No. Revive, gracias a una inquietante magia negra, en el corazón de todo aquel que lleva encima una astilla de sus huesos. Esa bestia vacía el alma, la arruga y la arroja a un foso de ansia y pesar. La hunde lentamente en lo inerte y el silencio.

Pero ¿puede haber alguna vez demasiado oro? ¿Puede haber tanto oro que el sortilegio se invierta y lance con violencia a los hombres a un nuevo infinito? Los conquistadores ya ni siquiera recogían más plata. Había montones de oro por doquier, y los precios subían, subían. Desde lo de Cajamarca, no dejaban de subir. Ahora todo costaba seis veces, diez veces, cien veces su precio. Únicamente el oro perdía valor. Seguían recogiendo sólo oro, lo querían sólo en racimos, y el mismo hecho de coger cada vez más, lo depreciaba. Era uno de los círculos modernos del infierno. Cuanto más hay de algo, menos valor tiene. La abundancia es una forma de penuria. Al vértigo de poseer le sucede el de perder.

Entonces ocurrió algo formidable, sin precedentes. Tanto oro había alrededor de ellos, amontonado, o incluso en sus bolsillos, en sus camisas, que sintieron una especie de hartazgo. Hubo una epidemia de asco. Un tal Leguizano fue el primer afectado. Llevaba jugando a las cartas desde el anochecer, y era ya de madrugada. En una partida en la que no se jugaba mucho, apostó un sol de oro arrancado del templo, una pieza única, de valor inestimable, contra un par de botellas de vino. Las putas se rieron. Perdió. El sol fue a caer a las manos de otro, pero Leguizano no pareció apesadumbrado. El oro se depreciaba. Ese mismo día, otros soldados perdieron fortunas. Lo real ardió. El oro pasó de ser algo inaudito a convertirse en caldo amarillo, chapa blandengue, excremento.

Nieves perpetuas

Entonces Pizarro recibió una noticia inquietante. Un gentilhombre altivo y con prestigio, Pedro de Alvarado, acababa de desembarcar en la bahía de Caráquez, al norte de Ecuador.

Aquel hombre era uno de los más temibles. Había participado en la conquista de México, se había hecho con Guatemala, y se había convertido en gobernador. Desde entonces reinaba sobre un pueblo de esclavos. Era un hombre atormentado que no sabía estarse tranquilo. Había abandonado su trono de lianas con una flota de doce navíos. Unas semanas antes, se disponía a partir para la isla de las Especias, pero los relatos que le llegaban sobre las riquezas de Perú excitaron su codicia y mudó de parecer. Soñaba con riquezas más abundantes, con un reino más vasto. Las palabras de algunos marineros bastaron para que decidiera cambiar el rumbo y partir a Perú.

Llevó consigo a quinientos hombres, la mitad de ellos a caballo, muchos arcabuceros, ballesteros, pero también refuerzos indígenas y negros. Era el ejército más numeroso que jamás desembarcaría en el sur del continente.

Pedro de Alvarado ardía en deseos de hacerse con Quito. Le habían contado que las riquezas del norte del reino eran aún mayores que las que Pizarro había obtenido. Una inquietud natural lo empujaba hacia lo desconocido, no se contentaba con nada.

Había atracado en Puerto Viejo, cuyos habitantes vivían en paz con los españoles; aprovisionaban a los barcos que se detenían en sus costas. Pese a la buena acogida que le dieron, Alvarado los atacó de manera traicionera y apresó a la mayor parte de ellos. Ordenó encadenar a los más vigorosos para utilizarlos como porteadores y entregaron a los más débiles, a las mujeres y a los niños a los guatemaltecos, quienes los mataron y los devoraron.

Alvarado quiso tomar de inmediato la ruta de las montañas. Intentaron disuadirlo en vano. Resolvió tomar el camino más directo hacia las riquezas, no concebía de otra manera la ruta hacia el honor. Era un hombre brillante aunque loco, desmedido, de deseos irrefrenables. La época del año no era propicia, y la ruta era de las más arduas. El guía al que había elegido los abandonó en cuanto pudo, menos por odio hacia los conquistadores que por celo de su propia vida.

Rápidamente, la tropa se extravió en un relieve caprichoso y monótono. Tuvieron que abrirse camino por la espesa selva. Avanzaban muy lentamente. A veces, apenas unos metros en una hora. Los hombres se quejaban. El futuro sublime que les habían descrito se había convertido en una pesadilla de fango y helechos. Llovió durante días, la caza escaseaba. Se decidieron a degollar caballos que costaban por lo menos mil ducados. El hambre entregaba al diablo las riquezas soñadas. Después la tropa ascendió por los flancos de las montañas, alcanzando cotas cada vez más frías. Ya no había marcha atrás. Los guatemaltecos, desnudos, hambrientos, morían a mansalva. La ruta quedaba cubierta de cadáveres.

La marcha se tornó profunda, silenciosa. Cuando un hombre caía, de inmediato lo devoraban. Los españoles comían primero, y, rodeando los cadáveres, empuñando la espada, impedían que los indígenas se acercaran. Les dejaban la carcasa hedionda, las vísceras.

Los caballos seguían avanzando con paso lento, pero a veces los jinetes habían muerto sobre sus lomos. Y de pronto, en una curva o por un bache del camino, caían de costado al suelo.

Ahora las patas de los caballos se hundían profundamente en la nieve. Se tambaleaban, se levantaban del suelo cada vez con más dificultad. Algunos se quedaban quietos. El jinete no se movía. Nadie se daba cuenta. Cada uno avanzaba a solas, entregado a los demonios de su propio andar. De noche, en los campamentos, quemaban retazos de prendas, correas, raíces, extendían las manos sobre diminutos montones de brasas. En silencio, los hombres esperaban el amanecer, pero cuando la temperatura bajaba, las almas se replegaban suavemente en su miseria. Y es que se siente calor al morir; un cuerpo que se abandona a la muerte experimenta de repente una leve sensación de tibieza, de bienestar.

La nieve lo cubría todo. Las huellas de los pasos trazaban un camino hacia el cielo. Por la mañana, algunos soldados se negaban a seguir y se apretujaban contra el cadáver de su caballo. Un hombre se echó sobre la ceniza y se quemó la espalda. Arrojaban el oro que habían robado hasta ese momento, abandonaban las armaduras, pues el acero conducía el frío hasta lo más hondo de los cuerpos.

Alvarado les prometía una parte mayor del botín, pero los hombres se reían con sarcasmo y no respondían. Entregaba pedazos de oro a quienes se negaban a continuar, pero ellos los dejaban caer, preferían vivir algunos minutos embotados por el frío a tener que levantarse y proseguir la ruta. Pobrecitos monigotes helados que avanzaban en medio de toneladas de polvo blanco, incapaces de conseguir que sus monturas dieran zancadas más largas, grandes mamíferos que agonizaban por haberse aventurado tan lejos en la luz. Vieron a algunas madres amamantando a pequeños cadáveres junto al camino. Nadie les decía nada. Ellas seguían a la tropa gimiendo, repitiendo con voz dulce palabras caritativas.

Cada día avanzaban unos miserables metros. Los vínculos entre los hombres se habían disuelto. La leyenda del oro desapareció detrás del montón de cadáveres. El viento azotaba los rostros hambrientos, enormes pájaros negros seguían la lenta marcha de los hombres. Los parásitos sobrevivían en el hueco de las axilas, bajo los testículos, en cualquier parte que les permitiese alejarse del frío y cobijarse entre el sudor y la suciedad. Pero los hombres no se rascaban, no hacían nada para aliviar la comezón. El frío era más feroz que cualquier cosa. Los ojos profundamente hundidos, los huesos prominentes, la boca reseca por el viento, algunos lloraban en silencio. Ni siquiera se detenían para hacer sus necesidades ni hundir sus manos en los intestinos tibios. No. El ejército transitaba taciturno, endurecido. Largo hilo silencioso, salvo cuando una tos desfiguraba por un instante un rostro.

De pronto el aire se llenó de cenizas. Creyeron que había llegado el fin. Un clérigo, con la cruz sobre el vientre, rezaba, mordiéndose sus uñas grises. Esperaba que la muerte terminara para bendecir a toda la tropa y después poder expirar él. Estaba de pie, cerca de Alvarado. Quizá se disponía a hablar, pero todo lo que pudiera decir no tendría ninguna importancia en el curso del tiempo. El vitral estaba roto, apenas quedaban añicos de cristal: blancos, azules, grises. Ya no había orden ni sociedad alguna, sólo un trono de cenizas. Un copo sin alma caía en la noche.

Una fina capa gris cubrió la nieve. A los hombres les costaba respirar, tenían la garganta llena de polvo. En aquella niebla tibia, avanzaban semiciegos, asfixiándose. Aquellos hombres, algunos de los cuales habían formado parte de la expedición de Cortés, curtidos por combates largos y duros, acostumbrados a campañas arduas, se vieron de pronto arrojados al vacío. Aquí no había ninguna guerra, ningún enfrentamiento en el que desfogar el cuerpo, sino, más bien, piel agrietada, dedos del pie congelados, ojos llorosos, hojas de acero que se rompían, labios que sangraban. Aquí las peripecias terminan, las descripciones se desdibujan. Sólo quedan unos centenares de rostros que miran al cielo. Quedan el hambre y el frío. La muerte. Quedan los animales demacrados, los miembros escuálidos, las mejillas quemadas. Ésa es su mediocre y heroica historia, por haber avanzado por error en la eternidad fría y blanca. Y ahora el cielo les enviaba nubes de ceniza. Ahora era de noche en pleno día. A los excesos del frío se añadía una cólera extraña. La tierra tembló. Los hombres se arrodillaron y rezaron. Muchos vieron entonces, sobre la nieve ennegrecida, el rostro de una muchacha a la que habían abandonado.

Alzaron la cabeza, los ojos arrasados en lágrimas. Así debió de soñar un centenar de hombres, las rodillas en la nieve, el rostro violeta. Hacía muchos milenios que un inmenso manto de basalto submarino había elevado el continente; desde entonces se habían plegado, cual láminas de metal, formidables capas de tierra y rocas. Y los españoles seguían arrodillados en medio de una de esas protuberancias de hielo, lejos del océano, lejos de las llanuras, lejos de todo, como enterrados en una capa muerta del tiempo. Rezaban. El Cotopaxi acababa de entrar en erupción. Ellos lo ignoraban. La nieve y las cenizas formaban una mezcla que evocaba un caos primitivo, más terrible que las guerras y hambrunas que habían conocido. Aquella cólera brutal los aterrorizó. A la nieve se añadía ahora el fuego. Rezaban como nunca antes lo habían hecho. Estaban al borde de la muerte, y asistiendo a un misterio casi mucho mayor.

Al anochecer se ensombreció aún más el horizonte. Muchos hombres murieron. Ahora se quedaban junto a ellos; las llamaradas que habían visto a lo lejos habían vuelto unir las almas de los hombres. Calentaron agua para los enfermos. Aquellos que tenían parientes entre los agonizantes se mantenían a su lado. «Raúl, hijo mío, si te salvas de ésta, no te olvides, queremos hacer lo que es necesario, sí, lo queremos con todas nuestras fuerzas, y sin embargo siempre hacemos algo distinto. Recuérdalo, hijo mío.» Un joven alcanzó a su tío un tazón de nieve fundida en el que flotaba un pedazo de cuero. El tío bebió.

Por todas partes, los hombres se tomaban de las manos y se miraban a los ojos. Nunca antes se habían visto tantos rostros cara a cara, tan cerca los unos de los otros.

Por fin, el cielo se despejó. Respiraron mejor. Pero los hombres se mantuvieron juntos, conversando. Se decían cosas raras, palabras llenas de amor y de perdón. Algunos, ya sin fuerzas, se acostaron en los brazos de sus camaradas.

Se creó entre los agonizantes y los demás una intimidad silenciosa. Numerosos soldados fallecieron aquella noche. Por la mañana, cuando reanudaron la marcha, el cielo estaba límpido. La nieve estaba sembrada de cadáveres, como un vuelo fallido de saltamontes. Se hubiese dicho que eran un pueblo en el exilio, huyendo de una epidemia, de una plaga.

Un loco habla a su pueblo y lo convence para que lo deje todo. ¿Por qué? Por un sueño enfermo, una visión insignificante, un saco de oro. Entonces, la jauría afila sus colmillos, el gran cuerpo se pone en marcha, atraviesa el mundo y muere al borde de la nada.

*

Dos mil indios y una cuarta parte del ejército habían muerto. Los que habían sobrevivido al frío y al hambre formaban una caravana miserable. Pero Pedro de Alvarado, ligero y sólido como un pedazo de cuero, tras dejar atrás las nieves, reanudó su camino hacia la fortuna. Y su tropa extenuada se arrastraba por mesetas interminables cuando de repente uno de ellos distinguió sobre la arena:

Una huella de herradura

Imaginemos su estupor. Era como si, después de llegar a otro planeta, encontrásemos rastros de pasos. Pensemos en Robinson y aquella planta de pie humano impresa en la arena. Alvarado intentó descifrar aquel jeroglífico funesto. ¿Qué quería decir esa huella de herradura, de pezuña?

Quería decir que, tras abandonar Cajamarca, Pizarro había enviado a Piura a algunos jinetes. Se trataba, en efecto, de su campamento de retaguardia más importante, y había ordenado a Benalcázar que tomara el mando. Pero el fogoso capitán Benalcázar también había oído hablar de las riquezas de Quito. Y había reunido a todas las fuerzas de que disponía y se había decidido a conquistar aquel pedazo de tierra para él solo.

No había sido tarea fácil. Los indígenas habían opuesto una fuerte resistencia. Tras violentas luchas, Benalcázar se había hecho con la región. Pero, cuando había entrado en Quito, la ciudad estaba en llamas. Y sobre cenizas tuvo que plantar el estandarte de Castilla. Después había removido cada piedrecita, destripado cada fardo de lana. En vano. No había oro. Nada. Contrariado, había recordado las cabezas de cristianos y de caballos que había visto en las lindes de un camino, plantadas en picas, decoradas con flores y ramajes. Entonces había subido a su caballo y se había dirigido con algunos hombres a un pueblo cerca de Quito. Allí, ordenó ejecutar a todos los habitantes. Aquello había aplacado su ira.

Era, pues, la pezuña de uno de sus caballos la que había dejado la famosa huella. Benalcázar y sus hombres habían galopado detrás de hordas de indígenas, martilleando la pampa con sus herraduras. El viento había soplado y todas las huellas se habían borrado, a excepción de una. El azar quiso que, después, Alvarado, a través de sus sueños destrozados, advirtiera la huella. Y le provocó una impresión singular, desagradable. Aquella huella de pezuña, sola en medio de la nada, era el último enigma del viaje, y sin duda la explicación de todas las desgracias. A algunos los invadió la vaga sensación de ser presa de no sabían qué aberración que les haría volver a marchar, sin cesar, por los mismos caminos, sobre sus propios pasos sin saberlo.

Almagro, enviado por Pizarro, había ido como refuerzo, a la cabeza de una pequeña tropa. Los hombres de Benalcázar y los suyos se habían apretado unos contra otros para enfrentarse al ejército inca, al que esperaban. Entonces Pedro de Alvarado llegó del confín de los desiertos helados, del confín de su prodigioso lance de hielo, cenizas y muerte. Benalcázar y Almagro contemplaron la rala hilera de sus soldados avanzar por la llanura. Sin duda, todavía constituía un pequeño ejército, pero los hombres estaban tan escuálidos, tan débiles, que parecían regresar de un combate oscuro, brutal.

A su llegada, estaban tan aliviados de encontrarse allí que se juntaron de inmediato con los hombres de Pizarro, y confraternizaron. Almagro hizo promesas tentadoras. Distribuyó alcohol y víveres. Muchos desertaron.

Enseguida, Alvarado comprendió que debía transigir; de otro modo, al cabo de unos días no dispondría más que de un puñado de hombres. Llegaron entonces a un acuerdo, le entregaron cierta suma de dinero. Le pagaron por sus hombres, por sus caballos, sus equipos y sus navíos. Lo indemnizaron. Había ido, orgulloso y bravío, con varios centenares de soldados, porteadores y armas para conquistar una nueva parte del mundo y se iba solo, con una propina.

*

Pizarro abandonó Cuzco, se dirigió hacia la costa y se reunió con Alvarado en Pachacámac. Hubo fiestas, júbilo, había que olvidar las desgracias del pasado y los acuerdos del presente. Alvarado estuvo alegre y desenvuelto. Lo apodaban «el hijo del sol» por sus cabellos dorados, su altivo vigor. Y no quería desmerecer ese apodo ni siquiera cuando estaba al borde del fracaso; sí, incluso derrotado, sentado sobre un asno y vestido con harapos, igualaría a su gloria.

El encuentro había tenido lugar en un edificio del antiguo templo, donde habían dejado los baúles y encendido una fogata. No hubo percances. Comparado con su invitado, Pizarro era una figura sombría, seria, pero supo mantener el encanto. Y todo lo que Alvarado exigía le parecía justo. Rieron. Bebieron mucho. Pizarro lisonjeó a su invitado, le hizo una o dos confidencias y bastantes cumplidos. Habló de una legendaria temeridad, de orgullo, de alegría. Alvarado quería ser admirado, amado; incluso su crueldad era heroica y sincera. Aquel tono le gustó, la ebriedad le devolvió la felicidad, y contó numerosos episodios gloriosos de su vida.

Unos días después, tomó el camino de regreso. Alvarado se despidió de sus hombres y de Pizarro. Se alejó con una reducida escolta, pobre héroe de fábula. Pizarro lo vio partir con una especie de espanto; en su opinión, era un alma grotesca pero terrible, a la cual podía adscribir todo aquello que detestaba: la despreocupación, la fanfarronada. Sin embargo, al ver a aquel hombrecito alejarse, Pizarro se percató por un instante de lo ridículas que eran su propia seriedad, su maldita perseverancia. Y, mientras saludaba de lejos al orgulloso capitán que partía sonriente sin manifestar rencor alguno, sintió envidia de él.

La expedición de Pedro de Alvarado había sido una auténtica locura. La había urdido en un estado de inquietud misteriosa que siempre lo mantenía en busca de nuevos países. Había bastado con un rumor para ordenar que aquella flota preparada para el asalto de la isla de las Especias orientara sus velas en el sentido opuesto. Había enviado su docena de barcos a la conquista de un mundo del que lo ignoraba todo, sin la autorización de la corona.

Y después se había aventurado al azar en tierras desconocidas. Muchos de sus hombres y millares de indígenas murieron. Habían atravesado sin motivo altísimas montañas. Al final, todo había culminado con un lamentable trueque. Después de haber sufrido las peores miserias en aras de una gloriosa conquista, Pedro de Alvarado había vendido su ejército como si se tratara de un rebaño de cabras. Moriría años después a orillas del Pacífico, antes de embarcarse en otro viaje, arrollado por su propio caballo.

Fundación de Lima

Se funda una ciudad un poco como se abre una tienda. Para empezar, se necesita un buen emplazamiento, y piedras, cemento. También se necesitan brazos y piernas. Así pues, los soldados de la conquista tuvieron que transformarse en albañiles, carpinteros y mano de obra. Un extenso cuadrado de tierra fue reservado para la plaza de armas. La rodearían diversos palacios y la catedral. Sobre sólidos fundamentos se alzó la *Ciudad de los Reyes*. Pero pronto tomó otro nombre, corrupción de un término indígena: Rímac —que era como llamaban al río— se convirtió en Lima.

La ciudad se construyó a orillas del océano, en el centro mismo de la costa peruana. Debía ser un punto de llegada y salida para los navíos, y un lugar de encuentro para la nueva provincia. Se escogió la desembocadura de un río que ofrecía un remanso para los barcos. Pizarro había venido hasta Pachacámac para encontrarse con Alvarado, sin ir más lejos.

Para fundar una ciudad, es inútil pasarse días buscando los mejores enclaves. Basta con mirar un poco alrededor para tomar una decisión rápida y sensata. Nada más. Montar un comercio exige paciencia y algunas sonrisas, fundar una ciudad se encuentra al alcance del primero que llega. Se trazan líneas rectas en una dirección y en otra. Hace falta agua, piedras, arena. Lo mezclamos todo. También necesitamos palas, martillos, sierras y clavos de todos los tamaños. Una vez que se pone en marcha el proyecto, cada uno trabaja en su puesto y la ciudad se encarama sobre sí misma y se extiende lo más lejos posible. Raras veces se abandona una ciudad. De siglo en siglo, se agranda, se estabiliza, reanuda su camino de opulencia y miseria. Sus cementerios se alejan. Las lápidas se borran y se transforman en pórticos. Y la ciudad se extiende, ruidosa, infértil.

En ocasiones, las cosas salen bien, un gesto hecho un poco al azar da buen resultado. Incluso sobre una laguna insalubre es posible construir una ciudad agradable para vivir. Sólo se requiere un poco de buen gusto y mucho dinero. Pero en otras ocasiones, las cosas salen mal, el clima es húmedo, el ambiente lúgubre, la cuadrícula de las calles tristes se estira en medio de la neblina.

Eso es lo que ocurre con Lima, perla del Pacífico. Durante nueve meses al año, nadie ve el sol, una bruma espesa cubre la ciudad; sus edificios se impregnan de un sedimento grisáceo que les da una horrible palidez. Y sin embargo Lima, pulpo de adobes, siguió extendiendo sus tentáculos de polvo. Trepó sobre numerosas colinas, se extendió por la costa, pero en ninguna parte ha encontrado nunca nada que no fuera aquella bruma persistente. Y, si bien no carece de carácter, podemos afirmar que, al elegir aquel emplazamiento para su ciudad, los conquistadores fueron castigados.

Chile

Hernando Pizarro se encontraba desde hacía ya un tiempo en España. Había desembalado ante Carlos V hermosos tejidos de lana y de algodón mientras elogiaba a un pueblo orgulloso y civilizado de cardadores y tintoreros, y describía paisajes grandiosos, un clima sano, suelos ricos. Luego mostró las joyas, el oro, los ornamentos suntuosos. Carlos V guerreaba, mucho. Había solicitado dinero a Fugger para su elección, necesitaba oro, demasiado oro. Por lo tanto, Hernando fue recibido con los brazos abiertos. El rey debía a sus tropas millones de florines, y un buen día terminaría por convertir los créditos en préstamos a largo plazo, arruinando así a los Fugger. Una inflación duradera se instalaría en Europa; los precios de la madera, el ganado y el grano aumentarían el doble de rápido que los salarios. En 1537, Carlos V reduciría la porción de oro que había en las monedas, y sin embargo los galeones habían atravesado el océano tan cargados de metal que los cañones de las tablazones más bajas quedaban por debajo de la línea de flotación.

Pero, en ese momento, se consideraba que el oro sería el remedio. Por lo tanto, se confirmaron los títulos de Pizarro, e incluso se extendió su jurisdicción setenta leguas más allá de Cuzco. Pero también Almagro se había preocupado de que alguien lo representara ante el rey. Se le concedió el derecho a conquistar un territorio que se extendiera doscientas leguas más al sur a partir del territorio de Pizarro.

Los rumores acerca de las fabulosas riquezas traídas por Hernando excitaban la curiosidad y el deseo. La hazaña podía aturdir, pero las conquistas precedentes habían traído poco oro. Las promesas del Nuevo Mundo habían ido acompañadas hasta entonces de mucha miseria. Los réprobos buscaban en una huida tan lejana la poderosa palanca para una nueva existencia. Otros veían partir los barcos con ojos soñadores, pero se quedaban en España. Ahora era muy diferente. Los hombres habían regresado no sólo cubiertos de gloria sino también ricos. Los maravillosos relatos no mentían. Los soldados habían vuelto para exhibir su oro; se casarían con una mujer hermosa y comprarían buenos terrenos. Merecía la pena arriesgar la vida. Los relatos se hincharon de manera proporcional al éxito visible, nuevas capas de historias se yuxtaponían. Eso es hablar, escribir, ese intento desesperado por alcanzar las costas brumosas del mundo. Pero ahí no podemos fondear. Lo real se aleja o nos abofetea. Hay que decirlo, recitarlo, hacerlo morir un poco en el umbral del alma, en la lengua. Hay que hacerlo cantar.

Se preparó una gran flota. La más numerosa y la mejor equipada desde la de Ovando, con la que Pizarro había ido, treinta años atrás. Pero las tropas frescas de Ovando habían sido diezmadas por la enfermedad (más de mil hombres en menos de un año), se habían encontrado todos, en Nombre de Dios, hambrientos, sin víveres, y muchos murieron de disentería u otras enfermedades del vientre. Habían atravesado el océano para morir en la otra orilla, frente a Europa, lejos de ella. Habían llegado para arrodillarse en las olas y pedir perdón.

Las colonias son una iniquidad que exige mucho trabajo y sacrificios. A menudo, los primeros pasos que se dan para poblarlas fracasan debido al número. Un buen día llega una nueva flota, pero no hay nada preparado. Los recién llegados tienen hambre, faltan víveres; y mueren como pequeños insectos en el borde de una mesa. Habrían podido ser de utilidad para la conquista, pero nadie sabe mantenerlos con vida. Es una nube que se dispersa y muere, no se puede hacer nada. La colonia los necesita, pero no sabe cómo hacer de esa necesidad algo concreto. Entonces, a las puertas del mundo, orgullosos y tristes de su espejismo, mueren.

De la diosa tocaron las rodillas, la suerte les sonrió; creyeron descifrar una señal de los tiempos, y la entendieron bien. Pero no les estaba destinada.

*

Antes de que Hernando Pizarro llegase a Lima, tuvo lugar el primer acto de un drama espantoso y previsible. El Perú había sido ocupado, lo esencial de sus tesoros saqueado. Así pues, ¿qué quedaba por hacer? Habían deseado con ardor, con más ardor que muchos otros hombres. Habían sufrido. Tenaces, vencieron. Los despojos de un pueblo entero fueron a parar a sus manos. Habían tendido las manos en el vacío y atrapado algo. Entonces, la plenitud desfiguró los nombres de la abundancia y el éxito, y éstos se volvieron repulsivos, morbosos. Una abundancia de ese calibre había expulsado al deseo. ¿Qué más podían desear? Nadie habría podido contestar a eso. Los españoles habían conquistado un imperio, un mundo. La excitación dio paso a una suerte de angustia febril. ¿Qué harían ahora? ¿Qué sería de sus vidas? ¿Irían a explotar las minas, sembrar maíz, vender esclavos? Después de haber extendido la mano y recogido una lluvia de oro, ¿podrían seguir viviendo como seres humanos?

Sin duda, sólo les quedaba hacer una cosa. Una vez que las riquezas fueron saqueadas y el país, desde el primer gesto, puesto bajo el yugo, apenas les faltaba un acto por cumplir. Les faltaba matarse entre sí.

Y lo hicieron. Todo comenzó bastante rápido; en cierta forma, ya había empezado. Pero ahora sería más serio. Se pasaría de los bastidores al escenario. Habría que desenvainar la espada. El hermano debía asesinar al hermano, como en las Biblias. El oro no traía consigo la paz entre los hombres. Todo lo contrario. No se trataba de que cada uno de ellos hubiera deseado tenerlo todo para sí. No. Era solamente que la extraña angustia podía convertirse en una sola cosa, y era precisamente esa. Una sola acción podía mantener unida toda esa angustia y convertirla en polvo:

la guerra. No cualquier guerra. Habían guerreado contra los indios, pero no se trataba de eso. Era una guerra contra sí mismos, inextinguible, obscena, lo que hacía falta. Los españoles matarían más españoles que los indígenas a lo largo de toda la conquista. El peor enemigo del conquistador es cierta forma de victoria: la victoria total, inmediata, con resultados extraordinarios. Uno se encuentra completamente desnudo, los brazos caídos, la lengua seca, un nudo en el vientre. Entonces una angustia desconocida se abate sobre los hombres y les despedaza el cráneo. ¡Hay que levantarse de nuevo y luchar, hay que cortarse uno mismo el brazo, morderse el cuello! Y nos levantamos, gritamos, no perdonamos nada. No hay nada que perdonar. Al contrario, está todo por vengar, por volver del revés, por tirar. Hay que apoderarse del cielo, el lodo, la carne. Nada será eximido. Se matará a los cadáveres, se quemará a los quemados. No quedará nada en pie sobre el mundo. El obstáculo está en las cosas, en los seres. El mundo ha sido privado de su tesoro más bello. Se lo ha escondido, dispersado, destruido. Hay que trabajar la tierra con la espada y cavar el hueso.

*

Tan pronto como Hernando Pizarro llegó al norte de Perú, se extendió la noticia de que Almagro había recibido el gobierno de un territorio al sur de la Nueva Castilla. Almagro se encontraba entonces en Cuzco. Sin idea alguna de que los territorios de Pizarro habían sido ampliados setenta leguas, debió de considerarse por un instante el amo de la ciudad. Pero los notables se negaron a obedecerlo hasta que los documentos oficiales llegaran. Los hermanos Juan y Gonzalo Pizarro actuaron con arrogancia. Se acuartelaron en sus casas, después de haberse prodigado en injurias y calumnias contra Almagro y los suyos. Dividieron la ciudad en dos. De Soto quiso ganar tiempo, pero los Pizarro no tardaron en acusarlo de traición. Ningún acuerdo era posible, la situación empeoraba día a día. Los antiguos odios salían a la superficie. Los del reparto en Cajamarca, los del viaje de Francisco Pizarro a España y las maniobras que le permitieron atribuirse tantos títulos y derechos en detrimento de su socio. La disputa podía degenerar en cualquier momento. Pero llegó Pizarro. Apenas entró en Cuzco, se dirigió a la iglesia de Santo Domingo. Allí debió de hacer una genuflexión ante el crucifijo y pensar en el Niño Jesús. Hizo llamar a Almagro y a De Soto, pero también a sus dos hermanos.

En Francia hay una iglesia románica cuya fachada se encuentra enteramente cubierta de cuerpos, rostros y escenas cotidianos. A la derecha de este relato esculpido, de ocho siglos de antigüedad, hay dos figuras vueltas la una hacia la otra y que se sostienen mutuamente entre los brazos, en un gesto inaudito de reconciliación y amor. Sus rostros enormes están frente a frente. Así tal vez estuvieron los rostros de Pizarro y Almagro cuando se besaron en la iglesia silenciosa. Se tomaron de las manos, se arrodillaron sobre las losas resbaladizas y rezaron juntos a Dios. La paz había regresado. Sólo faltaba el astuto acuerdo decidido ante un notario, la sanción del otro todopoderoso señor: el Derecho. Las antiguas disposiciones fueron modificadas. Compartirían todos los beneficios. Se amarían sinceramente. Pizarro se mantendría a la cabeza de Piura, Cajamarca, Lima y Cuzco, y Almagro iría hasta Chile para asumir su gobierno. En suma, uno tendría todo lo que hasta el momento se había conseguido y el otro un poco de esperanza y promesas. Estaba bien así. El notario hizo su trabajo. Se firmaron torpemente las actas que nadie hubiera podido leer. Se invocó la majestad del rey, e incluso la de Dios. Y recibieron su pequeño cuerpo, hecho de harina y agua caliente, compartiéndolo. Después, todo fue muy rápido. El Rey Cabra pudo continuar su nueva misión de fundador, y Almagro partió a la conquista del viento.

Por su parte, Benalcázar había decidido lanzarse solo a la aventura. Fue más allá de Quito, detrás de las tierras que correspondían a Pizarro. Con algunos hombres recorrió las verdeantes colinas; en una atmósfera sofocante, los animales se asfixiaban, los hombres sudaban y los arzones se pudrían. Pero lentamente Benalcázar se modeló para sí un feudo húmedo, hormigueante de una vida minúscula, venenosa. Fue el gran escorpión de las colinas: sacudía los árboles con sus tenazas, y con el aguijón reventaba los pechos enemigos. A fuerza de rabia, de tenacidad, se convirtió en el amo de una jungla infestada de monos. Se llamaba Popayán, y Benalcázar reinó, libre y pobre, en esa región. Un ejército indígena rodeaba su trono. Creían que él, que apenas sabía nada, poseía un oscuro conocimiento. Se lo adoraba como a un dios hecho de arcilla o de cuerno, la pasajera figura de un mal más antiguo que cualquier otra cosa. Rugidos, arañazos. Y cuando la selva ardía durante la tormenta, lo imploraban a él, acudían a él para pedirle un rizo de su cabello.

Había hecho esculpir una estatuilla de la Virgen en madera verde. Él, que tanto había amado a su hermana menor, le había hecho, desde muy lejos, ese amable presente de madera, aquella estatuilla que los caníbales esculpieron aplicadamente para el semidiós de su selva. Una noche en que el calor apenas lo dejaba dormir, el rostro de la Virgen o de su hermana (no recordaba bien cuál) se le apareció y lo despertó numerosas veces. «Sebastián, no te olvides del cuerpecillo caliente de la Virgen, no te olvides de la vergüenza. Hazle un vestido con hojas y ponle todos los días sobre su cabeza de madera una corona de flores.

»Piensa en ella, Sebastián, piensa en ella. Hazle una canasta de lianas, un buey de paja y un esposo de fuego.»

Se levantó encendido por la fiebre y, durante semanas, galopó, ardiente y febril, entre las raíces de los árboles. De noche dormía, extenuado; sus sueños pasaban ahora por él sin dejar huella alguna. Y vivió entre algunas aldeas de tablones que él había fundado en medio de las palmeras y los pájaros silbadores.

A veces volvían a hablar de él, con ocasión de algunos incidentes, cuando una tropa se aventuraba hacia el norte y terminaba tropezándose, inocente de ella, con sus hileras de lanzas.

De Soto, harto de disputas estériles, como no veía hacia dónde dirigir su salvaje temeridad, también abandonó Perú. Regresó a España, se casó convenientemente, se convirtió en gobernador de Cuba y concibió un terrible proyecto. Optó por el vacío de un territorio adonde dirigiría un nuevo ejército. A la cabeza de seiscientos hombres se lanzó a la conquista del norte del continente. Durante tres años recorrió las marismas de Florida, las llanuras de Alabama, los bosques frondosos. Cuentan que arrastró a sus compañeros a grandes cacerías de hombres, como si un asco extraño lo hubiera convertido de pronto en un salvaje y hubiera avinagrado su sentido del honor. Quizá el vacío sobre el que caminaba lo había despojado de su humanidad y le había dado otra catadura.

En ocasiones, sin embargo, en aquellas llanuras demasiado vastas donde vivían los jefes indios, volvía a pensar en el Perú. Veía otra vez las montañas, los torrentes helados, el rostro tímido de las mujeres. Y recordaba Cajamarca, aquel cielo manchado de nubecitas, aquel fabuloso cortejo. Sí, él había visto todo eso. Había visto a una especie de dios caer de su trono de madera. Por supuesto, el Inca era un hombre como los demás, pero con sus extrañas maneras, su melancolía, su soberana autoridad, se había ganado su respeto. Él, el hombre a caballo, había sido un alivio, un apoyo para el príncipe inca. Alguien lo había tomado por quien no era, o por quien era, poco importaba, y le había gustado que alguien le hablara delicadamente de sí mismo y le confiara un poco de su dolor; él había tomado aquel dolor y lo había apretado contra sí, lo había convertido en un poco de amor. Entonces había considerado que toda la farsa de la conquista, toda aquella obra fantástica y sanguinaria servía para eso, para consolar.

Transcurrieron los años. Una hierba alta y blanca cubrió las patas de los caballos, el viento los azotó. Pero no era el vientecillo de Pultumarca, no, este viento dejaba tieso todo lo que estuviera en la llanura. Y él cayó enfermo. Lo echaron sobre unos pellejos grandes, febril, con los ojos abiertos, desnudo y crispado. Su salud empeoró. El viento helado creaba una bruma luminosa en la mañana. Entonces, ese hombre al que yo le asigno una ira salvaje y una tristeza nunca expresada, extenuado, murió. Bruscamente se aovilló, como si se dispusiera a dormir en lo más hondo de sí mismo. Y por la noche sus compinches, tan criminales como él, lo empujaron a la corriente del río Mississippi, porque era inmortal y no podía pudrirse en otro lugar que no fuese el cielo, que es a donde van los ríos, como todo el mundo sabe.

*

La salida rumbo a Chile fue muy agitada. Los soldados a los que antaño había liderado Alvarado estaban ansiosos por conquistar. Se conminó a Almagro a que abandonara Cuzco y se lanzara a la aventura. Pizarro le prometió incluso compartir Perú con él si Chile no le aportaba las riquezas deseadas; de esa forma disipó todos sus escrúpulos. Cándido, Almagro debía de serlo, pero sobre todo era un hombre dispuesto a seguir la opinión que prima, generoso, impulsivo, y le gustaba que lo quisieran. Encontraron a quinientos voluntarios. El ejército fue dividido en tres. Una vanguardia debía ocuparse del aprovisionamiento, el cuerpo principal estaría bajo las órdenes del mismo Almagro y una retaguardia cerraría el avance. Un joven capitán, Juan de Rada, iría a Lima para seguir reclutando gente y después se reuniría con ellos.

Varios miles de indígenas cargaban las municiones, las armas, los equipajes. Para que no huyeran, iban encadenados. Muchos murieron de agotamiento apenas iniciadas las primeras etapas. Se reclutó a otros. Muy rápido, la expedición se entregó a la violencia, y todos, españoles, negros y *yanaconas,* al servicio de los españoles, robaron y violaron. Eran menos un ejército que una banda de asesinos. En cuanto escaseaban los víveres, arrasaban aldeas, los caciques eran quemados vivos o empalados, las mujeres y los niños asesinados. Enseguida surgieron focos de resistencia. Un sacerdote inca que iba con ellos, Willac Umu, en quien los españoles confiaban, aprovechó la expedición para sembrar el caos y hacer un llamado a la revuelta en cada uno de los pueblos por los que pasaban. Ocho mil indios desertaron. Atravesar la cordillera fue una calamidad. En cinco largas jornadas, montones de indios, vestidos sólo con prendas de algodón y extenuados, murieron. La nieve caía mientras ellos avanzaban, a menudo descalzos, apenas protegidos. Hubo más de cinco mil muertos.

Algunos españoles perdieron un pulgar, un dedo. El sol, reluciente sobre la nieve, dejó ciegos a algunos. Estaban a punto de alcanzar los límites extremos del imperio. Un imperio frágil, cuyos pueblos acababan de ser pacificados. Y entonces se encontraron —en aquel confín del mundo— con otro español, Gonzalo Calvo. Era un oscuro criminal al que le habían cortado las orejas como castigo por sus delitos y que, sin poder soportar aquella marca infamante, había huido hacia el sur. Desde hacía tres años vivía con los indios. Tenía una carita de garduña y, como era calvo, sus orejas cortadas le daban a su rostro una fealdad estremecedora. Cuando Almagro le preguntó dónde podrían encontrar oro u otras riquezas, a Calvo se le mudó el semblante y permaneció en silencio. Los soldados lo miraban, impacientes, pero él seguía en silencio. Al final escupió en el suelo, esbozó una sonrisa aviesa y habló. «¡Aquí la sal corroe la tierra! Los indios son unos salvajes que mascan bayas y se comen a sus muertos. Aquí no hay nada para vosotros, ni siquiera el más miserable sendero; aquí no hay oro. ¡Eso no!»

Fue una conmoción. A los soldados los invadió el odio hacia esa tierra ingrata y pobre; se vieron incendiándola, pasándola por la espada. Decidieron marcharse. Había que tragarse esa terrible decepción. En Perú había ríos de oro y plata, pero aquí, en la tierra que les habían asignado, no había nada. Ni siquiera una pepita, una perla, una ciudad, una ruta bien cuidada, un rey. Aquí había salvajes, los araucanos. Pero oro no, no había oro y nunca lo habría. Dios había puesto todo el oro del mundo allá, en el Perú. Aquí había puesto espinas, arena. Aquí había puesto los más vastos desiertos de sal. Aquí el suelo escupe chorros de vapor, vomita cenizas, cubre tumbas pobres y viejas, llenas de esqueletos y pedazos de madera. Aquí Dios plantó cactus y regó la tierra con sus lágrimas. Los rostros de los españoles estaban quemados. Sus cinchas de cuero y sus armaduras estaban corroídas. Entonces leyeron otra vez las Provisiones reales y se dijeron, después de haberlas leído mejor, que eran los amos de Cuzco, que les habían engañado, que tenían que desandar sus pasos y tomar posesión de la capital.

*

Así, violenta, amarga, fue la expedición de Chile. Para su conquista habría que esperar a que murieran todas las esperanzas de un saqueo fácil y rápido. Entonces llegarían otros hombres, en busca de tierras donde se mascan incluso cactus y cardos. Vendrían de Extremadura, pero ya no serían soldados, sino labriegos. La conquista sería ardua. En 1541 se fundará Santiago, y seis meses más tarde los araucanos la destruirán. Durante mucho tiempo, Chile sería un lugar poco seguro. Cuando España se empobreció, llegaron familias enteras de inmigrantes. Pero Chile seguiría siendo pobre y lejano. Sin embargo, los inmigrantes, cada vez más numerosos, se instalaron entre el océano y la cordillera. Hundieron el arado en la tierra y la dividieron en pequeños rectángulos donde crecieron las zanahorias. Otros utilizaron la hoz, trabajando la tierra con sus brazos, en las laderas de las colinas. Y después, mucho después de la independencia de las naciones sudamericanas, Chile se convertiría en una verdadera potencia. Emprendería una guerra contra Perú y ocuparía Lima. Sería la victoria de los agricultores sobre los descendientes de los soldados. Después de 1861, Nueva Toledo se convertiría en algo más que esa pequeña franja de sal de la que huyeron los conquistadores. Pero, de momento, Pizarro se había deshecho de Almagro. Este último estaba muy lejos de Perú. Con el rostro compungido y los bolsillos llenos de arena.

Revuelta

Pizarro se encontraba en Lima, Almagro todavía en Chile. Cuzco estaba en manos de Juan y Gonzalo Pizarro, que recorrían los campos aledaños a la cabeza de pequeñas cuadrillas y sometían la ciudad a sus caprichos. Parecía atraerles una crueldad simple, inocente. Para asegurar el reaprovisionamiento, aterrorizaban a los pueblos cercanos; no dudaban en matar, en torturar, como si buscaran experimentar en los demás sus propias desdichas. Pero los días eran demasiado cortos, no se llevó a cabo nada, y erraban en la noche, con el rostro triste, entre sus deseos y ese fantasma que, durante el día, sobre la tierra, nadie puede ver.

Dormían mal y, de madrugada, daban vueltas entre las sábanas, incapaces de volver a conciliar el sueño. El viento barría las montañas, el fuerte olor que la tierra desprendía al alba los mantenía despiertos. Y salían a la luz del día en sus caballos para levantar el polvo con sus cascos, para huir del olor a hierro y cenizas. «¡Ven a morir conmigo!», murmuraba uno de los hermanos al oído del otro, y ambos se levantaban con gestos lentos, sin despertar a sus hombres, y partían a galopar. Por la noche había llovido, el aire estaba transparente, la arena apelmazada. Sus mejillas estaban frías. Las manos heladas apenas podían sujetar las riendas.

Poco después de la partida de Almagro, Manco Inca escapó, horrorizado ante tanta desgracia, estupefacto por haberse asociado con semejantes salvajes. Partieron de inmediato en su búsqueda. Los jinetes lo encontraron en la angostura de Muyna y tuvo que dar media vuelta, con los pies encadenados.

Desde entonces era un prisionero. Gonzalo había ordenado que lo desvistieran y le colocaran pesadas cadenas alrededor del cuello y de los tobillos. Desnudo, sin alimento, lo dejaron a merced de quienes otrora fueron sus esclavos. «¡Ven a morir conmigo!», le murmuraban. En ocasiones se dedicaban a golpearlo noches enteras. Un guardián le había hundido en la nariz una vela encendida. Dormía echado en el suelo, «no ves mis manos que te acarician, mi boca que te calienta», y se quedaba inmóvil durante horas, como un cadáver.

Muy rápido, el Inca suscitó entre aquellos hombres un oscuro sentimiento. Ahí tenían a un príncipe encadenado, desnudo, entre cuatro paredes. Las puertas se entreabrieron. Pero todavía algo los retenía, un círculo de oro rodeaba al Inca y lo protegía.

Juan y Gonzalo lo visitaban, se quedaban en la puerta, en la corriente de aire, mirando aterrorizados ese cuerpecito negro. Pronto abrieron las puertas un poco más. Ellos también querían posar sus narices sobre ese rostro, sobre ese pecho.

Y acudieron con las mujeres del Inca para mostrarles esa insignificancia, todo aquel temible andamiaje ahora tirado por el suelo. En efecto, se trataba del Inca, echado sobre las losas; era su ojo, su frente, su piel. Pero no decía nada, se mantenía en la sombra, postrado, mudo. Entonces, enloquecidos por no sé qué chirriar de cerrojos, de hojas o de nubes, violaron a sus mujeres delante de él, con indiferencia, con frialdad. La pequeña serpiente negra se hundió en la boca violenta. Hubo un olor a sangre, después un silencio que dolía. El Inca se había mantenido con la mirada gacha, sin hacer un solo gesto. Aquella noche sus carceleros, borrachos, orinaron encima de él.

Por todas partes reinaba una atmósfera de extorsión, de rapiña y violencia. Las haciendas y las minas, que Pizarro había distribuido entre sus soldados, eran explotadas con brutalidad. La exasperación iba en aumento. Los indígenas, sumidos en una maraña de miedos y creencias, pensaban que aquellos rostros iluminados por otra vida, llegados hasta aquí como la pólvora, iban a labrar la roca, quemar los dedos, los labios, el cielo. Pero he aquí que no eran más que una pandilla de rateros, se habían equivocado, y el fervor remitió. Los españoles habían saqueado la capital, mancillado las tumbas, profanado los templos. Y se habían echado unas risas burlonas al acercarse a las cimas.

En otro tiempo, el poder inca era implacable, autoritario, pero previsible, prestaba a su pueblo una atención desdeñosa. Los conquistadores se comportaban como si tuvieran que abandonar el país al día siguiente. Se habría dicho que iban a acumular todos los tesoros, todas las mazorcas de maíz, todas las patatas, todas las frazadas de lana y algodón, y a meter a la población entera en una enorme plaza de armas para después quemarlo todo. Luego, borrachos y fuera de sí, reanudarían su camino por la tristeza de la tierra.

*

Fue el gran sacerdote Willac Umu quien inició la revuelta. La profanación del templo del Sol había sido para él una afrenta irreparable. Había aprovechado la expedición de Chile para atizar el descontento de los pueblos. Desde su entrada en Cuzco, había juzgado con severidad a aquellos hombres, y nada había podido atemperar su desprecio. La coronación del Inca le había parecido una simple maniobra destinada a facilitar el saqueo. Los hechos le dieron la razón.

La revuelta comenzó con la masacre de los españoles aislados, los encomenderos, aquellos que explotaban las tierras. Enseguida se corrió la voz de que habían masacrado a un puñado de soldados cerca de Jauja. Luego se habló de un ataque cerca de Vilca, y luego de otro y de otro más. Juan de Rada, a quien Almagro había encargado viajar hasta Lima para reclutar hombres, comprobó que se habían vuelto las tornas. Los indígenas habían vaciado todas las reservas, y a su paso por algunas ciudades sostuvieron algunas escaramuzas.

La represión fue inmediata y cruel. Pero las fuerzas de Pizarro estaban dispersas sobre un vasto territorio muy difícil de recorrer y en el que no era difícil tender toda clase de emboscadas. Los colonos, que recientemente habían partido para tomar posesión de sus tierras o de sus minas, se reunieron en Cuzco. Estaban inquietos.

Cuando Hernando Pizarro llegó a Cuzco, encontró la ciudad inmersa en un clima de tensión extraordinaria. Contaban que pueblos enteros se habían rebelado, que el ejército de Almagro había sido destruido. Tenían la sensación de que, día a día, la ciudad se despoblaba, cada vez había menos indios. Las calles parecían vacías, las casas abandonadas. Hernando tenía un centenar de infantes y casi igual número de jinetes. Era poco. Sin embargo, no estaba preocupado. Había obtenido del rey la encomienda de la Orden de Santiago para él, y para su hermano Francisco el título de marqués. Era como si les hubieran puesto sobre la frente una corona de paja.

Para cimentar aún más su posición, le prometió al rey una donación. Y ahora era necesario recaudar ese regalo que le ofrecería. Arrebató un poco de oro a los españoles, pero eso irritó a todo el mundo. Entonces, volvió la mirada hacia lo que el Inca poseía. Aquello empezaba a volverse una costumbre: apenas se necesitaba algo, encontraban a un Inca, lo colgaban de los pies, y las riquezas caían de sus bolsillos como las llaves de nuestros pantalones.

Fingiendo estar indignado y conmovido por lo que le había ocurrido a Manco Cápac, Hernando ordenó que lo liberaran. Castigó a algunos hombres, echó una reprimenda a sus hermanos y de inmediato pasó a sus tejemanejes de simio. Pero ahora Manco Cápac los conocía, ya le habían hecho la jugada de las caritas amables, del teatro de marionetas. Sabía que a los españoles los atraía como un imán algo que baila en la luz. Era un polvillo diminuto y desnudo como un cadáver, que él no veía, pero que bailaba ante los ojos de aquellos hombres y los hacía sufrir. ¡Ah! Cómo anhelaban aquella pequeña vértebra de mosca, maceración del alma, fuego, veneno. Y debían ir a buscarla al centro de las cosas; tenían una cita, allá lejos, donde uno se hace clavar el corazón.

Así, cuando Manco Cápac mencionó una estatuilla de oro escondida en Yucay, Hernando Pizarro vio abrirse el cielo monótono, oyó esa musiquilla pura y estridente que tanto amaba, la que ya había escuchado en Cajamarca y la que él mismo había tocado en la corte española. Y le pidió más detalles, menos para asegurarse de la verdad de sus palabras que para volver a sentir cómo el hacha golpeaba en su corazón. El Inca prometió traer una estatua de oro macizo, imagen perfecta de su padre. Hernando quiso saber si la estatua era de talla humana y, cuando vio que el Inca confirmaba sus deseos, sintió ascender por su rostro una densa oleada de sangre.

Es en ese momento cuando (contra todas las leyes del entendimiento) la débil brisa corta la tela. Hernando, de ordinario desconfiado, dejó partir al Inca en busca de la famosa estatuilla. Muchos soldados se inquietaron con su partida, pero Hernando siempre decidía solo. La promesa era tan tentadora que no pudo resistirse. Incluso autorizó al Inca a partir en compañía de Willac Umu y sus seguidores, sin apenas escolta española.

No obstante, horas después, al advertir el alcance de su necedad, cambió de opinión y envió a sus mensajeros a Yucay. Pero el Inca y el gran sacerdote ya habían desaparecido por un fino resquicio en los relieves calcáreos.

*

La Historia está hecha de convergencias centenarias y de la audacia de un instante. Fue necesaria la invención del cristal, el trabajo de miles de artesanos en los vitrales de Reims y Namur para descubrir la lentilla, y los niños tuvieron que jugar durante mucho tiempo a hacer un rulo con la mano y apuntar al cielo para que el catalejo llegase al mundo y pudieran ser «contempladas metódicamente las maravillas de Dios».

He aquí, pues, el cielo y la tierra. Entre ambos, esa línea fina, muy fina, aunque definitiva. Existe el día. Existe la noche, con su brusca revelación del espacio: el vacío oscuro y esa misteriosa nomenclatura de astros y constelaciones. Las estaciones parecen llegar del cielo, el sol candente decide si se alargan o se encogen las sombras. La luz es el más fascinante de todos los ídolos; está muy cerca, pero su fuente es la más lejana. El sol es la fuente de la luz y el único cuerpo celeste vivo que no podemos ver. Para eso sería necesaria una luz más fuerte que la suya. Y eso no existe.

No obstante, el sol se había alejado de la tierra, el corazón estaba aterrado. Unas lucecitas quemaban los ojos, pinchaban la piel, y parecían querer ocupar el lugar del sol. Esas luces iban a expulsar el azul del cielo, a blanquear los sueños, a hacer palidecer las flores.

Y Manco Cápac intentó restablecer la preeminencia del sol. Huyendo de los españoles, se refugió en las montañas, en un lugar, entre la hierba áspera, la piedra negra, donde no irían a buscarlo. Y reunió a los caciques de la zona y les contó lo que amenazaba con destruirlos. Les habló de los españoles, de sus duras marchas, de sus repentinos actos de violencia, de la crueldad. Les dijo que sin duda vendrían, que ni siquiera aquí nadie estaba seguro, que no había lugar en la tierra donde sentirse a salvo. Que ellos lo querían todo, las riquezas, evidentemente, pero también los pensamientos inocentes, el amor de Dios, el viento que sopla.

Entonces se decidió que había que expulsar a los españoles, librar una guerra total contra ellos. Enviaron mensajeros a todas partes. Éstos recorrieron rápidamente las diferentes provincias, murmurando que había llegado el momento, que el Inca había vuelto a ponerse su calzado blanco, que marcharía a la cabeza de su pueblo, reavivaría el fuego. De pronto, el país entero se alzó.

Primero, Jauja fue destruida. Capturaron a dos españoles, a un negro y algunos caballos. Y de pronto una voz susurró al oído del Inca lo que debía hacer: tenía que aprender a cabalgar. Entonces, con una rama en la mano, el Inca subió al caballo, y junto al soldado español, cabalgó, la espalda empapada, jadeante, serpenteando por los caminos de arena. A lo largo de las cimas, el Inca trotaba, caía, volvía a montar, apretaba entre sus dedos el hilo trémulo de su luz. Aprendió a ensillar y alimentar él solo a sus animales; y pronto, después de despedir a su maestrito, montaba de buena mañana, frotando las crines con amor, el alma límpida.

En Jauja, se había cuidado de llevar consigo los arcabuces y recoger las armas de los cadáveres. El enemigo tenía detrás de él a Arquímedes y Pitágoras. Había que apropiárselos. Entonces el Inca hizo que le enseñaran a preparar pólvora y a utilizarla. Quiso mezclar lo amarillo con lo negro, juntar el salitre, el azufre, el carbón. Fueron a rascar los muros húmedos, a rebuscar en la tierra. Después aprendió a apuntar, a disparar, a recargar. Algunos de sus hombres hicieron lo mismo. Había que aprender, ejercitarse. Los dioses eran poderosos y crueles, y ellos les hurtarían el caballo y el fuego.

*

De repente, la llanura se llenó de gritos y de sonidos de instrumentos musicales. Una inmensa tela oscura se desplegó. En las colinas, por encima de Cuzco, avanzaba una temible muchedumbre. Y los indígenas rodearon la ciudad con numerosas columnas bien organizadas y rápidas. Los españoles, sin tiempo de defenderse, tuvieron que huir de esos ríos de lava roja. En muy poco tiempo, las tropas indígenas se habían esparcido por toda la ciudad y cerraban los brazos de su tenaza.

Lanzaron un ataque metódico y veloz contra la fortaleza. Se oyó el silbido de las flautas, el sonido de las trompas. Los indígenas avanzaban con rapidez, ocupaban ya los barrios altos de la ciudad después de obstruir las calles con vigas y piedras.

Los españoles se replegaron a toda prisa en la plaza principal, levantaron tiendas improvisadas, ocuparon dos casas vecinas que fortificaron como pudieron. En menos de una hora, estuvieron a punto de perderlo todo. Su fulgurante victoria amenazaba con convertirse en un rotundo desastre. Acomodaron a los heridos en lugar seguro y Hernando ordenó a sus hombres que se atrincheraran. Entonces les cayó una lluvia de piedras, violenta, asombrosa. Las tiendas se desmoronaron, un hombre perdió un ojo, reventado, y el campo español se convirtió en un visto y no visto en un montón de piedras.

En adelante, los indios eran dueños de la ciudad; en breve

ocuparían también la fortaleza. Sólo quedaba un pequeño reducto de hombres protegidos por sus caparazones metálicos. Doscientas barbas flacuchentas y sucias se arrastraban por la gran plaza, pero dentro de poco tendrían que entregar ese último cuadrado de tierra y salir corriendo, llevándose consigo sus pestilentes animales y su maldita pólvora.

Entonces los españoles vieron caer su estandarte. Las siluetas indígenas se agitaban en lo alto de las murallas. La fortaleza había sido tomada. ¿Qué iban a hacer? ¿Qué refuerzo esperar?

Ninguno. Ese día tendrían que arreglárselas solos, con la pólvora y el caballo, con el acero y la falta de escrúpulos. Tendrían que llevar la osadía hasta el límite. Tendrían que paladear el sabor de la sangre con más apetito. Tendrían que gritar muy fuerte.

La cabeza de un apóstol había llegado en un barco a la deriva hasta Galicia. Había sido inhumada y, después, se había convertido en objeto de peregrinación. De todos los rincones de Europa acudían a Saint-Jean-Pied-de-Port, cruzaban Roncesvalles cantando e iban a sonarse las narices en las escaleras de Compostela. «¡Santiago!» había servido en muchas ocasiones de reconstituyente para las huestes deprimidas. Durante mucho tiempo hizo las veces de «¡arre!» lanzado al viento. Las tropas habían recorrido Asturias y las llanuras de Castilla dando ese gritito de amor a voz en cuello. Gracias a él, habían llegado hasta las columnas de Hércules e incluso un poco más allá. ¿No iba a obrar de nuevo su prodigio y rescatar a los jinetes de España en su cruzada en pos de pepitas?

La jornada se terminó en silencio. Tenían un nudo en la garganta, las manos pringosas; por momentos un sordo rugido les llegaba del exterior. Hernando ordenó los turnos de guardia y, como pudo, levantó la moral de sus tropas.

La noche fue corta y fresca. Algunos, los que habían estado en Cajamarca, se decían que la vida está llena de azares: el picaporte se abre y cierra sobre lo que soñamos, y después el cuerpo cae, la idea muere.

Juan Pizarro se mantiene aparte. Piensa en Manco Inca y en la difícil tarea que les espera. Tiene vergüenza. Después recuerda a todas esas sombrías mujercitas que ha tocado. Se mira las manos, «¡Dios, qué enclenques son también!», y vuelve a ver sus pequeños senos con forma de jorobas de camellos, las espaldas estrechas, los cuerpos infantiles. «¡Ven conmigo! ¡Ven!» «No, no viene nadie, el verano se acaba, voy a morir.»

En la noche cerrada, Hernando se echó en el suelo. España estaba lejos. No había vuelto a ver su casa natal ni a aquella mujer con la que en ocasiones soñaba. No había intentado calmar ese pequeño dolor que sentía. Había pasado su periodo en la corte al acecho de cualquier otra cosa. Pero, aquella noche, el pequeño arroyo acababa de correr cerca de sus piernas, a lo largo de su garganta. Sintió el hilo de frescura contra su mejilla y se estremeció. Posiblemente aquí, en el polvo, terminaría su carrera de capas y plumas. Con el pie empujó una piedra y después respiró profundamente, como si quisiera escuchar su propio aliento atravesando toda su osamenta, mensajero nocturno, neblina.

De pronto se hizo el silencio, algo se arrastró hacia él; se sobresaltó. Era Martín Bueno, que venía a acostarse. Hernando miró su cara de topo, y el vivo resplandor de sus ojillos lo estremeció. ¡Entonces era eso la locura del día, la felicidad! ¡Con esa mirada se escruta la noche y no se tienen sueños!

No. No terminaba aquí el sonido de las campanas. Se iría, el sol en el cuerpo, los labios azules, a través del claro. No lo alcanzarían. Pasaría repentinamente sobre esa madera podrida y llegaría al otro lado, donde el cielo es bermejo, donde los cuerpos están en llamas.

Se durmió poco antes del alba. Y soñó. Algo negro, confuso, lodo.

Por la mañana, al principio se notó la cabeza pesada, dio algunas vueltas en la penumbra de su recámara. Después salió. Entonces vio la hilera de indios, con la frente muy alta, y decidió que el día comenzaría temprano. De repente, apremió a sus hombres, les dijo que se prepararan de inmediato. Montó sobre un caballo, apeló a su coraje, les prometió la vida, la muerte y la eternidad. Una quincena de jinetes se precipitó a la plaza. Se lanzaron al galope sobre la compacta muchedumbre de guerreros indígenas, sin duda esperando que éstos huyeran.

La espesa cinta de guerreros retrocedió un instante, pero después volvió a su lugar, repeliendo, como las grandes mareas lo hacen con los pequeños obstáculos, a los jinetes españoles. Algunos habían roto las líneas indígenas, y detrás de ellos la muchedumbre se cerró. Se encontraron solos, aislados en una ratonera, perdidos; los caballos, entre tantos enemigos, no podían hacer nada. Un jinete, Francisco Mejía, logró abrirse paso entre la multitud, sólo un instante, pero su caballo se asustó y retrocedió. Intentó romper el cerco una segunda vez, pero el reflujo, a contracorriente, lo arrastró. Las hordas, entre alaridos, se cerraron sobre él. Lo decapitaron. Desmembraron su caballo. Arrojaron en medio de la plaza las cabezas y los pedazos de los cuerpos de ambos. El pavor se apoderó de los cristianos. El día de gloria había terminado.

Y sin embargo esa revuelta indígena, una de las primeras de una larga serie de amotinamientos, desde la de Higüey, treinta años antes, hasta los merodeos de indios seminolas, trescientos años después, será una mariposa de espuma sobre el océano. Pequeño copo de espuma y de luz, atrae la mirada cuando cae la noche; solamente se lo ve a él, sobre las olas, manteniéndose un instante sobre la frágil cresta, pero si uno lo toca desaparece, se derrite, tan ligero como la ceniza, o tan luminoso como la llama, como se quiera.

*

En el mismo instante en que Hernando iba a ordenar un nuevo ataque, la ciudad empezó a arder. De pronto, la mayoría de los techos se inflamaron como antorchas. Parecía que, en un segundo, un rayo se hubiera abatido silenciosamente sobre toda la ciudad. Los españoles creyeron que estaba atormentándoles el diablo. Rogaron al cielo. La señal de la cruz sirvió a una religión de trueno y de fuego. Gritaron los nombres de la Virgen y del

Niño Jesús como los druidas vociferan los nombres de sus divinidades uranias. Pero pronto se dieron cuenta de lo que ocurría. Los indígenas lanzaban flechas en llamas sobre los techos de las casas. Las viguetas y los haces de paja ardían con rapidez. Lanzaban con hondas piedras ardientes y, salvo algunos lugares sagrados, todo fue destruido.

Y en el templo del Sol se refugiaron los españoles. Lo habían convertido en la iglesia de Santo Domingo, y debieron de apretujarse en el coro, como un ejército de chiquillos, y sin duda volvieron a ver las huellas de sus crímenes, las paredes desnudas, las humillantes marcas que había dejado su saqueo. Acuclillados y pegados a las paredes de color gris antracita, los españoles debieron de entonar una cancioncita de su infancia mientras se cogían de las manos para pedir perdón, perdón a los pueblos diezmados, perdón a los rebaños degollados, perdón a los tesoros dispersados, perdón a las hierbas del campo, perdón a todo. Pero, sobre todo, debieron de suplicar, invocar, gemir. Por lo demás, si seguían vivos era por la piedad del enemigo, que quería salvar de la quema no la reciente iglesia, sino el templo del Sol. Los españoles se habían mostrado invariablemente desleales e impíos. Los indígenas, por su parte, querían deber su victoria únicamente a su dios, no a cálculos vulgares o a la astucia. No querían una victoria que pudiera estar manchada de sacrilegio. Tanta era su fidelidad, y tan grande fue su error.

Ahora la ciudad entera estaba en llamas. Una espesa humareda se extendía por todas partes. Irritaba los ojos, cegaba a los soldados y les impedía seguir luchando. Se quedaron en el templo, postrados, cubriéndose la boca con una tela húmeda. Se asfixiaban.

Sin descanso, los indios hostigaban a los centinelas apostados cerca de las puertas. Durante varios días, los ataques fueron tan frecuentes que les era imposible descansar. Nadie podía dormir, había que estar siempre listo para luchar. Entonces un terrible desánimo se adueñó de los corazones, hablaron de dejar el país. La mayoría de los hombres estaban desesperados, sopesaron la idea de salir de allí de manera repentina, después escapar hacia la costa, alcanzar el istmo, viajar hasta la tan añorada España. En aquellos instantes se oyeron los sempiternos «nunca debí hacer» esto o lo otro, los «por qué no me quedé». Pronto empezaron los reproches. Acusaron a sus mandos de haberlos arrastrado hasta esa situación. Lo achacaron todo a su negligencia, a sus crímenes.

Pero, frente a esa atmósfera de abandono y derrota, los tres Pizarro y Gabriel de Rojas reaccionaron con firmeza. Descubrieron, en lo más hondo del cansancio, tan en lo hondo que quizá nunca habían estado allí, una sensación novedosa, como si de pronto el propio cansancio les proporcionara fuerzas, como si existiera, allá abajo, una reserva de agua pura. Cuando cualquier vida está a punto de abandonar el cuerpo, a veces, en el alma, ocurre algo. Se diría que el alma, totalmente desnuda, recupera su esencia pródiga. Y, de pronto, de ella surge, evaporada, una postrera nube.

Así pues, en el mismo momento en que la mayoría de los soldados cedían al desaliento, se produjo un arrebato de esperanza. Ya se habían hecho famosos venciendo en combates más duros. Recordaron los triunfos, los episodios felices. La situación parecía tener salida. ¿Acaso no era un simple amotinamiento, el último espasmo de un cadáver? Ahora dominaban un extenso territorio, ya no estaban solos. Tenían aliados y podían esperar refuerzos. No obstante, si retrocedían, los indígenas recuperarían la confianza y sería el final de un reinado fabuloso; los indios sabrían que los españoles no eran invencibles, que se podía, con mucha valentía y arrebato, acabar con ellos. Una victoria, por el contrario, cortaría de raíz cualquier futuro intento de lucha. Se trataba de una guerra a la desesperada, el ardor de los indios lo demostraba. Era el final. Estaban jugándose su última dosis de esperanza. Después de eso, se someterían sin chistar. Era la última coz.

Los hombres se dejaron convencer. En efecto, la huida habría sido dura. Una debacle trae consigo tantos padecimientos como una lucha a muerte. Se pierde la vida a la vez que el honor. Era mejor mantenerse en pie e intentar lo imposible. Aquella utopía del instante les resultaba familiar. Después de todo, eran duchos en asaltos, celadas, golpes de mano inesperados.

Esta vez, sin embargo, otros habían tomado la iniciativa. Los españoles debían contraatacar, resistir, afianzarse, y no estaban acostumbrados a eso. Solían llegar por sorpresa, galopar a través de la llanura, los puños apretados sobre sus deseos. Hasta ahora, surgidos como de la nada, se habían arrojado sobre los pueblos como el oso sobre la miel. Pero ahora ese pueblo los conocía, sabía que bastaba con hacerlos caer de sus enormes animales y destrozarles el cráneo a hachazos. Ese pueblo sabía que los españoles no respetan nada y combaten con toda su alma y todo su cuerpo, y que no guardan nada para Dios.

Fue, pues, laborioso y mortífero. El sendero que llevaba hasta la fortaleza de Sacsayhuamán es en algunos trechos muy angosto. Lluvias de piedra recibieron a los primeros jinetes, y hubo que subir, bajar del caballo, continuar a pie, retroceder de nuevo y después regresar. En las calles había empalizadas, parapetos y todo tipo de obstáculos que superaron bajo la permanente amenaza de los indígenas. A algunos soldados los tiraron del caballo y los lincharon. Otro estuvo a punto de morir sepultado bajo una lluvia de piedras. Al fin, los españoles rodearon la ciudadela. Tomaron un desvío por la gran explanada que recorrieron la primera vez que entraron en la ciudad y, salvando colinas y quebradas, se acercaron a la fortaleza.

Decidieron esperar a que cayera la noche, sabían que los incas no combatían después del anochecer. Una tradición que conllevó el supremo error. Para los españoles la guerra era la guerra, no había más. Por la noche no se enfundaban las armas, nunca había tregua.

Así, los españoles aprovecharon la noche para franquear la primera muralla. En la entrada habían alzado un muro de piedras. Las quitaron. Más allá había otra barricada. Era una noche clara y llena de esperanzas. Juan Pizarro había dirigido una parte de la ofensiva y se regocijaba con sus soldados. Se quitó el casco; tenía una herida en la mandíbula y no lo soportaba más. Sacudió la cabeza para refrescarse. Unas gotas de sudor le cayeron sobre los ojos. De pronto, una pesada piedra cayó desde lo alto de las murallas y le rompió el cráneo. Perdió el conocimiento. Un líquido blanco se le deslizó por la frente. Sus piernas se agitaron como las de los insectos cuando se los mata. Una inmensa pesadumbre embargó a todo el mundo. Acababan de recobrar las esperanzas y he aquí que el hombre que más los había alentado con su coraje caía con la lengua colgando, los ojos vidriosos. Lo llevaron a un lugar seguro y allí agonizó durante dos largas semanas. Clavado a su camastro de paja, la mayor parte del tiempo inconsciente, a veces abría un ojo —ojo de caballo, de mirada vacía y enloquecida—. Y con el ojo desmesuradamente abierto, por el dolor o por el amor, le parecía distinguir justo ahí, justo a su lado, sujetando sobre su frente el paño tibio, a una mujercita oscura.

A la mañana siguiente reiniciaron el ataque. Atravesaron con grandes dificultades las otras murallas. El asalto dejó tras de sí miles de cadáveres. Los indígenas cubrían con su carne muerta el terreno que habían cedido. Cuando el hambre, la sed y la evidencia de la derrota aunaron sus fuerzas, algunos huyeron, pocos se rindieron. Ningún español sabía dónde se encontraba el Inca y luchaban por hacerse con la ciudadela, esperando apresarlo.

Al final del día, cuando Sacsayhuamán estaba a punto de ser recuperado, vieron a un grupo de indígenas abandonar sus armas. Muy erguidos, caminaron lentamente, muy lentamente, hasta el borde de los muros. Allí, rodeados de enemigos por todas partes, permanecieron un instante ante el vacío, y después se dejaron caer, hastiados, agotados.

El día se apagó. De nuevo, charcos de sangre, pedazos de carne. Los negros reagrupaban a los muertos. Los soldados distribuían velas.

El sitio continuó durante varias semanas. Los indígenas impedían que llegase el menor reaprovisionamiento. Cada cierto tiempo, la ciudad sufría breves ataques que eran rápidamente rechazados. Gabriel de Rojas abandonó Cuzco con algunos jinetes; había que encontrar algo que llevarse a la boca, buscar graneros, rebaños, cualquier cosa. Incendió algunos pueblos, bordeó varios ríos, llegó a Urcos, a Quequesana, vagó por la región durante una veintena de días y terminó trayendo consigo dos mil cabezas de ganado.

Pero no había nada más y la ciudad todavía estaba muy poblada. Los españoles se repartían las últimas reservas, y cundió el descontento. El hambre empezó a acuciar a los indios. Se reforzaron las guardias alrededor de los palacios. Las calles de Cuzco volvían a vaciarse, como si se preparase algo. Los españoles creyeron que se avecinaba otro ataque cuando, de pronto, el enemigo desapareció. Hernando se temió una trampa. Los jinetes recorrieron los alrededores, pero ya no había nadie.

Los días siguientes cabalgaron más lejos. Vieron largas hileras de indios atravesando las llanuras vacías, abandonando la región. Era como si el tiempo hubiera anunciado el final, como si las puertas fueran a cerrarse y hubiera que irse de inmediato, so pena de no poder irse nunca más. Y, en efecto, era un poco eso. Era época de siembra. Había que sembrar para vivir. Y como el ejército inca era un ejército de campesinos, debía regresar siempre a casa por esa época para remover la tierra.

Ollantaytambo

Los jinetes españoles efectuaban incursiones alrededor de la ciudad. Trotaban por rutas desiertas, y en ocasiones creían sentir ese polvillo de emoción que rodea a los objetos. Atravesaban pueblos desiertos, como al comienzo de la conquista. A veces aparecían algunos indios sobre las cimas; los españoles se precipitaban hacia ellos, pero los indios no se movían y los jinetes daban media vuelta, como perros cansados. Cuzco tenía hambre. Esperaban que ocurriese algo, no sabían qué. De todas las provincias aledañas, los indígenas afluían hacia el Inca: campesinos desarraigados, artesanos sin trabajo, esclavos prófugos. En otras partes, la gente acude para rezarle al anillo de María y a algunas gotas de su leche; aquí llegaban para ver el rostro de Manco Cápac, para escuchar sus discursos. El Inca había encontrado refugio en una fortaleza de los alrededores, Ollantaytambo. Se guarecía allí, en el negro susurro de la desdicha, sobre una colina.

Pizarro, preocupado ante la falta de noticias, envió desde Lima a setenta hombres liderados por Gonzalo de Tapia. Murieron en una emboscada y los remataron a pedradas. Envió nuevos refuerzos, esta vez bajo las órdenes de Diego Pizarro de Carvajal. Los masacraron en el valle del Mantaro. Juan Mogrovejo de Quiñones partió después. Nunca más volvieron a verlo. Alonso de Gaete tomó también el camino que llevaba a Cuzco. En Jauja, su pequeño ejército fue derrotado, pero algunos supervivientes escaparon. Francisco de Godoy también partió para restablecer el orden pero, tras cruzarse con los aterrorizados supervivientes, se dio media vuelta.

*

Presas del temor, enviaron navíos hacia Panamá, Nicaragua o Nueva España. Pidieron ayuda. Expidieron mensajes a todas partes a fin de reagrupar las tropas dispersas por todo el Perú. Esas llamadas de auxilio recorrían distancias infinitas, se extendían desesperadamente en el vacío y se evaporaban en cualquier parte. Los españoles todavía podían ser expulsados del Perú sin dejar más huellas que algunas hebillas de bronce y cascos de hierro. Todavía podían ser engullidos enteros por esa vasta tierra. Sus voces, llenas de su violenta verdad, habrían seguido dando vueltas alrededor de los árboles, pero ellos habrían desaparecido tras una breve jornada de cólera.

Ningún español había transitado entre Cuzco y Lima desde hacía varios meses. Un espeso matorral había afilado sus espinas. En Lima no sabían nada del cerco de Cuzco. Unos centenares de hombres vivían separados por montañas, ríos y lluvias heladas. Casi cuatro años habían transcurrido desde que el Inca había caído de su trono, lo cual era a la vez poco y mucho. Los españoles seguían igual de solos en medio de los pueblos y las montañas, quizá todavía más. En ocasiones se preguntaban si algún día ocuparían todo el espacio, si a fuerza de violencia y persuasión sus manos se hundirían en esa tierra.

En Cuzco no se hablaba más que de esa ciudadela en la que Manco Inca se había establecido. Los indígenas hablaban de ella, también los españoles; se oían de ella las cosas más inauditas. Así, pese a su aislamiento, a fin de evitar nuevos desórdenes, los conquistadores buscaron una solución. Con setenta jinetes, Hernando Pizarro dejó Cuzco y tomó la ruta de Ollantaytambo. Pasaron por el valle del río Urubamba, acamparon en Yucay y, temprano por la mañana, retomaron la ruta. Hacía buen tiempo, el cielo era azul, florecitas amarillas cubrían las orillas del río. Avanzaban a buen paso en medio de una bruma perfumada, a lo largo de las colinas de color verde pálido. Hernando avivaba el paso de su caballo, esperaba encontrar una facción del ejército enemigo, masacrar a muchos indígenas. Quería demostrar que no tenía miedo de su número y, con una acción intrépida, recordar la valerosa temeridad de los conquistadores.

Pero nadie aparecía. El campo estaba vacío. Ningún soldado del Inca, ninguna silueta en los desfiladeros, ninguna tropa en los campos. Se hubiera podido decir que el país había sido golpeado por el silencio. Los españoles trotaban en líneas apretadas. Un penoso sentimiento los invadía, un miedo insidioso. Se sentían espiados, seguidos.

Cuando atisbaron Ollantaytambo, creyeron que la fortaleza estaba vacía. El avance era más dificultoso, la tierra se pegaba a las pezuñas de los caballos, haciéndolas más pesadas. El cielo era blanco. El mismo Hernando sintió que su mano de arcilla sujetaba mal las riendas, se notó la boca seca, y miraba con ansiedad las colinas cercanas. Pero no había nada, ni una sombra, ni un movimiento. La llanura estaba salpicada de charcos, había que avanzar despacio para no resbalar. Sin embargo, Hernando se negaba a aminorar el paso y pronto se distanció un poco de los demás jinetes. Deseaba ver a aquel Inca sentado en su trono de piedra, ese cuerpecito moreno que atraía hacia sí a todas las voluntades del imperio. Y apretó aún más los flancos de su animal. El caballo dio un resbalón. La ciudadela era como una alta escalera de piedra en la ladera de la montaña. Habría que hacer algunos disparos con los arcabuces y después trepar por los gigantescos escalones.

De repente, un jinete cayó. Hernando se dio la vuelta sobre su montura: los hombres avanzaban dispersos, algunos iban muy rezagados. ¿Qué ocurría? Daba la sensación de que del suelo salía agua y que ésta ascendía lentamente. Hernando gritó a sus hombres que se reagruparan y apretaran el paso. Pero Gabriel de Rojas pidió que se avanzara más lentamente, pues los caballos chapoteaban, o que desmontaran y siguieran a pie. Hernando se negó. Siguió adelante con su caballo por la tierra húmeda.

Manco acababa de ordenar que abrieran las compuertas para inundar la llanura. Y los españoles se encontraban en medio de cultivos, chapoteando en el fango, cuando la artillería indígena tronó. Varios jinetes cayeron, pillados desprevenidos por las balas. Las plantas de maíz se enrollaban en las pezuñas de los animales, que, presas del pánico, trataban de liberarse.

La infantería inca se acercó, arrojando sus lazos a las patas, gritando, empujando a los animales con sus picas. Muchos caballos caían de costado con algún hueso roto, echando espuma, impidiendo que su jinete, medio muerto, se liberara. Los indígenas se deslizaban entre los cadáveres y ultimaban a los españoles con sus hachas. Algunos, al tratar de huir a caballo, caían y se ahogaban.

El fango salpicaba los rostros, los jinetes daban vueltas sobre sí mismos, tratando de alcanzar al enemigo con sus espadas afiladas. Los indígenas los acosaban, esquivando los golpes, intentando acorralarlos. Ellos daban vueltas sobre sus caballos como enormes peonzas, pero de pronto un lanzazo abría una brecha en el cráneo, caía el casco, el jinete se deslizaba de su montura. Otro español recibía un balazo en el vientre, y se palpaba con la mano su cojín de grasa: ciertamente, causaba una curiosa impresión ver a los indígenas convertidos a la religión de las armas sin gloria.

De repente, apareció Manco. ¡Iba a caballo! Sujetaba una lanza en la mano y se cubría la cabeza con un casco de hierro. Los otros llevaban rodelas, espadas. Hernando miró de lejos al hombrecito oscuro, y vio toda la pasión y todo el rencor acumulados. Azuzó a su caballo, volvió a llamar a sus soldados y decidió que debían replegarse. Pero el hombrecito oscuro tenía otra idea. Le hubiera encantado tener la barba del español en el extremo de su espada.

Hernando daba brutalmente sablazos, ayudaba a sus hombres, trataba de romper el cerco. Vigilaba la maleza de los alrededores, espiaba las altas hierbas donde los indígenas se escondían. Entonces Manco cabalgó hasta el centro del campo de batalla, cortó el brazo de un español y hundió su clavo de acero en la cara de otro. La lucha se reanudó, feroz, como si un gran pincel fuese purgando con rojo todo lo que acariciaba.

De vez en cuando, la mirada de Hernando se cruzaba con la del Inca, y los dos se lanzaban interminables confidencias a través de los gritos y del resplandor de las espadas. Se decían cosas curiosas, espeluznantes, intercambiaban muestras de amistad que eran a la vez amenazas de muerte.

Los jinetes de Hernando consiguieron, con todo, liberarse. La mayoría corría al lado de su caballo, sujetando la espada. Los indígenas seguían persiguiéndolos. Apenas un español se atoraba en el fango, los indígenas lo rodeaban y le impedían que se reuniera con los demás.

Manco Inca contempló cómo la pequeña jauría se alejaba. Los españoles hacían cosas extraordinarias, gritaban, lanzaban brutalmente tres espadazos, y luego volvían a empezar. Entonces envainó la espada, con la brida hizo dar media vuelta a su caballo y sintió de pronto un malestar.

Recordó su primer encuentro con los españoles, cerca de Cuzco, y lo que le habían contado sobre su valentía. Todo era verdad. Y sin embargo la verdad tenía que ser algo más. No sabía el qué.

El cerco de Lima

En Lima, la inquietud crecía. De la ciudad salió un escuadrón de reconocimiento. A algunas leguas, se encontraron frente a un gran número de indígenas. De inmediato regresaron para advertir a Pizarro, un ejército se precipitaba sobre ellos. Protegieron la ciudad como pudieron. Pero, a la mañana siguiente, los indígenas se apoderaron de las colinas y amenazaban el corazón mismo de Lima.

Una multitud de guerreros se abalanzó desde las alturas, bombardeando a los españoles con piedras y flechas. Con veinte jinetes, Pedro de Lerma rechazó vigorosamente a los indígenas, al principio titubeante bajo el impacto de las pedradas, después aventándose hacia delante, hacia el acre goce de matar.

Una bruma espesa cubría la ciudad. Y ahora había que defender esas hileras de chozas como antes se había defendido Valencia o Burgos. Había que morir por dos campanarios de ladrillo y una plaza enfangada.

Era un día de mucha humedad, las sucias aguas del Rímac estaban agitadas, y de pronto un joven jinete cayó. Los indígenas se precipitaron sobre él, jalándole de los pies hacia la colina. El hombre apenas se movía, aturdido por la caída.

En el momento en que Pedro de Lerma fue en su auxilio, una piedra arrojada con una honda le rompió los dientes. Escupiendo los añicos de su dentadura, espoleó a su caballo. El jinete acababa de desaparecer y Pedro se hundió brutalmente en la multitud. Los indígenas retrocedieron un poco, Pedro sintió que unas manos lo sujetaban, a punto estuvo de caer, se liberó a espadazos; su caballo dio una brusca media vuelta que lo salvó.

La cabeza del joven jinete rodó sobre la arena; después rodaron pedazos del brazo, de las piernas, el corazón. En el día gris la muerte no cuesta nada. Pedro de Lerma retrocedió hasta donde estaban los suyos, lívido, tirando de las riendas, y dejó tras de sí esos pedacitos de hombre.

Entonces Montenegro, Porcel y Alonso de Alvarado, desde lo más recóndito de las tierras elevadas, como Chachapoyas, soplaron sus olifantes. La piel de los caballos gimió bajo las calzas de los jinetes. El hocico tuvo que abandonar el pesebre. Había que regresar a toda prisa para apretujarse bajo la pelliza de la fe y de la autoridad universal. Los caballos mascaban al galope. Hicieron pocas paradas. La caravana de jinetes evocaba una extraña liturgia, como esos cortejos monumentales de leones y arqueros de Susa.

En la Lima sitiada, Pizarro recorría las calles a caballo, espada en mano. A veces su mirada se detenía en los surcos grises de la tierra, y se dormía, extenuado. Y entonces caminaba a campo traviesa, en la tierra de su abuelo. Los saltamontes, centenares de saltamontes de todos los tamaños, huían cuando lo veían. Tenía muchas piedrecitas en los zapatos, pero no se detenía, caminaba hasta el pueblo y subía hasta el castillo, en lo alto de la colina. Desde allí arriba, el sol parecía aplastar el campo. Los cultivos dejaban ver aquí y allá charcos claros, una nubecilla indicaba el paso de un hombre a caballo, las líneas un poco más oscuras cortaban las parcelas de tierra formando un mosaico. Los tejados rojos, la hierba amarilla, las matas más verdes de los huertos, las piedras azules y blancas, manchadas de liquen: daba la sensación de que ese paisaje no podría permanecer así ni siquiera un segundo bajo la blancura del cielo. Al fondo, las montañas bajas, desvaídas, apenas visibles debido al reverbero del calor, estiraban sus líneas a lo largo de la llanura. Pizarro no se movía. Le gustaba lo que sentía cuando deslizaba la mano por los muros; era como si toda una vida muy dura y muy noble pasara de la piedra a él. Al bordear los gruesos muros lo embargaba una especie de calor, de bienestar. Apenas respiraba, miraba mudo el campo. Miraba las torres emplazadas en las colinas y se decía que estaban allí, en pie, desde hacía mucho tiempo. «Han ido poniendo unas piedras sobre otras», decía para sus adentros, «les han echado argamasa, y así han seguido, un cuadradito sobre otro, cada vez más alto, hasta construir esas torres rectas y orgullosas.»

Sus ojos brillaban. La emoción que lo invadía le daba un poco de miedo. ¿Qué quería decir aquello? Le parecía colocar el dedo en algo que los hombres poseen, algo que no lo dejaría tranquilo. Su cuerpo estaba íntimamente ligado al calor, al cielo blanco, a la muerte.

«Las torres son frías y están ciegas», pensaba. E intentaba sentir la presencia de esos innumerables tronchos de piedra. Cerraba los ojos. Con los ojos cerrados, trataba de sentir en su propia carne sus punzadas, buscaba en el fondo de su ser la oscuridad de su existencia. Pero sólo notaba el seto de arbustos que se encontraba detrás de él, con su habitual olor a podrido.

De pronto, sin despegar los ojos del paisaje, daba algunos pasos. Después, corría, corría sin saber muy bien por qué, bajaba a toda velocidad la escalera que conducía a la ciudad. Una vez abajo, se detenía bruscamente y se lamentaba de haber corrido. Tendría que haber bajado poco a poco, pasando los dedos por el pasamanos ancho y frío. Haber dado maquinalmente un paso detrás de otro, cada uno más abajo que el precedente. Pero había corrido hasta esa estrecha callecita de más abajo.

En medio de su ensoñación, oyó que azotaban a un asno. Pasó una mujer vestida de negro. Entonces vio la plaza de la ciudad de Trujillo, vio sus soportales frescos, pero no había nadie. Debía de ser mediodía. Las calles estaban desiertas. Se oyó el tañido de una campana. Los guijarros crujían bajo sus pasos. En las calles más estrechas, cerca de la fuente, la sombra le pareció agradable y por un instante añoró su país natal. De pronto se sintió triste, solo, terriblemente solo. Su mano sujetaba firmemente las riendas del caballo. A su alrededor había un centenar de hombres, pero ya no le servían de nada; y al ver todos aquellos rostros orientados hacia él, se sintió aún más triste, más solo. ¿Qué había ocurrido? ¿Qué hacía aquí, en esa playa fría?

Tuvo la sensación de haberse perdido muy lejos. Había soltado la mano que lo sujetaba y de pronto se sentía muy pequeñito. Volvió a ver la calle de la Alberca. Comenzaba en un muro blanco con desconchados. Una fisura revela el revestimiento de ladrillos sin gracia. Una cortina marrón, un poco torcida, tapa una ventana. Luego está la iglesia blanca, en una plazuela. El niño mira la severa puerta de madera en medio de la fachada encalada y deslumbrante. Le gustaba esa blancura mareante, y se obligaba a mirar fijamente la fachada, a tener los ojos abiertos, bien abiertos.

«Pero ¿qué haces, por el amor de Dios? ¡Acabarás destrozándote la vista!» Su tío le jaló de la manga.

El suelo está adoquinado con guijarros. A Pizarro le gusta el sonido de los pasos sobre las piedras redondas. Algunos árboles generosos sobrepasan los muros. Por encima de los tejados, una cigüeña está posada sobre la torrecilla de ladrillo. Una carreta pasa, le hacen una señal.

De pronto levanta la cabeza y fija la vista en una nubecita. «¿Qué será de mí, Dios mío? ¿Seré siempre un bastardo?» Sin duda, él ignoraba el sentido de esas palabras, pero por más que lo aprendiera, por más que se irguiera sobre un caballo de quinientos kilos, sí, siempre sería un bastardo.

A tres pasos delante de él, el suelo soportaría un día dos bloques de piedras talladas, uno sobre la tierra de su recuerdo, en Trujillo, otro justo ahí, frente a su verdadero caballo, en Lima. Y sobre esos bloques de piedra colocarían una pesada estatua ecuestre. La primera estaría allí, frente a la iglesia de la plaza Mayor de Trujillo, a dos pasos del restaurante La Cadena, casi entre las mesas y las sillas, a dos pasos de la pizarra en la que colocan ahora los menús. En Lima, en cambio, la estatua duraría menos tiempo, después sería retirada. Pero poco importa que se la retire o se la conserve, pues el caballo, muy alto en su pedestal de piedra, levanta la pata hacia delante, como si fuera a piafar. «¡Oh!», grita el jinete tocado con un yelmo de bronce. Los flancos del caballo son macizos y están tensos, y una especie de capuchón de cuero le cubre la testa; el jinete se apoya en los estribos. De su casco surge un doble penacho gris que el viento no puede agitar, que la lluvia no puede abatir, que ninguna mano puede arrancar: una cabellera de serpientes. Del calzado salen dos estrellas de hierro. Ahora imaginemos a ese hombre para quien las tierras son todavía desconocidas, imaginemos ese caballo de bronce bajando de un navío en algún lugar de lo que ahora es la costa ecuatoriana. Imaginemos la crin negra y brillante del caballo bajo el sol de una playa colombiana. Ese jinete de bronce es Francisco Pizarro, el bastardo de Trujillo, y sus recuerdos han acudido para encontrarlo aquí, con los olivos y las cigarras.

*

Ahora Pizarro enardece a sus tropas. Esconde a sus jinetes en las primeras casas y les ordena que esperen su señal. Los auxiliares indígenas se mantendrán cerca de las orillas del río y atacarán la retaguardia de los incas. Cada uno ocupa su puesto. Ahora el sol cae a raudales sobre Lima. La bruma se disipa. El enemigo se acerca. Desciende poco a poco por la colina de arena; entre ellos, un príncipe inca acostado en sus andas. Después atraviesa el Rímac y entra en la ciudad como lo hizo la primera vez, con sus manadas y sus colores.

Entonces todo vuelve a empezar. Un grito, el rostro de un hombre fustigado por el viento, avalancha, fuego, fuego. Una lanza revienta el pecho del príncipe inca, un cráneo revienta. Un largo hilo de sangre corta el cielo.

Los españoles azotan con la espada todo lo que se levanta. Pizarro grita, sombra gruesa, milagro, vida dichosa.

Apenas vieron al Inca asesinado, sus guerreros corrieron hacia las colinas. Pero el español da saltos con su caballito, los cerca y siega todo lo que sobresale. Y después están los auxiliares indígenas, que son gentes de la costa. Muy hostiles a los incas, suben y vuelven a subir al asalto de las colinas, apoyados por los arcabuces. Después hay que resignarse a regresar a casa, allá arriba, cerca de las raíces correosas y las flores tardías.

*

Con quinientos soldados, el fiero Alonso de Alvarado fue enviado en su persecución. Era el mismo Alvarado que vivía en Chachapoyas, y sobrino de Pedro de Alvarado —el del ejército de caníbales, el de la nieve y las cenizas—, pero en cierto modo era otro Alvarado, más pequeño, un poco más sumiso, recompuesto. Cada uno tenía su homónimo entre estos hidalgos de opereta, y este nuevo Alvarado, convertido a la obediencia feudal por su adhesión a Pizarro, desempeñaría ahora su papel. Trotó detrás del ejército inca hasta Jauja, saqueando los pueblos y marcando la piel de los indios con hierro candente. Se quedó por la zona cinco meses.

Las palabras grandilocuentes, según cuentan, volverán un día como un estribillo huero. Sin embargo, a veces, la Historia parece que está a punto de rendirse, como si fuese a pronunciar otras palabras que no son las de su gastada jerga, auténtica y frívola. Pero no, la Historia retoma su vieja cantinela, su agradable lenguaje de fidelidad, de orden y razón. Los conquistadores no serán convocados a los acontecimientos de la verdadera vida. El camote y el maíz llegarán hasta las maravillosas riberas de Dante, y Jerusalén será tan universal como el cacao.

Orejas y barbas

Los indígenas evaluaban la nobleza de sus caciques por el tamaño de sus orejas. Si los españoles hubieran sido evaluados por la extensión de sus barbas, Gonzalo Pizarro habría sido su jefe. Francisco, en cambio, tenía una barba de chivo, corta, rala, y que sin duda no merecía la misma atención. Pero era corpulento y seco, imponía respeto con sus discursos comedidos y la majestuosidad que emanaba de su persona. Almagro, a su vez, hablaba demasiado y de forma grosera. Ignoro cómo era su barba, incluso si tenía una. Con sus hombres, finalmente había regresado de Chile. Después de la decepción y de todos los sufrimientos vividos, se había decidido a tomar Cuzco. Su ejército se detuvo muy cerca, en Urcos. Y Almagro envió ante Manco Inca a un mensajero, Ruy Díaz.

«Dime, Ruy Díaz», preguntó el Inca, «si yo le diera al rey de España un gran tesoro, ¿llamaría de regreso a todos los cristianos que ocupan estas tierras?»

«¿Y qué tesoro le darías tú?», quiso saber el español.

«Le daría la albura del árbol, la hierba que crece, el agua que corre. Le daría el hierro y la arcilla, la madera, las piedras, el cuerpo, la lana, los frutos, carne. Le daría la alianza y la fatiga, el maíz, el grano, el miedo. Le daría el signo y la palabra.»

El extraño diálogo tuvo lugar en lo hondo de las montañas, entre las cañas de azúcar y las redecillas de los muertos. El Inca se confunde con la hierba que crece en los terrones quebradizos, con la madera que se tala, con la lana que se esquila. Está solo y desnudo bajo su abrigo de rey, y escribe a Almagro desde los grandes escalones de piedra.

Le cuenta su cautiverio y las exacciones sufridas por su pueblo. Almagro le contesta. El tono es familiar. «*Muy amado hijo y hermano mío.*» No se puede ser más afable. Almagro afirma en sus cartas no desconocer nada de los maltratos sufridos. Se compromete a devolver lo que fue robado, a castigar a los culpables. Si creemos a Oviedo, Almagro puso por testigos a Dios y la cruz. Pidió justicia para el Inca. Designó por sus nombres a los españoles culpables de los crímenes. Pero entonces al Inca le entregaron una carta de Hernando Pizarro. En ella le recomendaba desconfiar de Almagro, no tenía poder oficial alguno. Ahí el Inca dudó. Esa carta lo perturbaba. Almagro fue a Yucay, cerca de Ollantaytambo, para reunirse con él. Dejó en Urcos a Juan de Saavedra, con cerca de trescientos hombres.

Hernando Pizarro acudió a Urcos. Bajó del caballo y tomó a Juan de Saavedra entre sus brazos, como si fuera un amigo. Los indígenas que observaban la escena de lejos se quedaron estupefactos. La maniobra de Hernando tuvo éxito. De ahora en adelante, los indígenas desconfiarían de los de Chile.

Así pues, a Ruy Díaz, el mensajero de Almagro, lo desnudaron y lo golpearon. Los indígenas le cortaron la barba, el pelo. Lo amarraron a una estaca y le untaron la cara con su propia mierda. Lo obligaron a beber vino y orines. Y así se quedó durante varios días, prisionero y humillado. Orgóñez acudió a liberarlo.

Entonces los indígenas atacaron a la tropa de Almagro. Hubo varias escaramuzas. Cortaron algunas orejas y arrancaron algunas barbas. La alianza entre Almagro y el Inca era ya imposible.

A Almagro solamente le quedaba una cosa por hacer. En la curiosa escena de su pobre vitral, su cabeza es un pedazo de vidrio azul, su caballo es gris y un enorme lunar rojo es la ciudad de Cuzco.

Cuando se presentó frente a la ciudad para ser recibido

como gobernador, envió a dos mensajeros para resumir sus pretensiones (son los personajillos marrones de un extremo del vitral). Hernando Pizarro quiso ganar un poco de tiempo. Propuso a Almagro un encuentro. Éste se negó. Le propuso darle la mitad de la ciudad. Almagro se negó. Le propuso muchas cosas más. A todas se negó. Los mensajeros corrían de la ciudad al campamento y del campamento a la ciudad bajo un viento glacial. Hernando ordenó que llevaran a los hombres de Almagro víveres, mantas. Esperaba ganar aún más tiempo, ver llegar a Alonso de Alvarado con su pequeño ejército. Pero éste erraba cerca de Jauja, no pensaba ni remotamente en Cuzco.

Los de la ciudad acudían desde sus frágiles murallas para mirar a la tropa enemiga chapotear en el espeso fango. Los refuerzos no llegaban. Hernando pidió un día más. Se lo otorgaron. Pero, aprovechando la oscuridad de la noche, mandó destruir el puente más cercano a la ciudad. La tregua se quebrantó. Y la noche siguiente, cuando llovía a cántaros, los de Chile entraron lentamente mientras los hombres estaban entregados al sueño. No tuvieron necesidad del acero, tampoco de la volátil pólvora. El sueño fue suficiente. Los hombres de Almagro penetraron a caballo en una ciudad dormida, y fueron al encuentro, turbio, de su futuro. La morada de los Pizarro, donde se encontraban Gonzalo y Hernando, quedó aislada de inmediato. La víspera habían debido de beber hasta tarde, pues abatieron varias puertas y ocuparon diversas recámaras sin que se despertaran. Cuando lo hicieron, se vistieron deprisa y empuñaron sus armas. Después de dos horas de inútil combate, Orgóñez ordenó que incendiaran el tejado. Los Pizarro gritaron que preferían morir antes que entregarse. Pero se entregaron. Con los cuerpos humeantes, el pelo quemado, salieron de la hoguera cubriéndose la boca. Entre el humo espeso que se expandía a ras de tierra, los empujaron, los insultaron, los arrojaron al suelo. Los molieron a palos, les escupieron.

Luego se escogió una habitación húmeda y fría de la ciudadela, se tapiaron las ventanas, se claveteó la puerta y se hizo un huequito en ella para que cupiera una mano. Pasaron largos meses en aquel reducto. Hernando tenía los pies y el cuello atados con grilletes. Animal con rostro humano, ahora se encontraba muy alejado de la ruta de las especias y la seda. Sólo tenía que rascar con las uñas y buscar un bulbo de tulipán en la sémola de la tierra.

Reino de Almagro, año de gracia de 1537

Regresaron a la ciudad al son de flautines y pífanos. Numerosos partidarios de Pizarro se unieron a los recién llegados. Cambiar de bando es como evitar la lluvia metiéndose debajo de un portal; y eso fue lo que hicieron muchos hombres. En periodo de guerra civil, la felonía es una elección como cualquier otra. El trozo de pan que Judas no se terminó cuando abandonó la mesa pasa rápidamente de mano en mano.

Entonces, Almagro intentó recuperar la confianza del Inca. Pero éste rechazó someterse al nuevo gobernador. Enviaron a Orgóñez a que lo castigara. El capitán sufrió una derrota, después acosó al Inca de modo tal que éste se internó en una inaccesible región montañosa. Se instaló en Vitcos, después en Vilcabamba. Apenas se le volvió a ver. Desde ese momento, dirigió una guerra lenta, frugal, atacando por sorpresa a los españoles, después retrocediendo con rapidez hasta su guarida, evitando el encuentro cara a cara, confiando su futuro a los bosques inhóspitos, a la altura.

Ahora, el Inca atravesaba desfiladeros a cinco mil metros de altura, colocando entre él y los españoles muchos barrancos abruptos y selvas. Aquello recordaba la última defensa española en Asturias contra el invasor árabe. Solamente que aquí la última defensa no tiene retaguardia ni aliados, está sola y destinada a morir. Ése será todo el atractivo de esta curiosidad para arqueólogos *amateurs:* «la fabulosa ciudad perdida de los incas».

Más tarde, Manco moriría asesinado por unos españoles que habían encontrado refugio a su lado. Su hijo de diez años lo sucederá. Le propondrán ser coronado soberano en Cuzco. Adulto ya, enfrentándose a la opinión de sus consejeros, aceptó. Morirá envenenado en 1560. Su hija, doña no sé qué, se casará con un sobrino de san Ignacio. Eso es todo.

*

Pero regresemos a Almagro. Como había tomado Cuzco, le tocó nombrar a un nuevo Inca. Pizarro había nombrado a dos. Ahora le tocaba a él colocar la borla, la *mascaipacha,* en la frente de un soberano. Paullu Inca había participado en numerosas misiones, así que se lo recompensó. Se celebró una nueva ceremonia. Los indígenas comenzaron a acostumbrarse; de ahora en adelante los Incas durarían poco. Los hombres blancos plantaban en la frente de quien les convenía las cintitas de lana. Ser un Inca estaba convirtiéndose en algo anodino.

La ceremonia fue muy sencilla, no hubo festejos. El trono se vendía muy barato, los indígenas no fingieron. El mismo Almagro estaba hastiado, bostezaba, casi se lamentaba de haber tenido esa idea. El Inca no era sino un espantapájaros más. En el juego de los espantapájaros, cuanto más tiempo pasa, menos efecto produce. Los pájaros se posan sobre el hombro, picoteando la paja del sombrero. Así, el hijo del sol se convirtió en el personaje de una farsa. Ningún actor estuvo bien en su papel, pero nadie se rio. Una tropa de vagabundos posaba una corona de cartón sobre la cabeza de un rey.

*

La noche es el viaje más bello. Esa gran cosa desnuda, inencontrable, paralizante. Los demás capitanes se habían ido a acostar después de haber bebido bastante, pero Orgóñez se quedó un rato, las manos posadas sobre la mesa vacía, la mirada cansada rehuyendo la mecha encendida. Una vez más, había intentado susurrarle a Almagro su poemita: insistía en que asesinaran a Hernando Pizarro. Con eso suprimirían a un aguerrido capitán, un enemigo sereno, y quizá así harían tambalearse al viejo jefe. Orgóñez repetía la copla en todos los tonos; fue el *leitmotiv* de su política fracasada. Y no eran la crueldad ni lo arbitrario de un crimen lo que frenaba a Almagro; lo que ocurría era que Hernando Pizarro poseía algo que él no podía matar. No habría sabido decir con certeza qué era. Solamente sabía que lo quería con vida, como un volcán que amenaza y que ninguna tierra puede taponar.

Antes del éxito de la conquista, a Almagro lo habían relegado a las misiones ingratas, al reabastecimiento de expediciones, al reclutamiento de hombres, a la intendencia. Se había ocupado de que se carenaran los barcos, se tachonaran los baúles, se ciñeran los toneles. Había trabado relaciones duraderas con las autoridades del istmo. Había sido un compañero fiel. Y después había llegado Hernando, y también los otros dos Pizarro, con su arrogancia, y él había pasado a un tercer, a un cuarto, incluso a un quinto lugar. Pero, sobre todo, había sentido algo de pena y también, eso no se atrevía verdaderamente a decirlo, y sin embargo era lo más terrible, había sentido celos.

Mientras se acercaban lentamente al Perú, antes de pisarlo, cuando a bordo de sus bergantines había descendido para explorar las costas, una y otra vez Pizarro le había hecho dar media vuelta para que fuese a buscar algo. Siempre había una buena excusa para hacerlo partir de nuevo, siempre se necesitaban refuerzos, pólvora, víveres. Sin cesar, había tenido que dar marcha atrás para garantizar los apoyos. Y aquello había dejado huellas en la cuesta ascendente de sus vidas, sí, aquello había dejado pequeñas y penosas huellas.

Se había conformado con ser el segundo, de manera imperceptible, expedición tras expedición; había acometido sin pensarlo su epopeya subalterna. Pero cada vez había sentido un poco de fastidio, un poco de ira, que se tragó. Hasta el día en que el Perú había sido descubierto, o, más tarde, hasta el día en que el Inca hizo bailar todo su oro tras caerse del sillón. Entonces, él había llegado a toda prisa, inquieto y codicioso, para decir en su jerga de capitancillo que él había estado presente desde los comienzos, que también era su conquista, su oro, su Inca. Pero, muy en el fondo, sabía que todo estaba perdido y que si había corrido tanto para llegar era porque iba con retraso.

Pizarro ya había tejido su red de hierro. El destino le había entregado el Inca a él, y los otros Incas no valdrían un comino. Y todo lo demás derivaba de eso.

Pero había cosas peores que esa lenta maniobra de diversión que podía llevarlo a dos pasos de la gloria (pero quizá a dos pasos infranqueables): la profunda magulladura que él mantenía oculta. Porque si bien Pizarro era hijo de una sirvienta, también era hijo de Gonzalo Pizarro, «el Largo», y, al fin y al cabo, incluso una sirvienta era algo. Había un poco de sangre en las venas, de un corazón al otro algo circulaba, tinta amarga y ardiente. Él, Almagro, no tenía nada más que paja, y aquello marcaba una jodida diferencia incluso en el rostro, incluso en la manera de mantener erguida la cabeza. Sin embargo, de lo más hondo de ese insulto que se dirigía a sí mismo había sacado su pobre esqueleto, y no en cualquier lugar, ¡sino a tres mil metros de altura! Y, pese a todo, había conseguido un reino. No uno grandote como aquel con el que soñaba Pizarro, tampoco aquel cielo vacío en el que las torres caen y la pólvora surca el aire, no; era un pequeño reino, exclusivamente suyo. Cuzco. Y él bien habría podido prescindir de todo eso, se dice mientras se sirve otro vaso; si Pizarro le hubiera dejado un trocito de su suela, él habría seguido sus huellas hasta el final.

En la oscuridad de su conciencia, advirtió por vez primera la falsedad de todo aquello. La amistad, las palabras soltadas a la ligera mientras se sube la pendiente de un volcán. La mecha humeaba, un insecto correteaba por el calamón de la lámpara. Almagro bebía desde hacía horas. Primero había brindado con sus soldados, después siguió bebiendo solo, y sin embargo hasta ahora no empezaba a sentirse ligeramente ebrio. Y fue entonces cuando creyó comprender por fin a Pizarro, su antiguo aliado (como si la borrachera hubiera empujado un poco más allá su barca); entonces advirtió el estrecho pasaje que llevaba hasta el hombre, el verdadero, el tramposo, el que no aparecía nunca pero que estaba en todas partes, el gran rival feliz, el favorito, el hermano. Lo vio en el umbral de su formidable casa, el alma sombría, bebiendo el fango. Lo vio en un rincón de su guarida, registrando cada una de las grietas y destruyendo sus pruebas. Y se dijo que quizá, en el fondo, él, Almagro, tenía suerte de ser quien era, un pobre diablo que decidía sin reflexionar demasiado. Vio a aquel hombre magnífico, que no era Pizarro ni nadie, sino un dios de mentiras y traiciones, que llevaba en la frente una diadema gris y arrastraba su mirada apagada por la casa saqueada de sus enemigos. Él, en cambio, había cogido los remos, había esperado a que subiera la marea y ésta había subido, y mucho más arriba de lo que jamás hubiera imaginado o deseado. Mientras que, para Pizarro, ni siquiera eso era suficiente, el océano debía subir más y más y cubrirlo todo.

Como todos aquellos que tienen miedo de vencer, Almagro idealizaba sus debilidades y se enternecía al pensar en sí mismo. La borrachera añadía a eso su falsa claridad, el cielo era más ancho. Salió al umbral de su palacio vacío, vio al centinela durmiendo. Algunos indígenas estaban acostados en la tierra un poco más allá. Las estrellas brillaban como si fueran ojos. Hacía frío. Un vientecillo tensó la piel de su rostro y él sonrió. Un reino bajo sus botas agujereadas, eso era demasiado poco para el pequeño labriego de Castilla. Eso encarecía los golpes de horca dados a la tierra, no era más que un maldito excremento para Sancha López, la sirvienta que lo había criado.

Sintió un dolor en el cuello, el absceso lo martirizaba, pero su otra quemazón era más intensa, cada vez más, y ni siquiera el pensamiento podía hacer nada para aliviarla. Y tal vez era en el pensamiento donde le quemaba, en otro pequeño reino adormecido, un poco como aquel que ahora lo rodeaba, pero donde la noche sería tan profunda que nada podría iluminarla. Observó en torno a él. Sólo estaban la noche y algunas formas negras, casas en las que dormían los hombres con esos cuerpos que se arroja a la fosa. Pero eso no era algo triste, al contrario, era como si estuviera cosechando almas. Él era el único que no dormía. Era el rey pobre y abandonado de este reino en el que todo el mundo duerme y que el viento atraviesa sin decir nada. Y se emocionó. Conocía a muchos hombres de aquí, algunos le tenían en gran aprecio, otros mordisqueaban su pan negro sin decir una palabra. También estaban los dos prisioneros, esos dos corazones que hubiera querido rescatar y volver a tener junto a él. Pero ¿en verdad deseaba eso? Quiso creer que sí. Y dejó detrás de sí sus bajezas para ver tan sólo la danza por encima del fuego, el amor, la vida deseable, el cilio. Una lechuza ululó. Bruscamente tuvo la impresión de que la noche se llevaba algo en sus olas. Dio algunos pasos en la oscuridad, feliz, henchido de su propia voz. Era tarde. Al día siguiente se despertaría mucho después que los demás, la cabeza pesada, entumecido, y, hasta el final del día, arrastraría ese instante de gracia como un tronco.

*

Recordemos que Alonso de Alvarado se encontraba cerca de Jauja. Pizarro lo había enviado a perseguir al ejército indígena que había sitiado Lima, y después le había ordenado que se dirigiera a Cuzco. Pero Alvarado, una vez cumplido el primer párrafo de su contrato, había decidido perder el tiempo. Aterrorizaba a los indígenas, rebuscaba aquí y allá riquezas imaginarias, removía la tierra con las pezuñas de los caballos.

Si Alvarado hubiera estado en Cuzco, Almagro no habría podido hacerse con la ciudad. Hernando habría dispuesto de suficientes hombres para obligar a retroceder a los de Chile. Pero Alvarado se paseaba, avanzando lentamente hacia Cuzco, rastrillando los campos. Al llegar a Amancay, se enteró de que Almagro se había apoderado de la capital inca. Su sorpresa fue enorme. Le informaron del encarcelamiento de los Pizarro. De inmediato envió una escuadra a Lima para avisar al gobernador. Después decidió utilizar la defensa natural que le ofrecían el río y el relieve. Acampó en las alturas. Las violentas aguas del río Amancay se agitan en el fondo de un barranco. Alvarado consideró que esa garganta era infranqueable. Dos profundos vados y un puente de maromas eran los únicos pasos.

Almagro ordenó a sus mensajeros que convencieran a Alvarado para que se uniera a él; de no ser así, debía abandonar el territorio de Nueva Toledo. Pero Alvarado se opuso. Quiso esperar las órdenes de Pizarro. Curiosamente, fue leal. Entonces se produjo algo inesperado. Almagro dejó Cuzco en manos de uno de sus capitanes y partió en dirección a Amancay. Pero, a dos pasos de Amancay, se enteró repentinamente, gracias a los indígenas, de que Alvarado había cruzado el río y se dirigía por otro camino a Cuzco. De inmediato dio media vuelta. A galope tendido, salió rumbo a Cuzco. En unas horas desanduvieron todo el camino, consternados. Creían que encontrarían a los enemigos en la plaza, imaginaban lo peor. Extenuados, los jinetes entraron en Cuzco cuando se ponía el sol. No había nadie. Ni un solo enemigo. La ciudad parecía sorprendida de verlos de vuelta.

*

Después de haber descansado, volvieron a dirigirse a Amancay. Algunos soldados se rieron de aquel paseo delirante, inútil. Otros, extenuados, se negaron a partir. La sensación de ridículo es común en una guerra. Se avanza retrocediendo, como el cangrejo. Se va y se viene. Se retrocede mucho. La guerra es una sucesión de torpezas, de dudas. A menudo, la victoria no es otra cosa que el resultado del número de efectivos, una seguidilla de errores tontos, de pequeños desfases que nadie vio, de información mal interpretada y de minúsculas decisiones que, sumadas unas a otras, hacen agujeros grandes en el pecho de los hombres.

Al fin, Almagro y Alvarado se encontraron cara a cara. Anochecía. Los hombres de Alvarado estaban en sus puestos. Orgóñez, de acuerdo con Almagro, aprestó a los suyos. No se oía más que los gritos de los indígenas y el ruido de la corriente. Durante algunos minutos no ocurrió nada. De pronto, Orgóñez y sus hombres se dispusieron a vadear el río. El capitán al que Alvarado había apostado allí fue herido desde el comienzo de la contienda. Orgóñez alcanzó la otra orilla, pero lo alcanzó una piedra lanzada con una honda. La pedrada le había dado en la mandíbula, apenas podía hablar. Tenía la barbilla cubierta de sangre pero, azuzando a su caballo, siguió peleando. Su boca abierta y roja meaba sangre. Lanzaba gritos incomprensibles, pero sus soldados le obedecían como si supieran lo que quería. Asaltaron a la tropa por la retaguardia y pronto, contra fuerzas más poderosas, vencieron.

Pelearon toda la noche, en la oscuridad más absoluta. Imaginad aquel combate de centauros, alrededor de un río, de noche, entre los guijarros y los matorrales de espinos. Dieron muchas vueltas, pero hubo pocos muertos. Era noche cerrada, se peleaba tanto contra la oscuridad como contra un enemigo de carne y hueso. Muchos hombres fueron arrastrados por la corriente, pero lograron ganar la orilla. Temblaban de frío. La espadas pesaban, estaban frías. Los caballos, extenuados, ya no podían más. El ruido del torrente impedía oír nada, las órdenes se gritaban. Sombras chorreantes subían por las abruptas pendientes; otras, vociferantes sobre sus caballos, parecían, a causa del ruido, proferir invectivas inaudibles y terribles.

El alba desempató a los bandos. Almagro había vencido. Se hubiera podido decir que los soldados se habían pasado la noche rodando por la hierba. Había pocos cadáveres, pero muchas osamentas heladas de frío y acuclilladas alrededor de las fogatas.

Había que decidir qué hacer con esa victoria. Orgóñez propuso avanzar hacia Lima. Eran bastante numerosos. La sorpresa sería enorme. El tiempo jugaba a su favor. Si esperaban más, Pizarro encontraría la manera de reaccionar. Había que precipitarse sobre él y destruirlo.

Pero Almagro decidió regresar a Cuzco. Quería tiempo para reflexionar. Fue un craso error. Almagro era un excelente capitán, pero un jefe indeciso. Dicen que después de esta victoria se volvió arrogante y altanero. Un amago de poder bastó para desencadenar el *crac-crac* de sus ruedas dentadas. Alejandro, quien tenía el encanto de un adolescente y la experiencia de un anciano, tras conquistar un imperio y empujar las fronteras de sus deseos tan lejos que ya nadie quería seguirle, se ofendió tanto cuando oyó alabar los méritos de su propio padre que mató con una lanza a uno de sus amigos. Lo golpeó a traición, en la oscuridad.

Y quizá es en esa misma oscuridad donde cada uno busca, cuando alcanza una parcela de poder, tener la experiencia abrasadora de su propia fuerza. Almagro, en eso parecido a cualquier loco, declaró *«que el marqués y sus hermanos se habían de ir a gobernar a los manglares bajo la línea equinoccial»*. Es curioso. El hombre había perdido toda compostura. Se desvía delante de su tropa, como una bola, creyendo poder volcar los bolos, y rueda hacia la acequia que lo conduce a la nada.

Negociaciones

La inclemencia esconde un amor. Toda inclemencia es mentira, eriza el alma con lanzas falsas. Eso Pizarro no lo sabía. Sin embargo, sentía cómo, detrás de la corona espinosa, el alma cree morir. Y el alma puede secarse, empequeñecer mucho. El alma de Pizarro era así. Basta un poco de agua para que un alma se abra y crezca. Esa agua estaba ahí, por todas partes, pero Pizarro habría tenido problemas para arrodillarse y mojarse el corazón con ella. Cuando la encuentre, retrocederá muy rápido, como si temiera que el agua fuera a envenenarlo.

La bondad le parecía una forma de ofensa. Conoció pocas manos generosas. El mundo en que vivió fue tan confuso que seguramente era difícil vivir en él sin violencia. De su infancia recordaba el canto de las cigarras, el calor, la picazón de la paja, el olor agrio de los meados de cerdo, la podredumbre de sus excrementos. No sé si todas las almas requieren un mismo esfuerzo para ser salvadas. Quizá algunas necesitan que las sacuda una mano poderosa, y sin eso se mantienen marchitas por los pensamientos más viciosos.

Pizarro se esforzaba, había en el encarnizamiento con el que se lanzaba a conquistar una forma de venganza que es, me parece, una forma de amor. Nos extenuamos cumpliendo una tarea sobrehumana, como si nuestra vida debiera ser un castigo. Parece que quisiéramos alcanzar en lo más hondo de nosotros un enemigo, no sé cuál, de carne y hueso.

Pizarro ha limpiado el pesebre de su caballo con un poco de paja. Luego ha cogido un cántaro de agua fresca y, mientras se lleva el pitorro de tierra húmeda a los labios, de pronto tiene ganas de llorar. Unas ganas profundas, irreprimibles. «¿Por qué todo no es...?» Pero detiene el pensamiento en su garganta y escupe. Siente un deseo muy vivo de amar. Sus zapatos golpean el muro de manera maquinal. Acaba de enterarse de la llegada de Almagro a Cuzco. La ciudad ha vuelto a ser tomada.

Pizarro había dejado Lima para auxiliar a sus hermanos sitiados por el Inca, había tomado la ruta del litoral y, en el valle del Guarco, le llegaron las primeras noticias enojosas. Se lo veía muy preocupado. La angustia que sintió fue tan fuerte que se quedó mudo. Durante varios minutos se mantuvo inmóvil, su rostro pareció hinchado, su mirada extraviada daba miedo. Pero de inmediato, gracias a una perversa unción de la angustia, levantó la vista al cielo y dijo que se alegraba. Se alegraba, añadió, de que hubiera sido Almagro el primero en romper la paz y cometer perjurio, mientras deploraba que ambos, ya en la vejez, tuvieran que enfrentarse en una guerra civil. Tomó a Dios por testigo, ya no al Niño Jesús del pesebre, del estiércol y las fuentes, sino al Dios severo de Moisés, de Isaías, y declaró que no deseaba llevar las cosas más lejos para no perjudicar al rey. Sus manos se agitaban, nerviosas, en el vacío, como si esculpieran un cuerpecito donde esconder sus preocupaciones. Por un instante pareció un viejo. Su boca se torció un poco y comenzó varias frases que no terminó.

Una vez repuesto de la sorpresa, controladas sus angustias, Pizarro envió hombres a Alvarado para rogarle que estuviera alerta, pero que no iniciara las hostilidades antes de que llegara él. Luego fueron las cartas, las negociaciones. Se fingió buscar la paz, recomponer las almas, pero con los pies buscaban los huesos bajo la mesa. El alma es un puñado de tierra, ración de amor, destinado a los perros. Tal vez Pizarro había soñado con que Almagro desaparecía en su lejano Chile sembrando el esperma de su caballo en esa tierra desconocida. Tal vez se lo había imaginado bajo la tierra humeante, en un sarcófago de humus y arcilla. Pero de pronto había reaparecido, adversario tenaz, con la boca llena de tierra pero decidido a llevar el fuego al mundo conquistado.

*

Escribió entonces cartas, en términos amables y amistosos, que fueron despachadas a Cuzco a toda velocidad. Solicitaba la liberación de los hermanos Pizarro y de otros valiosos prisioneros. Almagro respondió. Su carta era más franca, casi torpe. Reclamaba, entre líneas, una amistad que nunca no había tenido. Hacía reproches. Eso podía arrancar alguna sonrisa. Reconocía, entre líneas, que se había burlado de él.

Pizarro siguió su camino sin esperar el regreso de su mensajero. Por miedo a que alguien lo traicionara, confió su seguridad a doce hombres armados con arcabuces y alabardas, un pequeño ejército de apóstoles. Entre dos bocados de galleta y sorbos de sémola, los soldados hablan del asunto como si fuera una locura. Esperaban sacar nuevos beneficios, cuando la noticia de la derrota de Amancay llegó para cuestionarlo todo.

La recibieron en Nazca. Pizarro se indignó. Invocó el juramento que Almagro había prestado ante Dios, acusándolo de doble traición al rey. Juró quitarle Cuzco al usurpador aunque con ello perdiera la vida. Después de esta declaración de principios, y disipado el malhumor, reunió a su consejo. A partir de ese momento se entregaron a una serie de operaciones jurídicas y discursos. Se escribió, se habló. El objetivo de Pizarro era, por encima de todo, liberar a sus hermanos. Almagro, por su parte, quería que se reconocieran sus derechos. Hubo delegaciones, entrevistas.

La primera delegación, la de Ribera, llegó a Cuzco el 20 de julio de 1537. Los largos movimientos de la Historia se cumplen por sí solos. Las voluntades, los intereses de cada uno se sedimentan y forman una especie de cieno, después el cieno se seca y se desliza lentamente sobre otra capa más dura, y ya involuntaria del todo. Así ocurrió con el conjunto de esas negociaciones, humus, pensamientos, discursos.

En un primer momento, Almagro cedió; después se endureció y empezó a exigir demasiado. Ribera intentó dar con un arreglo, porque ingenuamente creía que Pizarro se contentaría con un acuerdo que delimitara las fronteras entre su Nueva Castilla y la Nueva Toledo de Almagro. Ribera no se daba cuenta de que no podía existir una Nueva Toledo. Solamente estaba Pizarro, furioso, que al igual que Telémaco había vivido entre los mugrientos hombres de la montaña del Peloponeso, había visto su estrella brillar sobre un cráneo de mono. Había chupado el tallo blanco de las cebollas, bebido la papilla, contado las habas. Pavía había sido ganada por estómagos vacíos. Los cuadros de todos los retablos los había pintado gente hambrienta. Y Pizarro no perdía nada, ni siquiera un pelo de marta de su pincel. Iría, con todo su tesoro y sus títulos, a las orillas del mundo, en aquel pueblo de niños, cerca del bosquecillo, para recoger su ramillete de espinas. Pero antes haría tañer las campanas de Cuzco. Volvería a poner a la estatua de la Virgen sus dos sencillos montoncitos de tierra en el pecho. Se apostaría con su lanza, en medio del huerto de Getsemaní, cerca del árbol de Judea.

Por el momento, escruta el cielo. Busca un mendrugo de luz. No encuentra nada. Sólo el centelleo del sol sobre una taza de plata. Vuelve a ver el rostro picado de viruelas de Almagro. Los esqueletos primitivos ya mostraban signos de sífilis; la cara de Almagro está desfigurada. Pizarro regresó a Lima, hizo levantar barricadas, elevar muros flanqueados de torres. Las gaviotas seguían de cerca los trabajos con sus chillidos. Mucho antes de Goya, ya están ahí esos dibujos de rostros terribles, esas escenas de borracheras entrevistas desde el desorden de los tiempos. Habían llegado de España, porquerizos con hogares hediondos, gitanos con sus bártulos. Se habían alimentado con tronchos de col, galletas de salvado y catecismo. Ahora se matarían entre ellos.

Pizarro hacía circular los peores rumores acerca de la manera inhumana con que Almagro trataba a sus amigos. En público se mostraba reservado, parecía no darle importancia, pero en privado fomentaba nuevas calumnias. Enviaron a Cuzco algunos soldados para que se enrolaran en el ejército de Almagro, al que podrían traicionar durante el combate. De pronto, los tambores anunciaron la guerra. Se publicó una declaración. La inversión merecía la pena. Los beneficios saldarían todas las deudas. Un imperio entero sería la recompensa.

*

¿No escuchamos, en el psitacismo del oro, el repetitivo y vacío rezo del deseo? ¿El vocablo latino *crux* no procedería, tras una secreta derivación, del griego *xrusos*? ¿Acaso el clavo y el oro no abren una única y misma galería en la carne? ¿Y la pólvora no es otra forma de polvo? El pan, la carne, el oro, el vino, la sangre, por una transubstanciación primera y general, circulan en cruz desde el centro de nuestra vida hasta los confines del mundo. Esos símbolos, destinados a gozar de una difusión tal vez universal gracias a soldados que iban con una ensaladera sobre la cabeza y una barra de cortina en la mano (me refiero al casco de hierro y al arco, la primera de las máquinas, que convierte la energía muscular en energía mecánica, matando a distancia, y que debió de dotar al hombre, en su prehistoria, de una nueva dimensión moral), esos símbolos, decía, sin duda no son otra cosa que una acumulación de sentido, pan de azúcar, lametazo de manteca, barril de tripas fosilizadas. Sí, el sentido es una decantación lenta y sutil, y las palabras o los símbolos son viejas ánforas o añejos toneles de madera, con duelas unidas y ceñidas por miríadas de imágenes, que contienen un vino picado.

*

Trescientos jinetes e infantes bajaban desde Cuzco hacia la costa. Era Almagro quien había decidido ir al encuentro de Pizarro. Había dejado a Gonzalo y a sus hombres prisioneros en Cuzco y se llevaba con él a Hernando, cargado de cadenas. Pero lo que bajaba hacia el Pacífico, los centenares de caballos, de soldados, ese tintineo de cadenas y espuelas, no era en verdad Almagro con sus partidarios; desde luego que se trataba de ellos, desde el estrecho punto de vista de sus existencias, pero si se mira con cuidado no era otra cosa que la gran farándula de los mercaderes y los reyes que comienza ahí mismo su vuelta al mundo. Baja riendo por los estrechos caminos en medio de una hermosa nube de polvo. Y el estiércol de caballo rueda por las pendientes, pequeños terrones dorados que las piedras revientan.

En Cuzco conspiraban. Poco después de la partida de Almagro, una noche, los prisioneros escaparon y se dirigieron a Jauja para no toparse con la alegre compañía. Enseguida prosiguieron la ruta hasta Lima. Almagro, por su parte, una vez en el valle de Chincha, al borde del mar, fundó una ciudad. La bautizaron Almagro, pequeña porción de tierra ocre y amarga. Pero la ciudad duraría poco, menos que un plato de patatas.

Después de que varios mensajes corrieran de un campamento al otro, se convino un encuentro. Faltaba ponerse de acuerdo sobre el lugar, la forma y todo eso. Hubo infinitas discusiones. Fue una guerra de actas, cláusulas, triquiñuelas.

Mala

Los notarios desempeñaron un papel muy relevante durante una primera etapa de la lucha. Durante semanas, cada uno intentó alcanzar a expensas del otro un acuerdo satisfactorio. Los dos jugaban con el tiempo, intentando acercarse a sus objetivos, obtener algún beneficio. Después de numerosas negociaciones, se concertó el encuentro entre Almagro y Pizarro. Las tropas avanzaron por la brumosa costa. Almagro sentía cierto gusto en reunirse con su antiguo socio. Estaba orgulloso de haberlo obligado a ir hasta allí y sentía un poco de excitación ante la idea de volver a verlo. Habían hecho muchas cosas juntos, después todo se torció, y ahora la reconciliación parecía a la vez muy fácil y muy difícil.

Acompañado por setecientos hombres, Pizarro se detuvo en Chilca y dejó al ejército bajo las órdenes de su hermano Gonzalo, quien acababa de unírsele. Y, el 13 de noviembre, se encontraron. Contra lo acordado, hombres de ambos bandos esperaban emboscados, listos para disparar. Pero nadie disparó. Debieron de pensárselo mucho. Dudaron, pero se mantuvieron escondidos.

El encuentro tuvo lugar en Mala, en un *tambo* que hacía las veces de albergue y almacén. Cada uno acudiría acompañado de algunos jinetes y debía entregar a tres rehenes. Todo eso lo habían discutido una y otra vez. A Pizarro le dolía el estómago, tenía la ropa pegajosa. Esperó a Almagro varias horas. El tiempo se le hizo largo, como si hubiera estado montando a caballo. El mediodía se eternizaba mientras esperaba, sentado y hastiado, igual que le había ocurrido allá lejos, entre los ríos lodosos y los helechos.

La habitación estaba llena de humo. Una india de cuarenta años, ya vieja, retiró un leño del fuego y lo puso a un lado. Con movimientos lentos y pesados, la mujer bajó una calamillera y colgó su caldero. Pizarro dudó, después se levantó y se dirigió hacia el fuego; acuclillado, se calentó las manos, pero el humo le irritaba los ojos y regresó a su lugar.

Fuera llovía.

Cuando Almagro llegó, Pizarro se había adormilado. Se despertó, un poco de saliva se había escurrido hasta el cojín. Almagro avanzó, amigable. Quitándose el sombrero, besó a Pizarro. Sin dar demasiadas muestras de alegría, Pizarro también lo besó. Llevaba puesto el casco, y no se lo quitó. Después de cruzar unas palabras, subieron a la primera planta.

El rostro de Almagro expresaba cordialidad, pero tenía en el cuello un horrendo absceso. De inmediato Pizarro sintió repugnancia. Retrocedió un poco, apoyó delicadamente sus manos sobre la mesa y se sentó.

Después de un silencio, y tras las recriminaciones habituales, la discusión cobró un tono extraño, íntimo. Los dos hombres no se habían visto en dos años, y Almagro se puso a hablar de sí mismo, de los recuerdos comunes, de cualquier cosa. Pizarro lo impresionaba un poco, y eso lo volvía voluble, parlanchín.

Le habló de su expedición a Chile, evocando de esa forma un pasado que habían compartido. Habló de sus hombres, de la valentía que habían mostrado, del paso de los Andes, de una especie de locura. Después se lanzó a hacer una descripción de Chile, detallada, larga, inútil. Pizarro apenas lo escuchaba, había tenido un mal despertar; el cojín le había dejado marcas en la mejilla. Pero Almagro hablaba, interpretaba su papel, no parecía advertir cuán indiferente era Pizarro a todas esas cumbres nevadas, esas tierras lejanas, esas selvas. Almagro habló largo rato, cada vez más lento, mirando más a Pizarro, y sin duda empezó a darse cuenta de que hablaba solo y que Pizarro se limitaba a asentir. Sintió un pellizco. Siguió un rato como si nada ocurriera, pero aquello se volvió insoportable. Sus palabras lo arrastraban, lo arrastraban donde quizá no debería haber llegado si hubiese sabido elegirlas antes de pronunciarlas. Pero las cosas no ocurren de ese modo. Hablamos, abrumados por el cansancio, y no somos capaces de retener una palabra entre los dientes. Ciegos a nuestros propios deseos, hablamos sin escuchar. Es el tiempo el que da a nuestras palabras su peso de carne.

Entonces, sin haberlo decidido, el discurso de Almagro adquirió un tono agrio.

«A los cincuenta años», dijo con voz amarga, «uno ya está viejo. No puede empezar nada nuevo.» Enseguida enmudeció. Pizarro oyó cómo su propio vientre hacía ruidos, pero Almagro no pareció oír nada, sólo pensaba en sí mismo. «Cuando atravesaba el desierto de sal», dijo, «miré a los hombres y de pronto creí adivinar en ellos las señales de quién estaría vivo o muerto en un año. Los rostros desfilaron frente a mí y yo podía oírlos gritar.»

Un clérigo dejó sobre la mesa una jarra llena de agua. Los dos hombres se sirvieron en silencio. La lluvia se estrellaba contra el papel encerado que habían colocado en las ventanas. Una carreta salpicó al pasar por un charco que estaba delante de la puerta. Tres hombres se alejaron. Se oyó el murmullo de una voz, después nada.

Pizarro se ajustó el cuello, inclinó la cabeza y después, lentamente, la echó hacia atrás. Dio algunos sorbos. Almagro se percató entonces de que tenía caspa en la barba. Las costuras de su jubón estaban ennegrecidas. En la habitación, un pequeño canal de desagüe se bifurcaba en ángulo recto y salía por un huequito redondo en la parte baja de la pared. Fuera, un soldado fustigó a su caballo; su relincho impidió oír nada más. A Pizarro le vino a la mente Extremadura, recordó un campo rocoso, la silueta de una mujer. De pronto, le pareció que Almagro tenía el semblante inquieto. Parecía casi triste, dándole vueltas entre los dedos a una esquina del mantel.

¿Era el mismo compañero con el que había conquistado un imperio? Era un hombre ordinario. Uno de aquellos hombres que dejaron España para escapar de un revés del destino y que habían encontrado en su camino una arqueta llena de monedas de oro. Su rostro se había descompuesto bastante desde aquel entonces. Ahora estaba cubierto de heridas, repulsivo. Debajo de su gorda barriga tenía piernecitas de mujer.

Uno de los hombres de Almagro entró en la habitación, después se retiró. Pizarro se estremeció. Tenía frío. Y sin embargo, en la cima de los Andes hacía más frío, mucho más frío. Pero no se trataba de lo mismo: su frío no venía del cielo ni de la tierra, venía de los huesos.

Y Almagro volvió a hablar. Habló de Panamá, de la vida que había llevado antaño. Pizarro transpiraba, su frente estaba húmeda. En las palabras de Almagro creyó oír insinuaciones. ¿Aludía a las expediciones fallidas de Pizarro? ¿A su vida de pequeño propietario en el istmo? Sentía que, mediante ese repetitivo relato melancólico de sus recuerdos, le dirigía algo más profundo, una especie de injuria abstracta, lo que era aún más odioso. Él era un hombre de acción, y todo eso le fastidiaba, entendía poco de imágenes y dobles sentidos. ¿Acaso Almagro se burlaba? Le resultaba imposible decidir si hablaba por hablar o quería decir algo. En su mirada, Pizarro había creído leer la ironía, pero cambió de opinión. «Es un sentimental, no hay doblez en lo que dice», pensó.

Entre ellos había casi diez años de diferencia. Almagro era un soldado excelente, pero nada más. En cambio, la costumbre de perder había dejado sobre el rostro de Pizarro una extraña claridad, como si las decepciones hubieran tamizado y decantado lentamente las capacidades de aquel carácter. Había hecho gala de una formidable paciencia. Había avanzado, avanzado, retrocedido, y de nuevo había partido. De esa forma había alcanzado una austeridad singular. Había tenido tiempo para deshacerse de la amargura, y por lo tanto había llegado más allá del desaliento.

Como Almagro lo había hecho esperar, él se había adormecido y ahora le costaba abandonar la lamentable sensación de entumecimiento.

Cuando se recuperó, Pizarro levantó suavemente su tazón y dio un sorbito. Sus labios estaban fríos. Desde ese instante, supo lo que iba a decir, y supo lo que no debía decir pero que, pese a todo, diría. Inclinándose hacia atrás, vio la tierra húmeda bajo Almagro. No alzó la cabeza, pero habló como si prestara atención a otro asunto.

«Soy un soldado como tú», dijo, «y mis pensamientos no valen nada. Solamente obtendré el resultado de mis acciones. He cruzado bosques, selvas vacías, pero no he encontrado nada. Sólo oro, barracas de tierra y un pueblo asustado. Pero si algún día vuelvo a encontrar lo que busco, entonces quizá conozca otra forma de decepción.»

Sin duda esa falsa humildad la utilizaba para herir. Denigrarse a sí mismo, cuando uno parece hablar con franqueza y brutalidad, es una manera de herir. Hay que hacerlo con crueldad, utilizando los argumentos más atinados, para verdaderamente herir al otro. Porque, en el fondo, a todos los hombres les duele en el mismo lugar, todos sufren por culpa de las mismas heridas. Y después, al mostrar su decepción, Pizarro quiso sin duda alguna, por alguna extraña razón, hacer sentir a Almagro el horror de haber conseguido algo y la inutilidad de su disputa. «Eres un soldado valiente», parece decirle a media voz, «has escapado de la frondosa selva. Tus acciones han tenido como resultado la gloria, gobiernas tu Nueva Toledo. Eso está bien. Pero quizá eso no sea nada. Quizá de las cosas sólo nos queda su triste ensoñación. Queríamos eso y tenemos esto, pero ¿es lo mismo?» Pizarro parecía querer poner debajo de las narices de Almagro una idea simple aunque terrible: desde luego, hace frío en el lugar de donde se parte, pero sólo cuenta el camino, porque allá, en el lugar al que llegamos, aún hace más frío.

Tal vez Almagro lo notaba de pronto frágil y desamparado. Removía con los dedos las migajas, como si fuesen los jirones sin forma de una existencia.

Ahora Pizarro cavilaba, cavilaba sobre sus recuerdos y sobre la nada. Volvía a ver en su mente a un indio de Puná que se había mantenido encorvado durante todo un día y se había golpeado la espalda con una piedra; por un instante con ese recuerdo construyó una imagen de su devoción. Él también vivía encorvado y constantemente se fustigaba con sus arrepentimientos y sus deseos frustrados. Hasta el punto de que se había inmunizado contra el desaliento y sin cesar se mantenía en vilo, rememorando vívidamente la última oportunidad perdida.

Miró a su viejo amigo, quien se había volteado hacia un hueco del muro. La lluvia chorreaba sobre la paja. La pulida luz, atravesando las estrechas ventanas, parecía transmitir una especie de calor. Pero hacía frío. Detrás de los muros se adivinaban siluetas, allá bajo, cerca de los caballos. Almagro siguió con la mirada la sombra amputada de un hombre, estiró las piernas y Pizarro, mecánicamente, movió la mesa para tener un poco más de espacio. Cogió la jarra y se sirvió de nuevo. Entonces, bruscamente, todo el rencor que había sentido lo abandonó. Su pecho era menos pesado, su cinturón menos ajustado. El edificio inca apestaba a maíz podrido. Pizarro se llevó la mano a su camisa y sintió su vientre arrugado. Pero eso no lo entristeció más; al contrario, se sintió fuerte por ser viejo. Del mismo modo que disfrutaba, en las expediciones, de la monotonía de los viajes, le gustaba el olor de la paja, del agua estancada, le gustaba su vientre arrugado, su piel fláccida; sí, a Pizarro le gustaban las cenizas, las hojas verdes cubiertas por el lodo, el estiércol.

Pero de nuevo su corazón se oprimió, sin motivo, como si la angustia y la alegría dependieran de un oscuro cambio. «¿Qué hago aquí?», se dijo, y de pronto se sintió solo, inútil.

Pizarro miró otra vez a Almagro. Sus ojos, dirigidos al exterior, apenas sobresalían de su cráneo. De pronto, la voz de Almagro pareció surgir de la tierra del mismo modo en que los pedazos de hueso y hierro surgen de la ceniza.

«Uno puede esperar mucho tiempo para obtener mucho con poco esfuerzo», dijo, de pronto serio, como si intentara hablar en un idioma muy verdadero y preciso, «pero la oportunidad y la tenacidad no bastan. Hay que saber compartir si se quiere conservar lo conseguido con mucho esfuerzo.»

Pizarro se hurgaba con la uña para sacar una hilacha de carne que se le había quedado entre los dientes. Abrió la boca y su dedo se deslizó como un topo bajo la piel de su mejilla, allí donde no llega la barba.

El rostro de su antiguo compañero se había vuelto hacia él. No había gravedad alguna en él, aunque sí un poco de tristeza y dulzura. No era el rostro de un jefe. Era demasiado menudo, demasiado feo. «Aquellos que logran lo que quieren tal vez no son quienes debieron lograrlo», pensó, «quizá la piel y la mirada esconden un secreto más grande. Quizá lo que esconden es mayor que todo lo que muestran.»

Se enjuagó la boca con un sorbo de agua. Y de pronto tuvo ganas de hacer daño. Estaba harto de la simpleza de Almagro. Las pajas olvidadas en la ventana dibujaban en el suelo una extraña red de sombras. El suelo estaba cubierto de restos y Pizarro, bajo la mesa, empujó con el pie las porquerías.

Su corazón se oprimió más aún, pero esta vez no de angustia, sino de rabia. De repente, Almagro le pareció un personaje menor, apagado, enigmático. Parecía haber sido asignado a un papel y colgado de un muro, como en un tapiz, simple figura. Pizarro ni siquiera llegaba a ver en él al soldado valiente, a su compañero fiel, obstinado, sino apenas a un hombre torpe, enclenque.

La punta de su bota rascaba la tierra debajo del banco. La risa de una mujer lo sacó de sus pensamientos. Inclinó la cabeza hacia la escalera y la vio. Era fea y gorda, sin duda alguna era la concubina de alguno de los sacerdotes. Desapareció. Y de pronto Pizarro tuvo ganas de hablar, de utilizar las palabras para ajustar sus cuentas de sudor. Comenzó con una voz neutra, sin que fuese posible imaginar lo que iba a decir. «No», dijo, «no temo a los hombres. A los indígenas menos que a los castellanos; y éstos se echan a llorar apenas tienen sed o hambre, se comportan como si volvieran a ser niños. Si sólo hubiese hombres, todo estaría bien. Pero están la fiebre y la lluvia.»

Pronunció esas palabras como si se dirigiera a toda la especie humana. Las pronunció con tanta claridad y de una manera tan consistente y persuasiva que Almagro sintió un nudo en la garganta.

Almagro comió un bizcochuelo. Había dejado de llover. Los caballos estaban delante de la puerta, abajo, y proyectaban sombra. Los rayos de sol atravesaban los agujeros de los muros.

«Es raro que seamos amigos, ¿no, Almagro? Pero ¿en verdad lo somos?»

La mano de Almagro se alisó el rostro con un gesto tan convencional que Pizarro lo encontró ridículo.

El final del encuentro fue rápido y apenas cortés. Un hombre habló al oído de Almagro. Le dijo que un complot se tramaba contra él. Era cierto. Apenas sonaran las trompetas, Gonzalo ordenaría el ataque a su tropa. El caballo de Almagro ya estaba ensillado.

«Debo partir para hacer lo que es inevitable», dijo.

Entendieron que se iba a mear. Entonces bajó de la sala, montó en su caballo y partió al galope. Pizarro quedó decepcionado. La emboscada se había descubierto. Recordó la sonrisita de Almagro al partir, esa ligera tensión en la frontera del labio con la mejilla. Concluyó que Almagro lo había comprendido todo. Pobre Almagro, había saltado sobre su caballo y se había ido como un ladronzuelo de prendas.

*

Pizarro salió de allí sin sentir orgullo. Por supuesto, había notado sus fuerzas, pero no se tiene más adversario que uno mismo; por eso, apenas terminó la entrevista sintió una extraña lasitud. ¿Qué había obtenido? Por el momento, nada. Y tuvo la impresión de no haber hecho nunca nada. Nunca había conquistado el Perú, nunca había fundado ciudades, nunca había conseguido el menor tesoro. No había hecho nada, nada de nada. Entonces ¿la vida era eso, nada? Desde luego, había luchado contra los incas, lo recordaba, también contra otros indígenas, contra españoles y ahora contra el destino; pero ¿el destino no era el nombre limoso y lleno de misterio de las simples circunstancias? ¿Sobre qué había *verdaderamente* vencido? ¿Había derrotado a la ávida bestiecilla que corroe el corazón? «Sin duda no», se dijo, «sin duda uno nunca puede deshacerse de esa bestiecilla llena de dientes.»

Avanzó hasta su caballo. Le dijeron algo. No oyó nada. El fango estaba muy resbaladizo, estuvo a punto de caer. Llovía de nuevo. Miró un instante el campo pálido, lúgubre, indiferente. La noche cayó sobre sus hombros.

Nuevas propuestas

Se reanudaron las negociaciones. Fabuloso uso del Derecho el que hizo ese grupo de bribones. Pizarro envió a dos mensajeros más. Deseaba una nueva entrevista. Los mensajeros alcanzaron a Almagro por la noche. Descansaba de su ardua cabalgata y sus emociones. Se le dio a entender que Gonzalo Pizarro, sin el consentimiento de su hermano, el gobernador, era el responsable de la emboscada. Pero Almagro se negó a regresar a Mala. La agitación reinó durante los siguientes días. El Derecho dotaba a las mentes extraños de escrúpulos. Cada frase se discutía cien veces. Los notarios y los representantes de los dos bandos volvieron a reunirse. Discutieron principalmente sobre latitudes. Fue muy engorroso. Había que trazar las fronteras. Se tomó como referente el río Santiago, a partir del cual debían contarse doscientas leguas. Algunos afirmaban que estaba situado a 1° o a 1° 30' de latitud norte. Otros lo ubicaban a 1° de latitud sur. Aquellas medidas expresaban profundas divergencias. Según estuviera esa frontera, las doscientas leguas de Pizarro incluirían, o no, la ciudad de Cuzco. Pero también ésta era objeto de estimaciones diferentes. Los pilotos elegidos por Pizarro afirmaban que Cuzco se encontraba a una latitud de 13° 30' sur, y que pertenecía a Pizarro. Los pilotos de Almagro declaraban que se encontraba a, como mínimo, 15° de latitud sur, y que pertenecía a Almagro. Sus cálculos eran erróneos; pero los de Pizarro no eran sino la expresión de sus deseos. Y si sus deseos tuvieron un poco más de puntería, era por ser más fuertes y porque, con anterioridad, se los había servido de mejor modo. Las Capitulaciones firmadas en España habían sido hechas a la medida de esos deseos. Sin embargo, todos esos asuntos de grados y latitudes requirieron mucho tiempo. Resulta curioso ver cómo esos peones de granja obligaron a gastar mucha saliva a sus embajadores para luego recogerla, como quien, en los criaderos, recoge la del gusano de seda, haciendo pelotitas. Quizá porque ésta debía de ser igual de valiosa y tal vez incluso más útil.

Las partes habían designado a un fraile para dirimir las discrepancias. Bobadilla, el fraile en cuestión, exigía para sí un poder irrevocable que le permitiese imponer su sentencia. Suplicaba al Señor que le confiriera una gracia tal que lograra aportar un remedio y evitar la guerra. Pero también invocaba la intervención divina para apuntalar otros propósitos, hábiles y amenazantes. Bobadilla conminó a los dos bandos a que firmaran un acuerdo según el cual él pudiera, si las negociaciones fracasaban, ordenar a cada uno que se quedara en el lugar que juzgara conveniente, y proceder por su cuenta a delimitar las fronteras entre Nueva Castilla y Nueva Toledo. Pizarro, quien le había permitido proponer esa iniciativa que le era favorable, firmó el acuerdo. Almagro dudó. Después, para no dar pie a que creyeran que entorpecía el acuerdo de paz, también firmó. Así pues, tras el fallido encuentro en Mala, había llegado la hora de que Bobadilla se pronunciase. Éste entregó su sentencia en presencia de Pizarro. Estaba compuesta por ocho cláusulas. Almagro debía ceder Cuzco. Eso era lo esencial. También debía liberar a Hernando Pizarro y a los demás prisioneros. Como contrapartida, se le exigía a Pizarro que entregase a Almagro un navío para que éste hiciera llegar al rey español la relación de su expedición chilena. Magra compensación. Unas líneas más abajo, se ordenaba a Almagro la retirada al sur, en el valle de Nazca. El octavo punto era un puro producto de la inteligencia judicial. Ratificaba todas las disposiciones precedentes y las revestía con una pátina de autoridad. «Los gobernadores don Francisco Pizarro y don Diego de Almagro envían mensajeros a Su Majestad informando del acuerdo, concluido con la conformidad de ambos, a fin de que Su Majestad sepa la voluntad de ambos de ponerse a su servicio regio, etcétera, etcétera.» La letra realzada con su mayúscula es el escabel visible de la Bestia. Se apela a todas las fruslerías que requiere la majestad para apoyar una sentencia legal. Así, las cláusulas deshonestas y puntillosas adquirieron una grandeza insospechada. Evidentemente, el representante de Almagro apeló de inmediato ante el rey y el Consejo de Indias. Bobadilla respondió que rechazaba la apelación. Su sentencia había sido solicitada por las dos partes; era, pues, ejecutoria.

*

Una vez que Pizarro hubo logrado que todos vieran su buena fe, ordenó que vinieran más tropas de Lima. Los dos ejércitos acamparon a algunas leguas de distancia. Almagro tuvo que oír entonces los reproches de sus hombres, que lo acusaban de debilidad. Le habían engañado. Pizarro se quedaría con Cuzco, y ellos serían expulsados hacia las áridas tierras sureñas. ¿Qué sería de ellos? ¿Habían acometido todas esas conquistas para nada?

Orgóñez tomó la palabra. Había que cortarle la cabeza a Hernando, después se volverían a Cuzco. Si Pizarro y su tropa osaban perseguirlos, entonces les tenderían una emboscada en las montañas; tendrían que cruzar los Andes con un gran ejército, sin reservas de alimentos y acosados sin descanso. Pero Almagro temía disgustar al rey. La formulita de la cláusula octava de la sentencia surtía efecto. Sin embargo, transigió. Y las negociaciones volvieron a empezar, actividad infernal, agotadora, trabajo demencial de la razón, regateo. En un primer momento, Pizarro pareció estar de acuerdo en regresar a la situación precedente. Por supuesto, todo era falso. Simplemente quería obtener con ardides la liberación de Hernando. Pero, una vez que lo liberaran, habría una guerra, desde luego, una guerra sin cuartel. Habría esa aspersión de sangre con la que se enjuaga el alma, esa ducha rápida y caliente. La decisión de Bobadilla sería la fina cortina de justicia con la que él se cubriría las heridas.

Como para alejar cualquier recelo, en lugar de Bobadilla se designó a otro fraile. Orgóñez le pidió una vez más a Almagro que reflexionara detenidamente, y añadió que todo aquello le parecía una simple maniobra. Nadie lo escuchó. Las negociaciones tuvieron lugar a dos pasos del campamento de Pizarro, como entre dos hileras de lanzas. Se firmó un nuevo acuerdo. A primera vista, parecía más favorable a Almagro. Por medio de una brusca revelación de la justicia, se había reconocido uno de sus reclamos básicos: hasta que Su Majestad lo dispusiera de otra forma, conservaría Cuzco. Aquélla era una concesión importante. Además, Almagro debía trasladar la metrópolis costera que llevaba su nombre hasta Zangalla y no hasta Nazca, que se encontraba más al sur. Era otra concesión, más pequeña pero bienvenida. Y después, muy al final del acuerdo, había una cláusula sencillísima que no implicaba un esfuerzo adicional ni sacrificio alguno y que, sin embargo, le daría una alegría enorme al viejo polichinela: la liberación de Hernando Pizarro. Pizarro guardaba celosamente en su bolsillo el dictamen de Bobadilla, como si se tratase de una segunda acta de bautismo; ahora podían firmar cualquier cosa, lo que fuera, pero había que liberar a Hernando. Además, todos esos acuerdos eran un trabajo de desgaste, como esos pies que se frotan cien veces contra el felpudo de la guerra. Se multiplican las precisiones monótonas, extravagantes o incluso contradictorias. Los acuerdos tienen anexos, se anulan entre sí, se superponen unos sobre otros formando un humus espeso, asfixiante. Es curiosa la ingente cantidad de legajos que esos conquistadores, labriegos iletrados, produjeron. Hicieron que se escribiera mucho. Ellos, incapaces de firmar con su propio nombre, sintieron la imperiosa necesidad de la escritura. Necesitaban de todo: acuerdos, pactos, ordenanzas, provisiones, documentos de toda índole. A lo mejor es que le cogieron gusto a manipular las cosas que no entendían. A lo mejor jugaron con el Derecho como un niño juega con un arma, con la sensación de tener entre las manos algo peligroso y excitante. Sin embargo, lo respetaron poco. Hicieron redactar un montón de cláusulas, y después se limpiaron el culo con ellas, sin inquietarse demasiado por lo que estaba escrito en esos pliegos.

*

No sé cómo se traslada una ciudad, aunque sea pequeña. Sin duda habrá por medio muchos sacos y cajas. Una larga caravana de objetos, de roderas que van en todos los sentidos. Una miserable hilera de hombres y jumentos. Inmensos bultos de basura, papeles, paja, de los que nadie quiere saber nada. Hay cierta tristeza en esos paisajes fantasmales. La cabeza ha pasado tantas veces por la estola que la tela ya está un poco grasienta. Y ahora que no queda nada más, sólo un pedazo de tela mugrienta, todo nuestro amor se dirige hacia él, hacia ese recuerdo, testimonio de una vida que ya se ha ido. Aquí, no obstante, no ocurre nada parecido. La ciudad apenas había tenido un mes, dos meses de vida, apenas un poco más. Era un simple grupo de cabañas. La ciudad llevaba el nombre de su fundador, como Alejandría o Tibur. Pero la ciudad de Almagro no duró más tiempo que una pausa en una conversación. Quizá no fue más que un objeto de trueque. Una vez que cumplió su papel, fue desmontada.

*

De pronto, Pizarro rompió todos los acuerdos. Era algo inesperado, pero nadie se sorprendió. Las negociaciones volvieron a empezar. Almagro sufría de sífilis, su salud y su carácter no sobrellevaban bien toda esa serie de acuerdos y desacuerdos de los que no veía un final. Planteó nuevas propuestas, pero fueron rechazadas. Almagro estaba cansado y triste. Quería a la capital de su Nueva Toledo con todo su corazón, se sentía tan bien en esas alturas, rodeado de aquellos hombres tímidos, con esos rebaños de pequeños camellos, príncipe del fin del mundo, ataviado con mantas de lana roja, amarilla, azul. Pero no estaba tan seguro de sí mismo ni de lo que pensaba como para hundir su espada en el vientre de Hernando, como para derrumbar el campanario de Lima y proclamarse, sin más preámbulos, hijo del sol. Sin embargo, veía dar vueltas alrededor de su cabeza a la mariposita de sal, esperaba a que se posara. Y ni se le ocurría hacer el menor gesto para atraparla, a eso no se atrevía. No habría sabido decir por qué. Tenía miedo de disgustar, no solamente a sus hombres, al rey o a las generaciones venideras, sino sobre todo —y esto es lo más raro y, a la vez, lo menos raro— a Pizarro. Sentía un verdadero apego hacia los primeros tiempos de la conquista. Y, por encima de todo, tenía miedo de perder, en aquella batalla de centauros contra lapitas, el recuerdo soñado de sus proezas.

En cuanto a Pizarro, parecía que ya no soñaba más. Como los árboles que se siembran para que retengan la tierra en los márgenes de los caminos, se mantenía firme y se resistía a la tentación de perder. Se atrincheró en sí mismo, y adoptó aquella forma de cinismo que es, quizá, la expresión más pura y terrible de la voluntad de vivir. No quería abandonar nada. La victoria tenía que ser total. No existía otra vía, otra solución posible. Cada paso se daba para conseguir un poco más de ventaja. Hacía concesiones sólo en apariencia, pero su objetivo único era vencer. Ningún acuerdo era posible. Almagro, en cambio, buscaba escapar de ese avispero del Derecho y de la muerte, quería reinar sobre Cuzco, eso era todo. El resto no le importaba. Para él era algo que se merecía, una jubilación justa después de una vida violenta y ruda. Estaba enfermo, cansado. Y como cualquier hedonista, vivía dividido, luchando contra sí mismo. Quería Cuzco, pero le asqueaba la guerra. Y no sabía tomar partido por una cosa u otra.

El imperio de Perú era un bloque de mármol. Lo habían desprendido del acantilado de manera brutal. El bloque era poderoso, pesado, pero unas manos diminutas habían logrado deslizarlo y maniobrar desde lo alto, gracias a los caballos, a la pólvora. Y Pizarro actuaba con Almagro de la misma manera. Utilizaba palancas, troncos y cordajes para hacer rodar sus argumentos hasta la mente de su adversario. Cuando a éste lo carcomieran las dudas, bastaría con darle un golpe, uno sólo. El adversario perdería el equilibrio y se caería del caballo.

Pizarro hizo una última propuesta. La mayoría de las cláusulas ya estaban en actas anteriores. Se plantearon de nuevo ciertas exigencias que ya se tenían por superadas. No obstante, aquella vez, Almagro cedió. El cansancio, la enfermedad que lo corroía, las inquebrantables pretensiones de Pizarro le dejaban la sensación de una lucha monótona, sin salida. Esa última propuesta era tan desafiante que acaso le dio miedo. Almagro advirtió frente a él otro vacío, más grande, más horrible, que el del Derecho, más frío que la mentira. Vio la zona grasienta de la estola. La sangre le subió al rostro y volvió a ver la casa familiar muy lejos, muy lejos de allí, con su entorno de cascajo caliente. Vio el crucifijo del pueblo, en su nicho de sebo. Reconoció a una anciana con las piernas hinchadas, al viejo que bosteza. Ya no podía replicar a Pizarro, que estaba posado en la corriente como un peñasco. Habría que rodearlo. Lo único que quería Almagro era sentarse, descansar. Quería la caricia de una mujer, un pequeño rincón al fondo de un jardín fresco. La guerra arruinaría todo eso. Era preferible una paz sucia, gris, que una derrota enteramente roja. Porque en aquel instante, en su noche, vio una gran mancha roja. Vio por aquí y por allá, en su propio cuerpo, entre la niebla matinal posada sobre el océano, desde el riachuelo de su infancia, por todas partes, una inmensa mancha de sangre que irradiaba y lo iluminaba todo. Cuánto hubiera deseado poder nacer de nuevo, volver a nacer no del todo, sólo un poquito, y cambiar un único detalle de su vida.

«¿Fui yo quien prendió ese incendio?», se preguntó. «No, no soy yo verdaderamente, son las vicuñas que mordisquean los arbustos, es el palito que golpea la piel del tambor. El incendio surgió en el alma, después se propagó, se propagó, *tra-pa-tá, tra-pa-tá,* primero alegre, audaz, encantador.»

Pero ahora el cráter había gritado: «Lárgate», y la lava corría bajo sus pies, la humareda le quemaba los ojos, y Almagro no veía ya nada en el amontonamiento de su vida. ¿Quién, pues, había estrujado la bandera de la humanidad con manos demasiado ávidas? No lo sabía. Tendría que buscar los fósiles de sus intenciones, los vestigios de su buena fe, y estudiarlos con calma, pero las circunstancias habían pisoteado todo eso. ¿Quién habría podido decir, después de tantos rencores y tretas: «he aquí mis intenciones, he aquí mis derechos, he aquí el nacimiento de las cosas»? Las cosas nacen cien veces. Con cada humillación, resucitan el pesar y la rabia, a cada nueva oportunidad los deseos aumentan. Experimentamos la embriagadora sensación de merecer más. Y exigimos posesiones más vastas, un poder más claro, mayor respeto. Nos deleitamos con pensamientos vengativos, amargos, violentos. Así nacen y renacen las intenciones y los deseos, fruto de enfrentamientos o vicisitudes. La mente no cesa de reformular las apariencias, de reordenar sus agravios, de presenciar en su interior, con un goce horrorizado, los ultrajes que ha sufrido. No nos cansamos de regodearnos con nuestras desdichas. Y Almagro sentía un deplorable placer al verse envuelto en una guerra que perdería. En el fondo, quería la paz, una vida cómoda y paz, a modo de recompensa. Pero las victorias no son jamás recompensas; éstas vienen cuando les place, en lo más empinado del desfiladero, después del esfuerzo, mucho más allá del placer; y siempre nos dejan insatisfechos. Almagro quería descansar y relajarse, no pasar nunca más hambre ni sed. Para eso se contentaría con una parte del Perú, la mitad si era necesario, un cuarto incluso, pero, por Dios, ¡que lo dejaran tranquilo! ¡Que por fin pudiera disfrutar de sus conquistas! Había luchado para que su suerte cambiara, para erigir una ciudadela alrededor del vacío. Quizá había conquistado todo ese territorio a causa de un miedo insensato a estar solo y a carecer de algo. Y ahora quería jubilarse. Creía haberse ganado el derecho al descanso y al placer. Pero Pizarro lo quería todo. No pretendía merecer tal o cual parte, ponía su espada atravesada en la balanza. No se contentaría con una parcela, ni aunque ésta tuviera el tamaño de España. Todo lo que se pudiera poseer, lo quería para sí. Y lo quería tanto que hacía palidecer a los demás, como si se avergonzaran de no desear lo suficiente aquellas cosas que exigían. Pizarro no quería reinar sobre el mundo entero, no, no estaba loco, sólo quería todo lo que podía poseer; es decir, todo el Perú y el conjunto de sus tesoros. Era imposible compartirlo, imposible dividirlo sin corromperlo. Se comparte un pastel, no un fruto. No se puede dividir una nube, un gesto, un trono. Pizarro no pedía nada. Se preparaba para una victoria completa, sin concesiones. Estaba listo para conseguirla allí donde se encontrara y como se presentara. No exigía al destino que la victoria fuera una recompensa a sus esfuerzos, de una forma u otra, no. Imaginaba la victoria como una harina de huesos, seca, polvorienta. Pensaba que la victoria estaba allí donde termina el coraje, allí donde la esperanza se apaga, allí donde, silenciosas y humildes, las rocas resisten a las olas.

Entonces, pese al descontento de sus partidarios, Almagro liberó a Hernando Pizarro. Había sido su peor enemigo y ahora resulta que lo liberaba, sin garantía alguna, creyendo que de esa manera buscaba la paz, cuando en realidad tocaba clarines de guerra. Se había sometido a las exigencias de Pizarro; ahora sus deseos pesarían poco en la balanza de los acontecimientos. Orgóñez comprendió de inmediato que la suerte estaba echada. Lo dijo, pero se resignó al destino funesto que auguraba. Se levantó la barba, echó la cabeza hacia atrás y, llevándose una mano a la garganta, hizo señal de rebanarse la cabeza: «*Orgóñez, Orgóñez, por la amistad de don Diego de Almagro te han de cortar ésta*».

Pese a ello, Almagro visitó a su prisionero. Hernando y él se abrazaron. Almagro dijo que en adelante era necesario consagrarse a la paz, y Hernando lo prometió poniendo por testigos a la madre de Dios y los Evangelios. Cualquiera hubiera dicho que ponían punto final a una rencilla entre escolares.

La guerra civil

A veces, sólo una guerra civil lleva a la verdadera victoria. En muchos casos, nada grande se ha producido sin una guerra civil. Sin duda soluciona tanto los problemas más profundos como los más triviales. En este caso, debía solucionar problemas menores, pero éstos habían llegado de manera imprevista después de milagros de tal envergadura que apenas podían desligarse unos de otros. Un puñado de hombres se disputaba de forma asombrosa un imperio del que ni siquiera conocían la lengua y en el que habían entrado apenas seis años antes. Los indígenas iban a presenciar esa extraña culminación de la desdicha de los españoles. Una profecía anunciaba que, tras dominar el país, los invasores se matarían entre ellos. ¿Habían llegado desde tan lejos para cumplir punto por punto las profecías de un pueblo? Sin duda los mitos cuentan hasta el límite las íntimas debilidades de los pueblos; son la abierta expresión de su experiencia del mundo. Una vez obtenidas las primeras victorias, a menudo los conquistadores se levantan unos contra otros. Lo que les había unido, los divide. Y a menudo, para los pueblos, es lo mismo obedecer a sus inclinaciones naturales que cumplir sus profecías. En cierto modo, la universalidad de una experiencia la condena a ser objeto de predicción.

*

El encuentro entre el gobernador y su hermano fue conmovedor. Francisco lo recibió con una inmensa alegría. De ahora en adelante, casi toda su pequeña familia estaría a su lado. Había sido necesario someterse a negociaciones interminables para garantizar sus derechos y obtener la liberación de Hernando. Ahora ya era un hecho. Y de inmediato pasaron a los asuntos serios. Liberando a Hernando, Almagro había entregado su último peón; ahora ya se le podía recriminar cualquier cosa, el juego había comenzado. Se lo acusó de haberse aliado con Manco, después se le echó en cara, atropelladamente, haber tomado Cuzco con violencia, haber enviado a prisión a los Pizarro y sus aliados, haber atacado a españoles; y el conjunto de todos esos actos reunidos lo convertían en un traidor a la causa regia y en un rebelde. Se pasó de la miel a las cenizas en cuestión de horas. Ahora Almagro debía irse a lo más profundo de Chile si quería fundar su Nueva Toledo.

Pizarro llevó sus tropas al sur, a Chincha, lo que equivalía a una declaración de guerra. Entonces Almagro sintió una angustia terrible. Se dio cuenta de que él mismo se había engañado. Había querido ser sordo y ciego. Se había colocado en una situación jurídicamente delicada y militarmente infeliz. Lamentó no haber escuchado a Orgóñez. Habría querido tener a Hernando otra vez en sus manos; le habría cortado el cuello, decía a voz en grito. Pero era falso. Siempre cometemos los mismos errores; lo difícil es repetir los logros. Y sin embargo, en la comedia menor de cada hombre, o de cada pueblo, toda hazaña debe cometerse dos veces. Hay que vencer en Issos y en Gaugamela. Es como si hubiese que dar las gracias dos veces, la primera vez al destino y la segunda al azar. La primera vez es tan fuerte, tan abrasadora, que creemos que estábamos destinados. Pero cuando lo que creíamos único se repite, entonces tenemos tiempo de sentir el viento fresco, de ver la suerte balancearse y de distinguir, arrodillados, entre lo que debemos al azar y lo que debemos a Dios. La segunda victoria devuelve la primera a la realidad. Lo que creíamos haber tomado, lo hemos heredado; y la embriaguez juvenil del primer asalto se transforma en duelo, en agradecimiento. Sentimos entonces todo lo que le debemos a la sal, a las flores, al polvo. Y dándoles gracias al cielo, a la tierra y a todo lo demás, lloramos por los vencidos. Así, quizá Pizarro se preparaba para llorar. Almagro, por su parte, estaba inquieto, agitado, apenas comprendía que simplemente se había revestido de buena conciencia. Había tenido miedo. Miedo de abandonar sus estrechas ideas, sus falsos sueños de amistad, de justicia, de felicidad. Pero ahora ya no le quedaban muchas ilusiones por perder. Ya casi no tenía otra cosa que perder salvo la guerra.

*

Algunos jinetes partieron a toda prisa a Cuzco para que la ciudad no cayera en manos enemigas. Después Almagro salió detrás de ellos con lo que quedaba del ejército. Volvió a ascender, sombrío y preocupado, los flancos de la Cordillera.

Durante todo ese tiempo, los Pizarro cantaron una curiosa palinodia. Habían prometido que, a cambio de su liberación, Hernando regresaría a España. Había que encontrar una excusa aparentemente sólida para poder mostrarse como un perjuro y quedarse en el Perú. Entonces Francisco Pizarro declaró que se sentía demasiado viejo y cansado. La concurrencia se mostró conmovida por esa confesión. Lamentó no poder confiar como antes en sus fuerzas y añadió que prefería tener a su lado a un hombre más joven que él y con experiencia. Hernando le parecía el más adecuado. Por supuesto, Hernando, apelando al juramento que debía cumplir, rechazó el ofrecimiento. Pero Francisco insistió, añadiendo que había mostrado tanta valentía contra los indios durante la defensa de Cuzco que sólo él era capaz de enfrentarse a las dificultades del momento. Hernando rehusó de nuevo, pero el gobernador le ordenó permanecer en el Perú hasta que los incas fueran enteramente pacificados (¡como si ése fuera el problema!) y consignó la orden ante a un notario, dándole así a la violación del juramento una apariencia de legalidad.

Entonces, sin más escrúpulos, Hernando se colocó a la cabeza del ejército y se lanzó a perseguir a su antiguo carcelero. Almagro debió de sentir en aquel instante todo el peso de su desgracia y de la necedad que había cometido. El hombre que durante meses había tenido a su merced, aquel al que, según le habían aconsejado diez veces, debió haber decapitado, le pisaba ahora los talones con un ejército de setecientos hombres.

De inmediato, Pizarro mandó que se desmantelara Zangalla. Todo lo que quedaba de la ciudad de Almagro, ya rebautizada y desplazada, fue saqueado y después destruido. Se retiró a los oficiales al mando y se los hizo prisioneros. Sus concejales también fueron detenidos. Fue violento. Incluso llegaron a golpear a los ancianos: verlos les recordaba la causa equivocada que habían seguido. La toma de Zangalla fue la oportunidad para saldar una antigua deuda. Todo se precipitó. Por fin la guerra civil podía comenzar. Ahora cualquier ocasión serviría para desquitarse de viejos rencores, para renegar de los viejos amores. La destrucción de esa ciudad fue brutal. Era, sin duda, un puñado de chozas, cuatro calles llenas de barro y tres cabras. Era un retazo de una España rural, plebeya. Como si los conquistadores atacaran su pueblo natal y saquearan el granero de sus padres.

Almagro se enteró de la noticia en la sierra de Huaytará. Sintió mucha vergüenza, tristeza. Pero tenía que afrontar problemas mucho más serios. Los caballos sufrían al atravesar las cimas escarpadas de la Cordillera, el ejército acusaba el frío, los hombres se quejaban. Para que Hernando no pudiera avanzar con rapidez, y para protegerse de su persecución, habían tomado una ruta ardua. Un abismo vertiginoso los amenazaba por ambos lados. Rápidamente la salud de Almagro se resintió; con la altura, los tumores le dolían más. Apenas podía mantenerse sobre su caballo. Orgóñez lo secundaba activamente. Ordenó que los indios fieles bloquearan los caminos de acceso, instaló puestos de vigilancia. El ejército acampó un poco más lejos.

Habían tomado las medidas de seguridad necesarias. Sin embargo, una parte de las tropas de Hernando, con mucha audacia, había conseguido ascender por las pendientes y, por la noche, se acercaron a los centinelas. Entonces sólo tuvieron que gritar «¡Pizarro!, ¡Pizarro!» para sembrar el pánico. Así, la ruta quedó despejada y la sierra de Huaytará tomada. El gobernador llegó con doscientos cincuenta hombres más. Había esperado al pie de las montañas el resultado de esos primeros combates.

Orgóñez ordenó la retirada hacia Vilca. La pueril blancura de la nieve cegaba cada vez más a los hombres. El frío les segaba los dedos, les cortaba los labios. Las cimas, salpicadas de rocas, centelleaban. A los conquistadores les hubiera gustado poder reírse, reírse de sí mismos, de su lucha miserable, de los últimos ligamentos tensos e indemnes de sus caballos, de sus dedos muertos. Luchaban con su dios, adornados con hierro, en los fuegos de la nieve, cerca del cielo. Manada infestada de dudas, trepaban entre las piedras quebradas, el hielo, las nubes blancas. Insensibles a todo eso, entre discordias, los guerreros avanzaban en los pliegues ásperos, huesos, carne, sangre, y sus corazones envejecían.

Los tumores sifilíticos de Almagro se reavivaban en medio del frío intenso. Sufría atrozmente. El sol lo deslumbraba, polvareda de luz, verdad. Apenas podía tenerse sobre el caballo. Durante larguísimos minutos perdía el conocimiento, y a veces uno de los hombres se daba cuenta e iba a asistirlo; otras veces se despertaba justo a tiempo para no caerse. Pero, en un momento dado, se ladeó hacia el sol. Y cayó. Un destello le cortó la frente y Almagro penetró en la nieve como un pedazo de madera. Su caballo se asustó, una de sus patas se había hundido en un montón de nieve y, al alejarse violentamente, se rompió.

El arco era tibio, espeso; Almagro sintió una suavidad deslizarse dentro de él. Acababa de mearse. Dos soldados se precipitaron y lo sacaron del polvo blanco. Lo estiraron en el suelo. Los hombres se arremolinaron alrededor de él, algunos debieron de darlo por muerto. Le prepararon, en medio de la montaña, un lecho, y lo cubrieron con una manta. Allí pasaron la noche. Los hombres no fueron a buscar comida. Algunos cocieron hielo. Todos guardaban silencio y, cuando llegó la mañana, nadie había dormido. La tropa de Pizarro podía llegar de un momento a otro. El viento silbaba, Almagro temblaba, cada vez más enfermo, y apenas podía hablar. Estaban inmovilizados en medio de la nada. Los hombres se chupaban de manera maquinal el pelo de la barba.

Pizarro tampoco iba provisto de tiendas o de equipamiento, y el frío también se cebó en sus soldados. Las temperaturas eran muy bajas. El sol les quemaba la cara. Las ráfagas de viento les cortaban la respiración y atravesaban las prendas. La noche fue mala para todos. Muchos hombres tuvieron fuertes migrañas. Algunos, mareados, caían del caballo. Por la mañana decidieron dar media vuelta. Sólo Hernando quería continuar, acorralar a su rival. Pocos soldados estuvieron de acuerdo. Hacía tanto frío... Tenían hambre y las montañas eran tan altas, tan blancas..., nunca habían visto algo semejante. Era como si se hubiese injuriado al mundo, o cometido una indiscreción. Los neveros relumbrantes lanzaban reflejos en las pendientes de tierra barridas por el viento. En medio de la polvareda blanca que el viento levantaba, los peñascos se erguían como casitas.

Entonces descendieron hacia la costa. Cada día hacía más calor, los ríos estaban repletos de truchas con el lomo salpicado de manchitas rosas. No se arrepentían de nada. Pizarro ya no lograba ocultar su aversión, no dejaba de hablar de Almagro, acusándolo de traidor, declarando que nunca existiría una Nueva Toledo.

Nombró a su hermano Hernando jefe del ejército y le encomendó la misión de recuperar Cuzco. Él se quedaría en Lima para interceptar cualquier correspondencia entre Almagro y la corona española. Sin duda no quería participar directamente en el último acto de un drama que podía ser comprometedor para él. Alegó un sentimentalismo hueco, se declaró hastiado, abatido por las circunstancias, triste por tener que luchar contra su antiguo socio, su compañero de los primeros tiempos.

*

No hay cinismo. Sólo una mezcla de sentimientos vulgares y cálculos. Sólo varía la dosis de unos y otros. Porque esos hombres que dirigen a los pueblos y se conocen tan poco no pueden vivir completamente al margen de la apariencia que dan. Y tal vez, al final de sus fechorías, lloran por sí mismos, como, en el fondo, lloramos cada uno de nosotros. Lloran por ellos, y nosotros también, cada vez que lloramos; no es por la tierra que arde, no es por el heno que se congela, no, lloramos por lo que desfallece, por esa antorcha que por un instante nos muestra la vida falsa, ese caos tembloroso de uno mismo, misericordia aparente; y, pese a todo, es una pena verdadera.

Así lloró Pizarro. Y eso fue, pese a la falsedad de su obra, su tesoro único. Lloró al dios cercano, a la muerte y a la falta de perdón. Aunque su pena era auténtica, lloró falsamente. Oyó resonar dentro de él la campana, y lloró. Aquello lo volvía amable y favorecía su política. Se sonó la nariz con los dedos y de pronto pareció muy pequeño. Alejando de su frente con la palma de la mano no sé qué sueño, evocó el pasado. Se remontaba a lo largo de los años y sólo encontraba muertos, pero por un instante se obstinó en ver amistad. Contó sus pasos; en unos minutos se alejó en el tiempo y también de mucha gente. Entonces dio el paso soñado, el último, el que se abre sobre los regalos que durante mucho tiempo se negaron a los niños, aquel que lleva a las puertas frías. Allí, dejó de llorar. Más allá, su vida perdía definitivamente el más pequeño vínculo con el amor, la esperanza. Pero él quería la corona de oro, ¡la quería tanto! Nada podía detenerlo, ni los pequeños cuervos que daban vueltas alrededor, ni los malos presagios del pasado, ni los recuerdos felices, nada podía acompañarlo en esta región de los muertos. ¿Qué buscaría, pues, allá lejos? No tenía una amada a la que rescatar, compañeros a los que preguntar o desdichados que visitar, tampoco ningún pasaje que buscar para llegar más lejos. Entonces, ¿por qué ir? ¿Quería instalarse y vivir allí como otros van al desierto? Si la ciencia de la cruz solamente se aprende al pie de la cruz, como enseña la Madre Angélica, ¿tal vez la ciencia del mal se aprende mamando la sangre?

Todos se embriagan alguna vez con su propia fealdad. No hay nada más banal. Pizarro debió de prendarse de ella por un tiempo, pero sin duda el episodio se remontaba a mucho tiempo atrás. Las nupcias habían terminado, el chivo feo había vuelto al establo. Se lamía las heridas en el rincón donde se almacenaba el heno, allí donde los niños se esconden. Pizarro quería un símbolo flagrante, un dios infinitamente rojo. Él y Almagro compartieron la hostia dos veces, según cuentan. Pero creo que para Pizarro el cuerpo de Cristo sólo podía ser de oro. La carne: ¡el oro! ¡Y aquella copa de sangre! Entonces, sintió un fuerte dolor en la mano, como si se la mordiese un perro. Y la mantuvo bajo su jubón, contraída por el pecado.

Batalla de las Salinas

Habían transportado a Almagro hasta un valle más bajo. Durante todo un día y toda una noche, se sintió muy débil. Ya no reconocía a quien lo miraba ni oía a quien le hablaba. Se hubiera podido decir que era un bebé grande que estaba a punto de morir. Lo sumergieron en agua tibia. Flotó. Cuerpecillo blando, cubierto de pus.

Pero al cabo de unos días recobró la conciencia y sus fuerzas regresaron. El calor hizo que la enfermedad retrocediera. Fue una especie de milagro. Ya lo daban por muerto, pero he aquí que, como esos abejorros que se golpean por todas partes, caen y vuelan de nuevo, había vuelto a encontrar con qué vivir. Tuvo que hurgar en sus gastadas entrañas y descubrir en ellas una pequeña cantidad de veneno.

Orgóñez tuvo entonces una idea prodigiosa. Como más tarde haría Murat, enfundado en su traje fantástico, al cargar contra los cosacos, Orgóñez propuso no ir a Cuzco, sino dar brutalmente media vuelta e ir a tomar Lima. Los esperaban en todas partes salvo allá. Era el verdadero núcleo del imperio; Pizarro debía de estar allá, con un poco de suerte podría hacerlo prisionero. La idea era brillante. Los demás tuvieron miedo. Dudaron mucho. Tras enterarse de que Hernando se acercaba a Cuzco, temían perderlo todo, preferían regresar con rapidez para proteger sus pequeños tesoros. No imaginaron que también podrían apoderarse de algo más, intercambiar una bandera por otra, ceder una pieza para conseguir el rey.

La decisión fue irrevocable. Regresarían a su guarida, y había que hacer rápido las cosas si querían tener la posibilidad de defenderse.

Entonces muchos soldados desertaron. La indecisión les hacía temer lo peor. La maniobra les parecía una especie de retirada, y ésta anunciaba el desastre del que precisamente querían huir.

Y Almagro puso a su ejército en marcha. Una muchedumbre inquieta ascendió por las pendientes. Algunos avanzaban descalzos, vagabundos del viejo mundo. No se consideraban vasallos de nadie, aunque meneaban la cabeza como los caballos y, de todos modos, terminaran sometidos al yugo. El viento corría entre ellos y sobre el pelo de los animales. Pasaron la noche a un lado del camino, sentados o echados, listos para partir otra vez.

Por la mañana reanudaron su marcha lenta. Un hombre cantaba; era Pablo, el soldado que se había vuelto loco camino de Pachacámac. Ahora ya no tenía montura, tampoco equipamiento; seguía a la tropa de Almagro como hubiera podido seguir la de Pizarro. Se mantenía a un lado, el corazón tierno, amado por todos, pues era indiferente a sus disputas.

«Me avergüenzo de haber creído», cantaba Pablo, «pero también me avergonzaré de dejar de creer.» «Ya lo he perdido todo», cantaba, «pero ¿qué más perderé esta noche?»

Destruyeron un puente, después otro, y otro, como si cortasen el camino tras sus pies. En las proximidades de Cuzco, volvieron a encontrarse con paisajes que les eran familiares y, en ese momento en que creían que iban a perderlo todo, por vez primera algunos sintieron que amaban ese país.

Era una tierra dura, atravesaban aldeas pobres, y se sentían un poco como en casa con aquel frío galopante. Allí habían tenido su sueño lleno de dicha. En esos senderos de piedra se habían sonado los mocos con sus gruesos dedos de labrador. Allí, recostados sobre sus sillas de montar, habían bebido el caldo nevado. Sí, ya no eran del todo extranjeros en esas tierras, se habían convertido en otros hombres.

Todavía quedaba un largo ascenso bajo un crepúsculo, una noche fresca y después Cuzco.

Allí rastrearon las calles, las casas, en busca de pizarristas. Volvieron a sacar la hoz, el látigo, pero también emplearon todas las seducciones. Engrillaron a los más tercos. A los otros les ofrecían un adelanto de lo que tendrían. Almagro distribuía tierras que ya habían sido entregadas, prometía títulos, riquezas, la luna, todo lo que podía. Pero eran demasiadas promesas para tomarlas como ciertas.

El viento había cambiado, todos lo percibían; nadie corre a unirse a un capitán enfermo. Existe un momento en que la vida se acurruca, en que los actos parecen obsoletos, malogrados. Almagro apenas salía ya de su palacio, vivía como esos bichos viscosos en el fondo de su caparazón. Se levantaron, pese a todo, trincheras. Incluso una causa perdida atrae a ciertos hombres. Y resultaba curioso ver a tantos soldados, a pocas horas de la derrota, no rendirse, sino seguir todavía un poco más, al precio de muchos muertos, la estrella ya fría de un solo hombre.

Tomando rutas dificultosas, Hernando Pizarro decidió avanzar hacia Cuzco. Sabía escoger rápido y bien. No escuchó a sus capitanes, que querían alcanzar al resto del ejército. Hizo caso omiso de otras opiniones y se adentró en los Andes. Esa temeraria decisión se vio coronada por el éxito, porque Almagro apenas había regresado dos semanas antes a Cuzco cuando Hernando ya atravesaba el Apurímac. Al enterarse de su llegada, los de Chile dudaron en enviarle una delegación de paz, pero nadie quiso asumir semejante misión. Se encomendaron, pues, a Dios.

Los pizarristas llegaron el día de San Lázaro. Acamparon cerca de la llanura de Las Salinas, donde les esperaban las tropas de Almagro. Éstas había salido de Cuzco en fila, después de una buena misa y una procesión por la paz. Muchos soldados habían perdido brío. En el gotero de la vida, nos dejamos atrapar y no nos damos cuenta de que, de pronto, ha llegado la última gota. La moral no era buena. Almagro, erguido en su litera, y aunque se expresaba con dificultad, habló demasiado. Todavía se justificaba, hablaba de paz, se lamentaba de la situación actual. En lugar de arengar a sus tropas, el pobre hombre buscaba excusas. Sobre todo quería convencerse de que había actuado de buena fe, de que había hecho lo posible para evitar la guerra. Sus soldados apenas le prestaban atención. Miraban a aquellos que se desplegaban a los lejos, y trataban de adivinar cuántos eran, cuáles eran sus armas, ver si reconocían a un hermano, a un viejo amigo. Su tropa era de cuatrocientos hombres. Hernando tenía setecientos. Era una diferencia grande entre ambas manadas.

El discurso de Almagro se apagó lentamente. Creyeron que iba a volver a hablar, pero no lo hizo. Se quedó un rato apoyado en el codo, mirando a sus hombres. Pidió agua. Parecía que ahora todos iban a decirse adiós antes de dispersarse.

Hernando, por el contrario, enardeció a los suyos. Denunció al usurpador, y en nombre del rey habló de vengar las ofensas cometidas. Entonces los caballos piafaron, los hombres gritaron. Habían llegado de muy lejos para conquistar, para robar, y he aquí que iban a arrojarse unos contra otros. Estaban a unos kilómetros de Cuzco, en un paisaje de colinas, a miles de kilómetros de España. Era como si todos juntos hubiesen abandonado su país y hubieran ido lo más lejos posible para —allí donde nadie de su terruño pudiera verlos— masacrarse.

Como ocurre a veces con quienes, contra la opinión general, han tenido razón durante mucho tiempo y nunca han sido escuchados, cuando se dejó que Orgóñez dispusiera de las tropas, lo hizo de manera torpe. Plantó en lo alto de las colinas a jinetes que hubieran batallado mejor en la llanura, y delante sólo situó a unos cuantos arcabuceros. El relieve amenazaba con obstaculizar el movimiento de los caballos. Ahora bien, Almagro disponía de una caballería más numerosa que la de Hernando; ésa era su única ventaja. Sin duda Orgóñez planeaba una acción defensiva, pero todo el mundo quedó desconcertado. Los jinetes flanqueaban la infantería, un poco apretada y muy mal protegida por delante. Orgóñez, a menudo tan audaz, parecía haber perdido confianza en el momento final. No lo habían escuchado, y eso había terminado por agotar el interés que tenía por las cosas.

Todo había terminado, y quizá él iba a luchar como un trilero que hace un truco con cubiletes pero está distraído con la conversación en una mesa cercana.

De pronto, los pizarristas se alinearon. Un pequeño Rubicón separaba a los dos ejércitos. Sobrevino un silencio terrible.

También había numerosos guerreros indígenas, cada uno para apoyar a su bando. Se trataba de pueblos que, bastante rápidamente, habían sido apartados del imperio y que tal vez veían en esa guerra un medio para arreglar sus conflictos.

Alrededor de ellos, por doquier, había millares de indígenas que habían acudido y se habían sentado en las gradas naturales de ese anfiteatro de colinas. La llanura de Las Salinas quedaba en el centro. Iba a tener lugar un espectáculo formidable que ningún indio quería dejar de presenciar. La profecía se cumpliría. Willac Umu había dicho la verdad, los cristianos estaban locos: después de haber matado al Inca, después de haber saqueado el mundo, se matarían unos a otros entre las ruinas. Entonces Hernando Pizarro hizo una seña al capitán, Nuño de Castro. Y cuando éste cruzó el río con la artillería, los indios prorrumpieron en un inmenso clamor.

El sol quema. Hernando espolea. El caballo cocea, su pelaje brilla. La espada prolonga el movimiento del animal y el hombre grita. Grita «¡Santiago!» y entonces, por todas partes, se abalanzan, se levantan, vociferan: espada, pezuña, grito. La tropa cabalga. Al galope, rodean un montón de rocas, se arrojan al asalto de los cerros. Desde el primer momento, los soldados de Almagro retroceden, los caballos caen, los cañones ruedan, un jinete se desploma y grita, otros se alejan. Las lanzas atraviesan los pechos. La artillería abate a varias bestias que se caen de costado y luego se levantan; los jinetes, desesperados, se cuelgan de las patas y son aplastados.

Enloquecidos, muchos almagristas trataron de huir agarrando a los caballos por la montura, por las patas, por las crines, por los morros; trataban de empujarlos para que se alejaran del combate.

Algunos soldados, avanzando al azar, se refugian contra un

peñasco. Otros los alcanzan, llevando un arcabuz. Lo cargan rápidamente, pero el arcabuz se dispara solo y les quema los morros.

Los auxiliares indígenas rodean a los fugitivos. Las hondas silban, las lanzas golpean las armaduras. De pronto el campo se ensombrece, el cielo se encapota, todo es gris y frío. Una lanza revienta el vientre de un español, otros dos caen, muchos indígenas, heridos, se alejan del campo de batalla. El viento azota la tierra, los ojos lloran. Algunos jinetes dispersan a los indios.

Orgóñez, que arenga a su tropa, empuja al enemigo hasta el pie de las cuestas. Va dando mandobles, el brazo entumecido de tanto golpear, el cabello pegado al rostro. Las armaduras se abollan, la piedra de moler gira, su espada se queda trabada en la silla de montar de un jinete. Tira con las dos manos, levanta la cabeza, recibe un golpe en la sien. Cae. Por unos instantes se queda boca arriba, aturdido, pero se levanta. Un jinete pasa por su lado; Orgóñez, con la espada, le siega el vientre. Con un segundo espadazo, lo hace caer de su montura, y trepa a su caballo.

En ese momento reconoce a Martín Bueno; es quien acaba de golpearle en la sien, y se ha quedado allí, atónito. No sabe muy bien por qué lo ha hecho, habría sido mejor mantenerse alejado. Pero cuando lo tuvo al alcance de la mano durante un simple segundo, no pudo resistirse al placer de hundir, él, el palafrenero, el sapo, su punta de acero en el toro.

Entonces Orgóñez espolea su caballo, levanta el brazo y, ¡oh!, Martín Bueno nota cómo la pequeña astilla fría entra en su carne.

A un lado los indios gritan. Es el sangriento ballet del sol. Ya no se mueven; gritan, escupen el cuerpo entero por la boca. Hay niños, mujeres, campesinos, muchachas. Y todos están allí, selva frágil, frente a esos grandes hombres que se hieren unos a otros. A través de las mallas rojas, los ven entrelazarse, retorcerse. Se diría que todos esos soldados españoles han salido de un seto de nubes a lanzazos, los pómulos blancos, los labios azules.

De pronto los arcabuceros de Almagro, milagrosamente reagrupados, disparan y destrozan de un solo golpe una treintena de astas. Los piqueros retroceden, estupefactos, listos para abandonar sus armas y huir. Pero Hernando se abre paso entre la muchedumbre, ordena a sus hombres que trepen la pendiente. Golpea con la hoja de su espada a sus propias tropas, vociferando insultos, reclamando venganza. Los soldados recobran fuerzas. Se apretujan unos contra otros y, en una avalancha formidable, obligan a retroceder al enemigo. Entonces las filas de éste se dislocan, huyen en desbandada, los hombres corren por todas partes. Los pizarristas ocupan los altos de las colinas.

Muchos indígenas han muerto, los demás se dispersan. Algunos se quedan un poco más allá, acuclillados en la hierba, mirando. Y, en medio de ese gran desorden, ya no saben muy bien quiénes son sus enemigos y quiénes sus aliados. No ven más que campos atestados de cadáveres, siluetas solas. Un arcabuz retumba. Todavía luchan en la cima de las colinas. Ahora brilla el sol, la hierba resplandece. Orgóñez alienta a sus hombres, pero la duda lo asalta. ¡Ah! ¡Esa carne de estopa, esos huesos de madera seca! ¡Que le enseñen el camino! ¡Que arda!

Unos jinetes se acercan. El cerco se cierra. De pronto, una lanza le golpea el pecho, Orgóñez la rechaza con el brazo y, después, golpea a su vez. El otro jinete cae, despojado de su casco, la cara roja. Entonces Orgóñez se inflama todo él, golpea, escupe, mala hierba. Un disparo. Su caballo se da vuelta, se encabrita bajo las espadas; pero la tenaza vuelve a cerrarse. Le han dado en la frente, se le nubla la vista, ya no puede seguir combatiendo, solicita entregarse: *«¿No hay algún caballero entre vosotros a quien yo me dé?». «¡Sí, daos a mí!»*, responde un servidor de Hernando. Orgóñez baja su espada, aturdido, el rostro lleno de sangre. El servidor se acerca a él y, de un tajo seco con la espada, lo decapita.

Entonces el servidor coge la cabeza y se la arroja a otro jinete. La sujetan por la barba. La agitan por encima de las suyas haciendo grandes molinetes. Y se lanzan unos a otros la cabeza de Orgóñez como si fuera una pelota de cuero.

A veces, dos o tres hombres subían al mismo caballo. Se ponían a salvo. A Ruy Díaz, mientras se izaba sobre un caballo, lo hirieron en la espalda con una lanza. Por todas partes yacían soldados muertos. Juan de Zárate estaba muerto, Pedro de Lerma estaba muerto, Hurtado estaba muerto, Martín Bueno estaba muerto. Muchos «Miguel», «Gonzalo», «Diego» estaban muertos. Los sesos chorreaban sobre las frentes como clara de huevo. Un Guido d'Arezzo salvaje había tejido con miles de hilos y de agujas su tapiz de gritos y sonidos.

Los vencedores desvalijaron a los cadáveres, quitándoles sus joyas y sus armas. Antes incluso de que terminaran los combates, algunos guerreros, de rodillas, robaban a los cadáveres enemigos o aliados como vulgares rateros. Empujaban a los caballos sobre sus flancos. Remataban a puñaladas a los jinetes que seguían con vida. Después cogían sus armaduras, sus cascos. Repentinamente apareció un último escuadrón de almagristas. No los habían visto. Habían debido de luchar en un rincón sin que los arrastrara la desbandada. Toda batalla es una maraña de precipitaciones y retrasos. Se abalanzaron sobre ellos. Los aniquilaron.

Después de haber desvalijado a los cadáveres y satisfecho algunas venganzas personales, la tropa victoriosa despejó la llanura. Todavía perseguían a los fugitivos. Cuando les daban alcance, les pedían que se entregaran y, apenas deponían las armas, los asesinaban. Mataron de esa manera a más de un centenar. A otros les destrozaban el rostro con la espada causando horribles heridas.

Entonces, los indios que se habían mantenido a cubierto en las colinas cercanas bajaron de los cerros y se precipitaron sobre los cadáveres. Hicieron todo lo que los españoles no habían tenido la paciencia de hacer. Cogieron los mantos, las ropas, restos de hierro, retazos de telas, pedazos de las monturas. Incluso desvistieron a los heridos; éstos, desnudos durante la noche, perecieron de frío. Era extraño ver a todos esos hombrecillos rojos, agachados sobre montones de cadáveres, tirando de sus miembros entre varios, desvistiéndolos como se hace con un enfermo o una mujer que se ha quedado dormida. A veces, si se resistían, los remataban a hachazos; si no, los volteaban una y otra vez, y de esa manera los liberaban de su capullo.

*

Encontraron a Almagro escondido, enfermo. Rápidamente había abandonado el campo de batalla y había ido a ocultarse en una de las torres de la fortaleza de Cuzco. Allí lo apresaron, hombrecillo de arcilla, inmovilizado por sus propios remordimientos. El artillero que lo descubrió lo amenazó con ararle el rostro con su espada, tan feo le pareció. Otros se interpusieron entre ambos.

Y Cuzco fue saqueado. Sacaron a sus habitantes de sus casas y los amenazaron. Poniéndoles un arcabuz sobre el pecho, los obligaron a abandonar sus tesoros. Arrastraron a muchos fuera de la ciudad, y allí acabaron con ellos. Los soldados, encendidos tras participar en semejante batalla, entraban en las casas al azar y mataban a sus moradores. Más tarde, ya de noche, se produjeron altercados entre los vencedores, que trataban de arrebatarse mutuamente las riquezas saqueadas.

Muerte de Almagro

A fin de evitar nuevos disturbios y que los partidarios de Almagro se rebelaran, organizaron expediciones. Enviaron a los que la víspera eran sus enemigos a hacerse matar en todos los rincones de Nueva Castilla. Bajo el mando de capitanes pizarristas, los hombres marcharon de inmediato a luchar contra los chachapoyas, los bracamoros, los chupachos. Así, los almagristas partieron, hermanos menores de los menores, a ensanchar con sus codos los sangrantes límites del imperio. Se deshacían de los descontentos enviándolos a donde Cristo perdió los clavos. Allá podrían desventrar a quien quisieran.

Hernando sentía un extraño placer. Por lo general, cuando uno se halla en una situación adversa, maldice a sus enemigos en vano y se los imagina en el lugar de uno; no obstante, eso no ocurre nunca. Incluso uno suele acabar reconciliándose con esos enemigos, por los intereses comunes que le unen a ellos. La mayoría de los conflictos se solucionan con tímidos compromisos. Sin embargo, Hernando Pizarro tuvo la oportunidad de encerrar a Almagro en la misma celda en la que éste, poco tiempo antes, lo había abandonado a él para que se pudriera. Debió de causarle un gran placer, a juzgar por la cortés visita que le hizo. Lo llevó a creer que lo liberaría en cuanto llegara el gobernador, su hermano, y que si éste tardaba demasiado, él mismo lo pondría en libertad. Se recreaba con el deterioro físico de su rival. Pero no quería que muriera de inmediato. Ordenó, pues, que le llevaran buenos potajes y algo de vino.

Entretanto, instruía su proceso. Se llenaron dos mil hojas por ambas caras. Se recogieron muchos testimonios. Se recopilaron numerosas acusaciones. Tras ponerlas unas sobre otras, echaron cuentas: uno, había entrado con armas en Cuzco; dos, había causado la muerte de muchos españoles; tres, se había confabulado con el Inca rebelde; cuatro, había roto sus compromisos; resultado: era culpable de perjurio y traición. No cabía duda de que eso conllevaba la pena de muerte, pero un pequeño suceso permitió encontrar el mejor de los pretextos para esa condena. Pedro de Candía había partido en una expedición, pero él y su tropa de antiguos almagristas, atravesando selvas hostiles, habían sufrido mucho para no encontrar nada. Entonces creyeron que Hernando Pizarro los había enviado intencionadamente a la muerte. En parte, era cierto. Regresaron, pues, muy descontentos; urdieron entonces una conjura que fue descubierta. Hernando tomó la ocasión al vuelo. Se acusó a Almagro de haber instigado esa confabulación desde la prisión.

*

Pizarro había dejado Lima después de tranquilizar a todos acerca del destino de su antiguo compañero. Llegó a Cuzco para conceder el indulto. Un gran perdón era necesario. Los ánimos se habían caldeado, había que volver a la bonhomía de antes. En el camino se cruzó con Alonso de Alvarado, a quien habían confiado el hijo de Almagro. El primero le pidió a Pizarro una ayuda económica, el segundo le suplicó que recordara la amistad que lo había unido a su pobre padre. Al primero Pizarro respondió con vagas promesas, al segundo le aseguró que su padre viviría y que volvería a tener con él la antigua amistad que los había unido. Esas palabras se encuentran en Cieza de León, en cuyas páginas resultan tan dulces como el azúcar y tan decorativas como el papel pintado.

*

Cuando un oscuro fraile de la Merced anunció a Almagro que moriría, éste no lo creyó. De lo único que le había hablado Hernando era de liberación; lo que estaban diciéndole no se ajustaba a las conversaciones que había sostenido con él. Pero, muy rápidamente, lo entendió. Entendió que desde el alba de Panamá, desde los primeros viajes por la costa, la misión a España, los repartos en Cajamarca, las cédulas reales, Chile y la entrevista de Mala, hasta la última visita de Hernando en su celda, no había visto nada, no había querido ver nada. Y entonces comprendió que había sido el juguete de otro destino. Comprendió que sin cesar lo habían mantenido ocupado, lo habían emborrachado con palabras, que todo habían sido mentiras, simulaciones, que habían maquillado, pintado con mostaza el oro; y que ya desde el comienzo se había decretado que lo relegarían al papel de insignificante cabo, que no habría nada que reclamar, que todas las promesas eran como esos primeros peldaños hacia la gloria donde los grandes hombres, nacidos pequeños, deben mentir y fingir, y después abandonar, traicionando a aquellos a los que necesitan. Se dio cuenta de que toda su vida no había sido más que una sucesión de obcecaciones estúpidas, que había nadado a contracorriente y que jamás había creído verdaderamente ser gobernador, que había pretendido serlo a medias. Pero ahora no era una muerte a medias lo que le esperaba. No era un plato de lentejas, tampoco una pieza teatral. Ya había interpretado su papel. Sólo le quedaban por declamar algunas réplicas. No había más texto, la función se acababa. Sintió sobre sus hombros el peso del telón. «¡Un momento!», gritó, «¡sólo denme un momento!» Y, como lo urgían a que se confesara, sintió que la máscara de cartón se desprendía de su rostro. Entonces pidió ver a Hernando. Éste tuvo mucho gusto en acudir. Le repitió la sentencia, añadiendo que, si en aras de la paz hubiera habido otra opción, lo habría dejado con vida, pero no podía, vistas las circunstancias, actuar de otra manera. Almagro le recordó el pasado, todo el pasado, los acuerdos establecidos con su hermano, el origen de la conquista. Resumió el papel que había desempeñado. El otro escuchó. Suplicó que esperara al gobernador (ahora sí lo llamaba gobernador, con un acento que mostraba deferencia). Hasta se puso de rodillas. Hernando fue inflexible. Le dijo en un tono seco que carecía de dignidad. El viejo se levantó. Porque, de repente, había envejecido un siglo. De repente, había asumido todo aquel pasado de mentiras y necedades, todo aquel espectáculo en el que él había tenido un papel secundario. Había envejecido al contacto de su propia miseria, de su ceguera. Sí, desde el comienzo, él lo sabía, sabía que no hacía más que obedecer, que incesantemente se retractaba, aceptaba las pretensiones de Pizarro, se sometía con lentitud a su designio secreto.

Y se levantó. Respondió que el mismísimo Jesús había conocido las angustias de la muerte. Desde ese momento se mostró más decidido. Le dijo a Hernando que un día lamentaría mucho todo aquello. Y esa advertencia no cayó en saco roto. Hernando, a su regreso a España, encontró a muchos enemigos. La fortuna trae consigo todo un cortejo de contrariedades. Hernando llevó a España montones de legajos, numerosos tesoros, corrompió a una gran parte de los miembros del Consejo de Indias, pero no fue suficiente. Numerosas acusaciones cayeron sobre él. Y, muy rápido, se encontró cada vez con menos partidarios, menos amigos, muy rápido le llovieron los reproches y se encontró solo. Fue juzgado, encarcelado; y pese a algunos apoyos, cumplió una pena de cárcel de diecinueve años.

Cuando salió del castillo de La Mota, con casi sesenta años, fue a terminar sus días a La Zarza, cerca del caminito de guijarros tintineantes con el que Pizarro soñaba tan a menudo. Allí Hernando envejeció y, pronto, ya no podía salir a pasear tan lejos. Lo instalaron en una silla delante de la casa, al sol. Y allí, en ocasiones, todavía pensaba en el Perú, en los grandes terebintos, en la tierra roja. Volvía a ver las ciclópeas piedras, a oír la trompeta; después, en ocasiones, veía de nuevo el rostro de Almagro, tan joven ahora que él, Hernando, había envejecido.

Llegó a viejo, viejísimo, y tuvo tuvo muchas ocasiones de preguntarse por qué había sido tan violento, orgulloso, irritable. A veces, cuando las piaras de cerdos pasaban levantando polvo, volvía a verse durante un instante en Pachacámac. Volvía a ver los rostros estupefactos, el ídolo de madera, su sonrisa feroz.

Recordaba la sórdida sala, el grito de las mujeres indígenas, que no entendían qué ocurría. Y entonces la temible figura del ídolo, su inmensa sonrisa, se imprimía en él como un tatuaje.

Viejísimo, después de los años pasados en prisión, tal vez veía las cosas bajo otra luz. Pero no es seguro. Hernando tenía dentro de sí algo grande y vil, ambas cosas se fusionaban. Y, viejo, en La Zarza, sin oportunidad de desplegar su coraje, se hundió lentamente en una existencia mediocre, como si el deslumbramiento del pasado no bastara.

Emprendió numerosos procesos para recuperar su fortuna. Su vida se convirtió en un largo procedimiento judicial. A lo mejor se parecía a esos protagonistas modernos de novelas, que esperan un futuro incierto mientras viven, ingratos y amargados, en una mediocridad que detestan. En su prisión de lujo había vivido con una joven que le dio dos hijos, muertos a corta edad. Decididamente, algo en él no quería crecer más, algo en él quería quedarse tal y como estaba: caduco, estéril. Cuando se enteró de que su sobrina, la hija de Francisco, venía a España, de inmediato repudió a su antigua compañera. Tenía cincuenta años. Como puede verse, hasta el final conservó su cariz especulador y hedonista.

Se casó con su sobrina de diecisiete años. Juntos vivieron diez años en su jaula de piedra, antes de instalarse en La Zarza. Allí se entregó entonces a la segunda pasión de su vida: los procesos judiciales. Quizá todas las épocas se estremecen por las mismas pasiones, cuando uno las creía expuestas a manías muy diferentes. Así, los jinetes vinieron para arrodillarse en las salas de audiencia. Se los vio sostener la espada bajo las faldas del Derecho.

Pero Hernando no fue el único que se metamorfoseó; es posible que durante su reclusión el mundo cambiara mucho. Una vez en libertad, construyó en Trujillo, su ciudad natal, un palacio. El más grande y lujoso de la gran plaza. Lo quiso en estilo plateresco. Quería soñar en los corredores de su palacio con una época prácticamente desaparecida. El edificio, como todo aquello que llega tarde, es un poco ridículo. Un gran escudo adorna uno de los ángulos. Su aspecto monumental acrecienta el componente grotesco. En el escudo hay cuatro bustos de piedra: el suyo, el de su esposa, el de la madre de su esposa y el del gran Pizarro. A su muerte dejó un extenso testamento lleno de arrepentimientos, cláusulas, pequeñas y sucesivas adendas. Su conquista se terminaba entre las piaras de cerdos de su infancia, entre las ásperas sábanas heredadas de su madre. En ocasiones, deberíamos vivir nuestra vida al revés, deberíamos ser viejos al comienzo y así terminar antes con las ambiciones; curiosa experiencia, que iría borrándose, que tal vez sería tan inútil como la inexperiencia de antaño y que sólo tendría como consecuencia la paz y el perdón, cosas que la juventud no posee.

Pero por el momento Hernando no estaba en La Zarza, todavía no había sido encarcelado, aún no había regresado a España. Estaba allí, en Cuzco, frente a su viejo enemigo, que iba a morir. Por entonces le importaban un pimiento su propia vejez y su propia muerte. Nada le preocupaba. Vivía y disfrutaba de la victoria.

Llamaron a un clérigo. Almagro redactó sus últimas voluntades. Designó al rey de España como su sucesor. La maniobra era hábil. Pedía a su soberano, de conformidad con la legislación, que permitiera a su hijo sucederle como gobernador de Nueva Toledo. Después, se confesó con celo. Tenía muchos pecados de los que arrepentirse, mucha maldad que expulsar en muy poco tiempo. Como bastantes criminales, quería morir virgen.

Entonces se inclinaron sobre él, le ataron las manos y le pusieron alrededor del cuello un cordón de cuero. Tragó saliva, la poca que le quedaba. Después apretaron el cordón. La piel se le enrojeció. Los ojos se le hincharon. El cuello se le puso gordo y ancho, largas morcillas de carne colgaban a ambos lados del garrote. La boca se abrió, un poco de baba corrió por la comisura de los labios. Tuvo un estertor y sufrió varios espasmos. De pronto, el cuerpo se quedó blando, los miembros cayeron y lo acostaron sobre la tierra batida. Era el fin.

*

Más tarde llevaron el cuerpo a la plaza. Un pregonero gritó. Y decapitaron el cadáver. Durante todo el día fue expuesto a vejaciones. El verdugo lo desvistió; las ropas eran para él. Pero la gente estaba tan exasperada que el hombre tuvo que contentarse con una triste casaca y el par de zapatos. Cuentan que un grupo de hombres le dio la vuelta al cadáver y desgarró sus últimas prendas para verificar si, como decían, Almagro había sido un sodomita. Fueron un esclavo negro y un grupo de indios quienes cubrieron el cuerpo, una vez que cayó la noche, y lo transportaron a casa de Ponce de León. De allí lo condujeron a un convento. Entonces se formó un largo cortejo que lloró mucho. Una hora antes de la muerte de un condenado nadie se preocupa por él; pero una vez que ha muerto, todo el mundo lo compadece. Los cortejos siguen a los féretros del mismo modo que los bancos de esturiones siguen a los barcos, y después sepultan el mucho amor en pequeños rectángulos de tierra. Es curioso cuánto pueden llorar los hombres sobre un paño blanco si se les arroja un puñado de azafrán en polvo.

El Rey Cabra

¡Qué pequeñita parte de nosotros es el corazón! Es posible que el de Pizarro fuera incluso más pequeño y seco que el de los demás. Pero aquel día, cuando se enteró de la muerte de Almagro, lo atenazó una profunda angustia. Bajó la vista y se quedó un rato mirando al suelo. Después levantó la vista al cielo, permaneció en silencio. Mantenía pegados a él sus brazos delgaduchos y huesudos, como cuelgan alrededor de la ofiura muerta sus tentáculos. Pero algunas personas que acompañaban al gobernador contaron que ordenó un toque de trompeta en señal de alegría. Entonces, ¿a quién creer? A nadie. Sin duda sentía pena y alegría al mismo tiempo. Sin duda lloró al oír la trompeta. En ocasiones, la risa es lo más triste del mundo. En su interior, el hombre calculador se alegraba, pero el viejo, al ver borrarse el tiempo de la juventud, debió de sentir una profunda tristeza. La primavera lleva nieve en sus cabellos, pero sobre un barro helado caen los últimos frutos.

El primer linaje de conquistadores persiguió a Cibeles, la diosa de la Tierra, y se arrojaron a sus pies en colinas llenas de flores, después se revolcaron en el perfume y el color. Ahora no queda nada de la diosa, incluso su recuerdo se ha borrado. Sin embargo, un poco como aquellos hombres de tiempos remotos que habían atravesado el mundo con una risa o un grito, cuentan algunos que Pizarro entró llorando en Cuzco, al son de las zampoñas y los tambores. Vestía esa capa de marta con la que, según dicen, quería imitar la indumentaria del Gran Capitán. Que un hombre en la cima de la gloria siguiera imitando a un héroe más oscuro, que había sido el ídolo de su juventud, resulta a la vez conmovedor y ridículo. Tal vez los pueblos envejezcan, pero cada alma está siempre en sus comienzos. Todo lo que afecta a los hombres parece doble, y los sucesos nunca se entienden por completo si uno no pone en el corazón del otro un pedacito del propio corazón. Así, todos los que denigran a Pizarro, a Almagro y a todos los tiranos de la tierra, pero también al menor criminal, o a cualquiera, deberían abrirles el pecho a esos hombres y hacer latir allí por unos instantes su corazón. Verían que uno puede ser Pizarro, a su manera, que se puede ser ávido, cobarde y violento, y, también, sentirse triste.

Solamente se puede tener enemigos por amor. Nadie puede sentir el goteo del odio sin una esperanza secreta, sin que detrás de los montones de acusaciones y de la acritud se agite un extraño cadáver.

Pero Pizarro tenía mucho que hacer. Se tiró de su barbita de cabra y procedió a nuevos repartos, ventajosos para los aliados de último momento. Lo que contaba era el edificio entero; como con las catedrales, en las que hay muchos detalles decorativos que son grotescos, las decisiones de Pizarro estaban esmaltadas de intereses flagrantes, de gárgolas. Algunos de los capitanes de Almagro abandonaron la ciudad, y vagando por las montañas vivieron de la caridad de los indígenas. Por lo menos eso cuentan las leyendas.

También cuentan que, desde ese momento, el orgullo de Pizarro ya no tuvo límites. Cuando el albacea de Almagro llegó para solicitarle que respetase los territorios de Nueva Toledo, Pizarro se enfureció, gritó que le pertenecía todo lo que había desde allí hasta Flandes. En otra ocasión, casi se volvió loco y amenazó a alguien con su puñal. Ya no soportaba la menor contrariedad, el menor desacuerdo. Con Almagro muerto, él quedaba como el único hombre en el imperio del sol. Entonces experimentó un sentimiento inaudito de vacío y estupor. Como Napoleón mirando un mapa de la Nueva Prusia, hubiera podido exclamar, de pronto más ingenuo que retorcido: «¡Cómo es posible que le haya dejado a ese hombre tanto territorio!».

Hernando se dispuso a partir a España. Se enzarzaron en una discusión violenta. Después se reconciliaron. No se sabe lo que se dijeron. A lo mejor Hernando se negaba a declararse como único responsable de los crímenes que ambos habían cometido. Sólo se sabe que, al partir, Hernando le recomendó mucha prudencia a su hermano. Y confiaba en el poder de las riquezas que se llevaba con él. Pensaba que con ellas podría tapar todas las bocas.

Como antes había hecho el Inca, Pizarro recorrió el imperio comportándose como un déspota, reinando sobre miles de leguas, recibiendo las quejas de un pueblo mísero, sin escuchar a nadie. Expulsaba a los indígenas que acudían a él, los abandonaba a la crudeza de sus allegados.

Entonces volvieron a hablar del Inca. Oh, aquello no duró mucho. Apenas una modesta estrofa al final de una canción terrible. Desde su guarida, el Inca acosaba a los viajeros, los comerciantes, los jinetes. La ruta entre Lima y Cuzco no era muy segura. A los cristianos los detenían, los empalaban y a menudo los castraban. Se los quería castigar por las violaciones y ultrajes. Y es que durante la conquista reinó la locura. Contra los indígenas todo estaba permitido. Sodomía, violación de mujeres, de niños, canibalismo, poligamia. Se dice que la resurrección solamente tiene lugar una vez, al comienzo, y que después no hacemos otra cosa que morir. Tal vez sea cierto. También se dice que los cruzados de Jerusalén comieron carne humana, que hicieron panecillos con harina de huesos, que bebieron sangre de verdad. Si la carne de los hombres no pudo resucitar en Jerusalén, bien se podrán bañar los cuerpos en oro tanto como se desee, que no rejuvenecerán ni un ápice. No obstante, los conquistadores bañaron sus cuerpos en la sangre y el oro, con mucha fiebre los remojaron. Para ellos, los indígenas apenas eran hombres, pero tenían cuerpos con los que se podía gozar.

Pasó el tiempo. La ruta tenía que ser transitable, a toda costa, para que los comerciantes pudieran viajar. Ahora era como una provincia española; el tiempo del pillaje se acababa.

Entonces Manco accedió a entrevistarse con ellos. Acudieron. Pero, antes de que llegara el Rey Cabra, Manco hizo que ejecutaran a sus embajadores y que colgaran el lindo poni que le habían traído como obsequio. Los arreos eran de un rojo intenso, y llevaba una bonita montura. No obstante, la rabia se impuso. Entonces, furioso a su vez, Pizarro violó a una esposa del Inca que tenía prisionera. Después de haberla violado, la quemaron.

Cuando se enteró de la horrible noticia, Manco, en su refugio, se volvió aún más receloso. Temía que también lo atraparan y lo quemaran. Guardó luto mucho tiempo, mucho más que de ordinario. Sintió una tristeza nueva para la que no estaba preparado. Cura Ocllo no sólo estaba muerta, no sólo había dejado el mundo de los vivos. La habían arrojado al fuego. Y sus cabellos habían ardido, como su piel, sus ojos, su boca, sus manos, su cuerpo entero.

*

A lo largo de los años, Pizarro se rodeó de personajes poco dignos de confianza. Su secretario, Picado, era un joven cruel; se burlaba incesantemente de los capitanes derrotados, del joven hijo de Almagro. Llamaba a los seguidores de éste «los de la capa» porque tenían muy poco dinero y vestían tales andrajos que no podían salir todos juntos, sino uno cada vez, cubierto con la única capa que poseían.

Picado acudió un día a caballo delante de la casa donde aquéllos se alojaban ricamente aderezado, con dibujos obscenos e insultantes bordados sobre sus prendas de seda. Se pavoneaba frente a la horda de harapientos, atizando su rencor. Pizarro lo dejaba hacer.

También estaba el alcalde mayor, Blázquez, hombrecito mezquino a quien Pizarro tenía por alguien de fiar. En aquel tiempo corrían muchos rumores. Blázquez propagó gran parte de ellos. Hicieron correr el rumor de que el juez enviado por la corte española para investigar lo sucedido pretendía castigar a los amigos de Almagro. Ese rumor alteró la tranquilidad. Compraron armas: alabardas, pólvora, machetes, mazos. Se rumoreó también que la vida de Pizarro corría peligro. Un cura lo puso en guardia contra sus enemigos. Y cada uno de ellos se entregaba a todo tipo de presagios.

Pizarro había prometido tierras a antiguos almagristas; después, brutalmente, había revocado sus concesiones. En un primer momento había beneficiado a algunos capitanes, esperando así que se unieran a sus filas. Pero los celos que aquello desencadenó convirtieron esa maniobra en un gesto inconveniente. Y Pizarro, sin escrúpulo alguno, les quitó lo que acababa de darles para ofrecérselo a otros.

Se repitieron torpezas similares. Despojó de todos sus bienes al joven Almagro, que tuvo que irse a vivir a una hacienda que un amigo de su padre le entregó en señal de agradecimiento. Vivía con lo justo. Él y sus compañeros apenas tenían algo de maíz y de alimento, lo suficiente para no morir de hambre.

Los sacerdotes evocaban desde el púlpito las angustias de aquel periodo. El orgullo conducía a la ira. Cualquier reparto parecía desigual. Toda conquista es brutal; un orden se derrumba y nada de lo que resulta de la violencia puede parecer justo. Se distribuyen tesoros al azar y privilegios como si fuesen raciones de víveres. Hay que tener en cuenta muchos factores. Primero, hay que saber halagar a quienes serán útiles *mañana*. Recompensar los méritos no sirve de gran cosa, nada está hecho para durar. La política es obtener lo más rápidamente posible lo que se quiere; con este fin, utilizamos a los demás. El resto no son más que palabras. Y después no hay nada que hacer, los ánimos se tensan, las fuerzas en juego cumplen con su deber. Hay que darles libre curso a todas. No podemos detenernos antes, no podemos ser razonables y compartir. No es posible, hay que coserse, desgarrarse y ceder el puesto. Los conquistadores están hechos para matar y morir. No saben hacer otra cosa.

*

Sin duda, cada vida es poca cosa. Cada arroyo agita la superficie del mar cuando llega a él, pero, para que el nivel de agua suba o baje, es necesaria la suma de muchos arroyos. Es necesario que haya llovido o no durante la primavera, nevado o no en invierno para que se modifique el nivel del agua. Aquí era evidente que el nivel subía.

Pizarro decidió verse con uno de los conjurados. Juan de Rada era un hombre ansioso e iracundo. Junto con Diego de Almagro el Mozo, se lo consideraba el cabecilla de los descontentos. Rada se inquietó, pero acudió solo al palacio. Allí, Pizarro lo recibió en su huerta; cuidaba de sus árboles, se mostraba orgulloso de tener, entre sus muros de piedra, los primeros naranjos de Perú. ¿Estaba interpretando el papel del viejo jardinero lleno de sabiduría? Sin duda. Pero quizá se sentía verdaderamente orgulloso de sus naranjos, de esas pelotitas jugosas que rodaban con docilidad hasta sus pies. Tal vez le parecía protagonizar una escena que sucedía en el Paraíso terrestre, una que el Antiguo Testamento no había contado.

Dieron una vuelta por la huerta. Era finales del verano. El cielo estaba claro, el día iba a ser caluroso. Pizarro hacía de guía. Enfilaron una alameda bajo la sombra y, mientras seguían conversando sobre frutas y nubes, cada uno intentó indagar lo que el otro preparaba. Pizarro declaró que no les tenía hostilidad alguna, y al final fue al grano:

«¿Qué es esto, que me dicen que andáis comprando armas, aderezando cotas, todo para efecto de darme muerte?»

«Verdad es, señor, que yo he comprado dos pares de coracinas é una cota, para defender con ello mi persona.»

Pizarro le preguntó entonces si acaso temía a alguien. A lo que Rada replicó que, según le había llegado, *«vuestra Señoría recoge lanzas para matarnos a todos»*.

«¿Quién os ha hecho entender tan gran maldad o traición como ésa? Porque yo nunca lo pensé.»

La entrevista acabó rápido, no sin que antes Pizarro hiciera dar vueltas al pequeño capitán entre sus arriates de hortensias. Pero la vieja serpiente no hechizó a Juan de Rada, y el descontento se prolongó. Algunos recién llegados, pobres y sin muchas esperanzas de hacer fortuna, se agruparon en torno a Almagro el Mozo y a Juan de Rada. La miseria los unía. Tuvieron lugar varios encuentros secretos. La desconfianza de Pizarro incitaba a los conjurados a tomar una decisión. Discutieron mucho. No llegaron a nada. Es difícil decidirse por el asesinato. El poder, aunque sea ilegítimo, trae aparejada una misteriosa fuerza. Sus crímenes parecen obedecer a un orden profundo, inmutable. Hay que tener mucha valentía o arrostrar muchas desgracias para osar tocarlo. El poder lo aumenta todo. Reina sobre sí mismo. La impunidad lo envuelve hasta el momento brutal y raro de su caída.

*

Después de este encuentro, Pizarro continuó con su apacible vida de gobernador. Las primeras borracheras del poder absoluto eran historia. Había dado la vuelta a la fuente Castalia, desanudado sus sandalias en los Gaths del tiempo. Ahora parecía más cansado, más soñador. Lo había obtenido todo. Había enviado a su hermano pequeño a lo más profundo de las selvas en busca de un sueño que había tenido. Seguía difundiéndose el rumor de riquezas fabulosas, de un tesoro delirante. Era una idea que nunca dejaron de lado. Siempre regresaba. Más adelante, los poetas la hicieron suya, y partieron a vagar sobre la tierra. Pero, en aquella época, buscaban riquezas reales, un anillo de oro, el árbol de la canela. Habían echado mano a todo, pero aún querían más. El tesoro había sido saqueado; sin embargo, cuando a un español, en una provincia remota, le llegaba la historia de un reino dorado, de una fortuna prometida a no se sabe qué mano de carne y hueso, los conquistadores creían escuchar su cancioncilla de amor. Creían que se les revelaba un nuevo secreto, un nuevo escondite. No podían remediarlo, amaban las historias bellas, las amaban con locura. Eran incapaces de oír hablar de una tierra sin desearla, sin imaginar una nueva Ofir, otro mundo en el que hundir su cuerpo de carne y transformarse en angelitos dorados como esos que habían regalado a sus iglesias. Sí, siempre necesitaban un título, una joya, algo desconocido hasta aquel momento. Y nunca se les ocurría que aquel tesoro del que les habían hablado era el que ya habían encontrado. Por más que siguieran contándoles la misma historia, por más que les describieran el mismo jardín en el que todo era de oro, ellos creían oír otra tonada infantil, otro relato, llegado de mucho más lejos.

Detrás de las montañas, la profunda selva se convirtió en el lugar de sus fantasías. Imaginaron un pueblo lánguido, encerrado en palacios de flores, viviendo bajo cascadas de agua. Querían conocer aquel pueblo fabuloso, querían casarse con las guardianas del tesoro, las sacerdotisas del dios. Y creo que, más allá de las riquezas, era la selva inmensa lo que les esperaba. Eran los árboles gigantescos, el río sin fin. Las riquezas quizá no eran otra cosa que una manera de decir las palabras «selva», «pájaro», «río». Era eso lo que anhelaban. Perderse. Querían perderse en el Edén.

Entonces emprendieron una formidable expedición. Gonzalo Pizarro fue el capitán. Partieron hacia el norte con la idea de una pureza que aspira a hacerse realidad. En Quito, un centenar de soldados se unieron al ejército. Se dirigieron hacia el este. Llevaban cuatro mil porteadores, ganado, mucho equipaje. Fue en Navidad cuando tomaron el camino sin fin. Empezaba de nuevo la caza de Dios. Los espíritus menores no entenderán esa sed que se ignora. No admitirán ese desierto de lianas en el que Dios se esconde y murmura su amor. No verán los esponsales de toda virginidad con la profusión vital. Sí, Dios es un fruto escondido que crece cuando se lo busca, cuando uno se aproxima a él; pero las hojas verdes son densas, la sombra es pesada, el deseo es débil. Nunca se llega al final. Nunca se llega hasta el esplendor en todo su despliegue. Necesitamos algo sólido, una promesa más clara, articulada. Nos gusta ir a cualquier parte, matarnos, perdernos, hasta el momento en que tenemos miedo, en que creemos que nos hemos equivocado, o en que el hambre nos arroja lejos de nuestra locura, fuera del alcance de la fe que nos había expulsado del mundo. Queremos entonces volver a casa, al hogar, a todos nuestros pequeños apuros. Sí, la caza de Dios termina rápido.

Durante cerca de dos meses la delgada columna avanzó por la selva. Jalaban a sus caballos de las riendas. Las prendas se pudrían. Las armaduras se oxidaban. Había llovido durante días. Los hombres estaban extenuados. Y Gonzalo dejó rezagado al grueso de la tropa para adentrarse aún más en la selva acompañado por un puñado de hombres.

Durante mucho tiempo caminaron, caminaron sin toparse con pueblo alguno, sin ver nada más que árboles, y apenas el cielo. ¡Todo era verde, verde, verde! Los pies se hundían en lo pútrido.

De pronto llegaron al borde de algo. Nunca antes habían visto algo parecido. Un río. Todos los ríos que conocían tenían dos orillas. Pero aquel solamente tenía una. No se trataba, con todo, del océano, no, era un río, pero resultaba imposible atravesarlo. Era un río inmenso, nunca antes habían visto uno tan grande. Parecía que ahora existían cuatro cosas: los ríos, los lagos, el océano y aquella cosa que les impedía el paso.

Aquel río corría, marrón, del color de la piel, de profundidad desconocida. Se hubiera podido decir que arrastraba consigo la ruina total, o todas las placentas de todos los nacimientos. Avanzaba sin determinación, como la lluvia cae, como el día. Nada atenuaba su presencia. Se hundía en sí mismo, como otra selva que corta la selva. Tenía algo pobre, sucio, aterrador. Era mudo.

Entonces uno de ellos partió para explorarlo. Francisco de Orellana, amigo de infancia de Pizarro, construyó un barco y subió con otros hombres. Los de Gonzalo los esperaron durante un tiempo. Pero el valiente Orellana se dejó llevar, llevar, llevar, empujar, flotar sobre las olitas, entre los delfines rosados y los caimanes. Navegó a la merced de nada durante semanas. Una mañana, la inmensa desembocadura se abrió, y le pareció haber llegado al fin del mundo. Estaba allí. Había alcanzado el Atlántico desde el interior. Un navío lo encontró, y Orellana regresó a España, donde se convirtió en una curiosidad.

Durante todo aquel tiempo, los demás esperaron al borde del río, enfermos, extenuados. Entonces dieron lentamente media vuelta y regresaron un hermoso día, larga hilera de cuerpos desnudos bajo sus armaduras herrumbrosas.

Pero eso ocurre después del final de esta historia. Porque, mientras estaban perdidos en la selva, como los niños de los cuentos, Pizarro parecía cada día más negligente, más soñador. Pasaba el tiempo acompañado de su medio hermano, Martín de Alcántara, podando los árboles, contándole algunos de sus recuerdos. Era el único hermano por parte de madre al que conocía. Para Martín, Pizarro era sobre todo un hijo de su padre, Gonzalo Pizarro, un hidalgo, y no lo admiraba sólo por sus conquistas, sino también por aquello que no tenían en común, por ese apellido que llevaba, ese pedacito de nobleza que, pese a todo, había rascado del fondo de su bastardía. Y aquello a Pizarro le agradaba, ser admirado no por lo que había hecho, sino por algo más abstracto, una simple esencia que habría derramado su perfume desde el tiempo de los Añasco, los Bejarano, los Altamirano y los Pizarro hasta llegar a él. Y he aquí que era precisamente eso lo que Martín, hijo de la misma sirvienta, admiraba más. A Pizarro le gustaba contarle los escasos recuerdos que tenía de la familia de su padre; y, en suma, con aquel otro hijo de su madre con quien habría podido hablar de ella, con quien habría podido compartir esa oscuridad mutua, ese origen pobre que había sido uno de los dolores secretos de su vida, uno de los dolores que más había amado, pues bien, resulta que, con él, hablaba de los Pizarro. Hablaba de su abuelo, quien había sido regidor de Trujillo, de doña Beatriz Pizarro de Hinojosa, religiosa, de la que su madre había sido sirvienta durante un tiempo, y de algunos más. Así, ya viejo, Pizarro se formó la impresión de ser alguien perteneciente a una gran familia, y no aquel bastardito que había creído ser, o que, por lo menos, se decía, era mejor ser el bastardo de Gonzalo Pizarro que tan sólo el hijo de Francisca González.

También daba largos paseos por las afueras de la ciudad, acompañado por un paje, sin escolta. Los cronistas y varios historiadores hablaron de Justicia Divina, de Fortuna, de Destino. Grandes palabras en las que flotan las cosas. Y, sin embargo, es posible que Pizarro se paseara por una de esas viejas rutas fatales. Había adquirido, con su vejez, esa nueva manía de partir solo, con un paje, y vagabundear. Caminaba a orillas del agua, y el pajecillo charlaba, le hablaba de sus clases, despachaba su simple saber, y a Pizarro le divertía que le hablaran de todo eso, él que no conocía nada, que todo lo que sabía lo había aprendido sobre un caballo. Escuchaba. En ocasiones, el mozo corría por la arena del Pacífico, y Pizarro intentaba seguirlo. Ya estaba viejo, pero de todos modos podía correr, no mucho rato, sólo lo suficiente como para sentir su cuerpo de palitos y de hilos gastados. Sí, le gustaba, le gustaba correr contra aquel océano, al borde de esa cosa enorme e inquieta, azul, tan azul, y que se mantenía allí, delante de él, alrededor de su descubrimiento, como algo irreductible. Tempestades, olas, espumas, peces, toda esa vida, ese movimiento, esa inmensa masa cuyos límites él no podía ver; le agradaba llegar hasta ella por la mañana, con el pajecillo, y correr sobre la arena, y caer. Entonces, alarmado, el paje acudía para levantarlo. «No es nada», decía. Y, con la capa de Pizarro llena de arena, continuaban su paseo alrededor del globo.

Tal vez existe un tipo de senilidad exclusivo de quien posee el mundo. En la cima del poder, el alma se relaja. Uno se cansa de proteger su propia osamenta. Debe de sentir, de repente, el peso de las costillas, el saco de la piel, la carne blanda. Sí, con una melancolía dulce en el corazón, uno se abandona a un cansancio supremo.

El Pizarro que recoge naranjas, aquel que recibe a su futuro asesino en su huerta, no es un cándido, un cínico ni un loco. Pero sabe que el viento bautiza a las flores, arruga la piel y planta sus cuernos en la tierra. Y él, para lo que le queda por hacer, por el pedacito de camino en la playa, por sus naranjas y tulipanes, ya está harto de los crímenes del pasado.

Al final, el hombre olvida. Olvida todos los pensamientos que lo han mantenido despierto tantas noches, angustiado, entregado a esa gran confesión que nunca se termina. Olvida los gritos, los motivos, la cháchara de ansias y escrúpulos. Lo olvida todo, incluso el daño que ha infligido. Olvida los esfuerzos, el tiempo transcurrido, los rencores. Y sólo le quedan el sol y las cigarras.

El final

Habían almorzado. Era el final de la comida. Hablaban de las últimas iniciativas. Pizarro callaba y miraba hacia el exterior. Hacía buen tiempo, ya había pasado el mediodía, el sol quemaba la arena de las calles, pero allí, detrás de las paredes, cerca de las ventanas, el ambiente era fresco.

De pronto todo sucedió muy deprisa. El sol de mediodía se contrajo, como un clavo. Unos quince hombres, cuyos nombres a veces mencionan los cronistas, atravesaron la plaza dando gritos. Algunas sombras los vieron pasar y se alejaron. En la plaza, Juan notó que su piel se tensaba y sus ojos se secaban.

Cuál de ellos llevaba encima la célebre capa, eso no lo sabemos. Uno de los pajes del gobernador dio la alarma. Tras oír el griterío, Pizarro se levantó. Su mano golpeó un plato. Un vaso cayó sobre la mesa y manchó el mantel. Pizarro se asomó a la ventana y no vio nada. De inmediato ordenó que cerraran la puerta del salón. Pero Chaves pidió que volvieran a abrir la puerta y se encontró frente a los conjurados. Pretendía, sin duda, pasarse a su bando. Una espada le cortó la garganta.

En ese momento los comensales se pusieron de pie. El almuerzo había terminado: no tendrían tiempo de comer el postre. Un sirviente indígena corrió a advertirles a gritos. Blázquez se puso la vara de justicia entre los dientes y saltó al vacío. El mantillo del jardín lo acogió. Muchos de los invitados hicieron lo mismo. Los maceteros caían derribados, las ramas se partían. Nadie perdió ni un segundo para decir adiós. Un edificio de escrúpulos se derrumbó en un santiamén.

Pizarro miró hacia la puerta. Su medio hermano, Martín, al igual que uno de los sirvientes, se preparaba para defenderla. Mientras cogía su coraza, vislumbró de repente el rostro de Juan de Rada; y Pizarro, apenas levantado de su silla, pareció de pronto estar del lado equivocado de la mesa, tal y como América había estado del lado equivocado del mundo.

Apenas tuvo tiempo de ceñirse la cota. Martín defendía vigorosamente la puerta. Los conjurados retrocedían. Pizarro llegó hasta él y, por un instante, estuvieron a punto de rechazarlos. En los corredores todo eran gritos y ruido de metales. El cielo estaba blanco. Entonces, un rumor poderoso, soberano, la voz de una existencia entera, acogió la sangre. Pizarro lanzó a uno de los hombres contra la reja. El hombre gritó. Una voz interior, más fuerte, le impidió oír. Luchaba, el sudor corría por sus mejillas. Su corazón latía, latía. Atrás quedaba la despreocupación de los últimos días, él quería vivir, todavía quería vivir. Sus pies se tropezaron. Tenía las manos pegajosas. Un servidor mató a uno de los conjurados con un espadazo en el rostro y otro en el cuello. El hombre se orinó de miedo antes de golpear la pared y caer al suelo.

Peleaban en el quicio de la puerta. Era demasiado estrecho para que los conjurados pudiesen aprovecharse de su número.

Y la espada abrió la carne. Ni siquiera fue necesario usar la fuerza o la violencia. Bastó un único movimiento del cuerpo. El hombre se inclinó y le golpeó en el vientre, sin esfuerzo, con un gesto sencillo. Un abismo se abre; el hermano de Pizarro cae en él. Entonces Pizarro se sintió enfermo. Notó de súbito que la cabeza le dolía. Se sintió ultrajado por los gritos, por el jalear de los otros. Se le desgarró de arriba abajo el cuerpo, profundamente separado por la muerte. El polvo entró en él como un enjambre de abejorros.

De repente, los conjurados empujaron a uno de ellos encima de Pizarro; el hombre fue atravesado por la espada. Y los demás pudieron franquear la maldita puerta. Pizarro estaba herido, pero eso no se veía; los otros dieron vueltas a su alrededor, impacientes por abatir a un vejestorio de sesenta y cinco años. Gracias a su escudo, Pizarro esquivó algunos golpes, y estaba a punto de devolverlos cuando, mientras retrocedía, el pie topó con una baldosa, y se tambaleó. Recibió una estocada.

Todo fue entonces una mancha roja. Todo volvía a estar rojo. Más rojo que nunca. Pizarro, blandiendo al azar su espada, cortó el barboquejo de un casco. El morrión cayó al suelo y rodó tontamente. Un violento golpe le arrebató el escudo. Pero siguió blandiendo la espada ante sí con una rabia ciega. Rodeaba a hombres a los que ya no podía ver. Y golpeaba, golpeaba. La luz le hendió el rostro. El sudor le corría sobre los ojos, y recibió una estocada en el vientre. La sangre flotó a su alrededor como una mariposa.

Se hizo el silencio. El último servidor había muerto. El ovillo de las Parcas rodó debajo de un mueble. Los conjurados se alejaron. En el suelo, el gobernador se retorcía lentamente, los ojos abiertos. Creyó que golpeaban a no sabía qué puerta. Su espada estaba tirada a su lado, hojalata vetusta. ¡Tenía que empuñarla de nuevo! La mano se crispó, el brazo se movió apenas. Y, en lugar de levantarse y coger su espada, que de pronto era enorme, demasiado grande y pesada para él, se quedó inmóvil, sujetándose el estómago.

Y, una vez más, sintió que su cuerpo crecía, crecía, hasta adquirir las mismas dimensiones que la estancia. Y soñó que había alcanzado la cúspide de su gloria. Luego su cuerpo se encogió, se apretujó en su asiento de carne, y le pareció que estaba pegado a un ángulo estrecho de la habitación. Pero no se ahogaba. No. Lloraba. Lloraba con lágrimas suaves y calientes. No pasaría nada. No ocurriría nada, nunca. Recordó el pueblecito cerca de La Zarza, donde había vivido un tiempo, cuando era joven. Volvió a ver el rostro de un antiguo compañero, de cuyo nombre ya no se acordaba. Golpearon con violencia a la puerta. Y, de pronto, todo se aceleró. No veía bien a los hombres que se inclinaban sobre su cuerpo de piedra, pero sintió en el tórax como un dolorosísimo aguijonazo de avispa. A menudo se había preguntado cómo sería eso, qué se sentiría al recibir una herida mortal. Había escrutado el rostro de algunos hombres mientras retiraba su espada de ellos, pero era inútil, los rostros de los agonizantes no le habían confiado nada.

Volvió a ver la fachada de la iglesia cerca de La Zarza. La fachada de la iglesia es casta, se dijo. Arriba, el azul imperioso. Su campanario se mantiene derecho sin mortero. Las partes renovadas se pueden adivinar por sus colores más claros. El resto es de piedra seca, oscura. La puerta de madera de pino no es pesada. Una fisura se ha mantenido en su sitio durante treinta años. Los muros están rodeados de hierro y los dientes de metal se hunden por un lado como los brazos de un ahogado.

Pizarro se acuerda de la luz, de esa imagen en el aire ligero, de esa gran risa muda, desgarradora, estrépito de chapa metálica en el corazón de la vida. Y allá arriba, el verano, en el esplendor del mediodía, adivina el escalofrío de un sollozo detrás de la inmensa escama de sol. A lo lejos, las figuras se destacan del cobre. Y, entre la hierba seca, algunas flores tristes. Tengo calor, se dice. Y se echó sobre el polvo. Entonces, en una especie de trance, vio las figuras encima de él. Y vio espadas de teatro, escudos y empuñaduras de madera. Todo aquello parecía grotesco y falso. Las espadas se agitaban en el vacío.

Pero él, él corría por las calles del pueblo, silenciosas, y también vacías. Hacía calor. ¡Había que ir rápido, dejar el pueblo, esconderse!

Delante de la iglesia vio un árbol de tronco grueso y gris cubierto de grandes hormigas negras: su vientre está frío, la savia chorrea de su cuerpo hueco. El árbol iba a caer, era ya muy viejo, pero alguien lo había convencido para que siguiera ahí, y lo había reforzado con tierra. Recordó que una moneda de oro reinaba en medio de sus raíces, como la imagen incorruptible de su germen.

Entonces, varios rostros se inclinaron sobre él. Las voces parecían lejanas. Se sintió abandonado, amargado. Se levantó sobre el codo, gimió, hizo un signo mecánicamente (el de la cruz), después volvió a caer. De pronto, América se alejó de él. ¿Había ido alguna vez hasta allí? ¡Sabe Dios cuántos hombres creen vivir una cosa cuando en verdad viven otra!

En los alrededores de Cáceres, durante el mes de junio, las retamas no están en flor. Sus ramas están cubiertas de polvo. Al mediodía, la luz reina en el mundo. El sol se ha vuelto el cielo. Los guijarros queman.

Avanza hasta el ángulo del camino, donde las retamas se dispersan en el declive. La vista que tiene sobre el valle es espléndida; ya se adivinan las gargantas a la izquierda. Perdidas en el cielo, algunas nubes. Los precipicios están atenuados a esa hora. La luz es seca. El mundo se desvanece en el absoluto de su visibilidad. Pero ¿qué es esa transparencia dudosa, ese velo de polvo blanco? ¿Y ese desespero? ¿Y esa espantosa crudeza? Todo se entrega a la luz, a su fina coraza de escarcha.

La hierba corre en el centro del sendero. Las espigas secas y desaliñadas pierden sus semillas negras. Las piedrecillas blancas y azules se cuartean y crujen bajo sus pisadas. En el silencio resuena el continuo canto de las cigarras. Una corriente de aire barre el sendero. Eso es todo. Los pájaros callan. La tierra es fina, ligera, y parece tan inflamable como la pólvora.

Aquí comienzan los signos. El camino se vuelve más angosto. Está flanqueado de ramas. Ahí siempre ha estado un mismo pensamiento: ardiente y empalagoso regaliz.

En medio del camino hay un matorral; para pasar, hay que sujetar las hojas con la punta de los dedos para evitar que las espinas se enganchen a la camisa. Él siempre pasó así, nunca se le ocurrió romper las ramas. Y el arbolito está ahí, pidiendo su peaje.

Pero de pronto tiene frío, un frío terrible. El camino se estrecha cada vez más. Bordea las peñas. La montaña es una masa enorme de pedruscos, despedazados testigos de una vida más lenta. Pizarro hubiera querido retroceder, ¡pero los pájaros ya habían devorado sus huellas!

Bruscamente, el camino traza un recodo y se detiene. Sobre las montañas de enfrente, como al fondo de un cuadro, se despliegan los labrantíos de otros pueblos, ya no recuerda sus nombres.

Un vientecito le estremece la piel. ¡Pero de pronto tiene la garganta seca, tan seca! Ya no oye las cigarras...

Se queda ahí, en silencio, eternamente, con los ojos abiertos. A ratos mira a su alrededor, volteando lentamente la cabeza, y frota entre sus dedos una ramita de tomillo o un trocito de musgo. Pero eso no es tomillo, es el tapiz árabe del salón. Yace, estirado sobre el musgo del tapiz, entre los ramilletes de lana y las mallas de seda. No tiene nada que responder. Estirado ahí, sobre el entarimado feudal, es testigo de la miseria silenciosa. «¡Tómalo todo!», murmura.

*

Desde el balcón anuncian su muerte. Nadie grita. Ninguna mano confecciona florecitas de papel. Las calles de Lima están vacías.

En el palacio no hay nadie. Antes de que los almagristas regresen y mutilen el cuerpo, hay que esconderlo. Un esclavo lo envuelve en sus postreras ropas. Luego lo arrastra, solo, por los largos corredores. En las escaleras, el cráneo golpea contra los escalones, *pum, pum*. Por un segundo, golpea con más fuerza las baldosas y el cadáver parece cobrar vida. ¡Oh! El negro retrocede. Pero Pizarro está muerto, no hay duda. Los que se han acercado a él ese día lo saben muy bien. Han tocado la horrenda carne. El cadáver.

El negro lo jala de las mangas, lo arrastra por los baldosines fríos del palacio, después sobre la arena de la calle. La cruzan. Unos perros los siguen, olisqueando. Hay que apurarse. En dos ocasiones, pasa un jinete; el negro se esconde, dejando el cuerpo junto a una puerta como si fuera un saco de grano. Lo arrastra hasta la plaza, delante de la iglesia. Un sacristán acude para ayudarle a subir por el atrio. Una cinta de sangre corre sobre las escaleras, como un breve sumario. Buscan un pedazo de tierra. Levantan algunas losas en el rincón de una capilla.

En el hoyo, la tierra se seca rápido. Al lado, contra el muro, el fusil y el hacha. El negro cava. De pronto arroja el pico por encima de la tierra y sube. Empuja el cadáver al hueco. Pizarro rueda hasta el fondo, los brazos a ambos lados del cuerpo parecen morcillas de trapo. Con la cabeza torcida, desde su falsa gruta mira su rectángulo de cielo, el semicírculo triste de la bóveda. Ahora la tierra es tan profunda y dura como su cuerpo. Desde abajo, Pizarro adivina el camino que lleva al cielo, pero es demasiado tarde.

Un carro tirado por caballos pasa a lo lejos, pero no puede oírlo. Un hombre arroja un puñado de tierra en el vacío. La vida continúa. Los niños no están lejos. De pronto, un paso en falso del sacristán provoca que algunas piedras rueden hacia el hoyo. Pizarro escruta el talud a través de su puño como si éste fuese un catalejo. ¡Ah!, se me olvidaba: el esclavo trazó con la mano una cruz invisible en el vacío, en medio del promontorio virgen. Desde entonces, *todos los confines de la tierra han contemplado la resurrección de nuestro Dios.*

*

En los primeros tiempos de sus esponsales con los pueblos, antes de iniciar el combate, los españoles leían un requerimiento con la ayuda de un intérprete. Se desplegaba un rollo y se leía en voz alta e inteligible una retahíla de párrafos estrafalarios. Se ordenaba a los indígenas que se pusieran bajo la protección de la Iglesia y de la Corona y que aceptaran la prédica de la fe, se les prometía que se los trataría bien si se sometían, pero declaraban que los demás serían atacados sin piedad por los españoles, que los someterían al yugo de la Iglesia y de Sus Majestades los reyes de Castilla, que se apoderarían de su persona, de sus mujeres y de sus niños, a quienes reducirían a la esclavitud; también tomarían sus bienes y les harían todo el daño que pudieran, como se hace con los vasallos recalcitrantes. Después proclamaban que, si se negaban a cooperar, ellos serían los culpables de las muertes y los daños que se produjeran, en ningún caso serían culpa de los españoles, y que, si se los destruía, se debería únicamente a su mala voluntad.

Según las circunstancias, pronunciaban este discurso frente a chozas vacías, declamándolo a los árboles y ríos, murmurándolo frente a las montañas o en las lindes de los campos. Algunos capitanes de navío ordenaron que se leyera en el puente, antes de atracar. Bramaban sus declaraciones a un pueblo que no los entendía; se dirigían a las moscas, a las tarántulas, a los loros. Su formalismo era tan absurdo que los indígenas, mucho más tarde, los representaban hablando sin proferir sonido alguno, moviendo solamente los labios, fantasmas sin voces.

Quienes los habían visto contaban a los demás que los españoles se envolvían con mortajas y que, como se cubrían el rostro con lana, sólo se les veían los ojos. Los describían con el cabello salpicado de harina, llevando en los pies extrañas estrellas de hierro y cubriéndose la cabeza con ollitas.

Desde la época en que tuvieron lugar todas estas advertencias ha pasado mucho tiempo. El Renacimiento alcanzó su apogeo; y Tiziano plasmó cierta forma de gloria y de gracia expresiva, agravando los movimientos de los seres, agitando el alma y agrediendo la integridad de los cuerpos con un rabioso uso de la luz. Las sombrías flores flamígeras a los pies de las vírgenes, los ojos negros de los ángeles y el velo carbonoso de las formas, el cielo atormentado, el rostro estupefacto de un apóstol, el zafio de Neptuno detrás del sacrificio de un mártir, ¿no es todo eso el testimonio de aquella mezcla de refinamiento supremo y vulgaridad que acompañó al desarrollo del comercio, del lujo y de la elegancia en el mismo momento en que el mundo estaba siendo saqueado? ¿Acaso la pintura arrebatada de los pintores venecianos no expresa el oro, la sangre, el Evangelio y todo el resto, en un torbellino formidable de color y movimiento, como si, de repente, todo estuviera atrapado en todo, como si la doble contabilidad, el agua bendita y la porcelana formasen una única lava viva cuyos heteróclitos elementos se mantuvieran unidos por la sangre?

Llevarían a Europa el oro, el maíz, el tabaco, la patata y la sífilis. Esta última se difundiría por el mundo mucho más rápido que la imprenta o el motor de explosión. En 1520 se la encuentra en Trípoli, en Estambul, en Jerusalén. Dos años después está en El Cairo y en Moscú. A partir de 1518 llega a Irlanda y a Suecia. China se verá afectada diez años más tarde. Japón esperará un año más. En cambio, al gusano de seda le llevará varios siglos viajar desde China hasta Occidente, y el motor de explosión tardará en utilizar la misma ruta. Sólo el oro viajará tan rápido como la sífilis. Un poco menos rápido, no obstante, como si se intercambiara con más rapidez y más ganas aquello que tiene relación directa con el placer. El sexo transmite su monedita más rápido que el negocio. Hacia 1600, los lingotes partían en cantidades enormes hacia Oriente, donde se reencontrarían con el chancro y la sífilis; juntos, aguardaron tranquilamente al tabaco y a la patata. Esta última, pese a ser una riqueza incomparablemente mayor, llegó muy tarde. Necesitó muchos siglos para recorrer su camino y caer en todas las cacerolas. Al principio la gente la encontró insípida. Pero unas cuantas guerras y unas cuantas hambrunas la plantaron en todos los huertos del mundo y la inscribieron en el menú de todos los cuarteles.

*

Hoy en día, los Estados andinos, pese a las destrucciones sufridas a lo largo del tiempo, están destinados a un porvenir que tal vez sea menos amargo. El océano, las selvas, las montañas, los desiertos de la costa, gracias a los progresos incesantes de las comunicaciones, ofrecen muchos recursos para la industria. Las blancas superficies de las ciudades, los altiplanos, los valles, las montañas que culminan en el Huascarán y el Coropuna, y la presencia del hombre desde la época que precede a la estabilización del clima actual, cuando se pasó de las inscripciones primitivas a formas de expresión más refinadas, añaden más a su atractivo. Pero el visitante, si no se contenta con bañarse en San Bartolo, en hoteles y villas muy confortables, se pondrá su gorrito de lana y, sobre el terreno entregado en 1535 por Pizarro al padre Valverde, irá a rezar a la basílica de Santo Domingo, obra maestra de arquitectura simple e imperial que ha resistido firmemente a los ultrajes. Allí se guardan los restos de santa Rosa de Lima y de san Martín de Porres, un negro canonizado, algo bastante inusual. Sus sepulcros están abiertos al público los domingos de 9:00 h a 13:00 h. La entrada cuesta un dólar. En la plaza, los indios venden brochetas de menudillos, bastante indigestas. Unos descuentos especiales durante el periodo que va desde el 1 de enero hasta el 31 de mayo permiten, a lo largo de más de mil quinientos kilómetros, recorrer las antigüedades más destacadas, la de los chimúes, los wari, los mochica, pasando por las de la cultura chavín o las de los cazadores nómadas de Pikimachay, hasta las puntas de lanza descubiertas en Paiján, al lado de huesos de mamut. Así podemos sobrevolar los hechos, las luchas, hasta el periodo moderno, marcado por el desarrollo de nuevas formas de organización hotelera. Y no podemos decir que conocemos el antiguo Perú si no hemos visto la ciudad de adobe, fundada por los chimúes, a lo largo de un litoral desértico y brumoso. Fueron conquistados por los incas, pero decayeron por su cuenta y, después del saqueo de los españoles, la ciudad se hundió en el olvido. El mismo nombre de la ciudad se habría perdido, sin duda, si las necesidades de la ciencia y del turismo no la hubieran reanimado.

Los colectivos de la línea B con destino a Chan Chan y Huanchaco paran regularmente en la esquina de España con Tacna. De la ciudad, de su trágico saqueo, son testigos las innumerables ruinas cercadas en la ribera brumosa, que han preservado en ocasiones, en medio de los muros de tierra, las huellas de una existencia rudimentaria que, incluso después de su destrucción, pervivió varios siglos. Hoy, gracias a los antiguos edificios exhumados, ese pequeño centro provoca emoción, pues durante mucho tiempo fue habitado por oscuros pueblos en medio de las ruinas de una nación tan gloriosa.

GLORIA VICTIS!*

* Gloria a los vencidos.

Últimos títulos
Colección Andanzas

1026. Cómo conocí al sembrador de árboles
Abilio Estévez

1027. La columna
Adrien Bosc

1028. Hotel Chile
Luis Sepúlveda

1029. De tigres y gacelas
Ginés Sánchez

1030. Cielo sucio
Edgardo Cozarinsky

1031. Hijos de la fábula
Fernando Aramburu

1032. Una salida honrosa
Éric Vuillard

1033. El rumor y los insectos
Ignacio Ferrando

1034. No callar
Javier Cercas

1035. Cuando nadie nos nombre
Luciana Sousa

1036. Descampados
Manuel Calderón

1037. Escuela de escritura
Mercedes Abad

1038. Ganas de vivir
Joaquín Berges

1039. La extraña soy yo
Julia Franck

1040. Guapa de cara
Rafael Reig

1041. Roca Pelada
Eduardo Fernando Varela

1042. Tumbas sin nombre
John Connolly

1043. En la piel del lobo
Kerstin Ekman

1044. La taberna de Silos
Lorenzo G. Acebedo

1045. Tasmania
Paolo Giordano

1046. La soledad de los números primos
Paolo Giordano

1047. Venganza
Yoko Ogawa

1048. El hombre de la guerra
Ramiro Pinilla

1049. El último telesilla
John Irving

1050. El holandés
Elisa Ferrer

1051. Nada que decir
XIX Premio TQE de Novela
Silvia Hidalgo

1052. Punto de realce
Simonetta Agnello Hornby

1053. El mar de Arrigunaga
María Bengoa

1054. Destino y memoria. Cien años de Jorge Semprún
Mayka Lahoz

1055. Tesis sobre una domesticación
Camila Sosa Villada

1056. Perro negro
Miguel Ángel Oeste

1057. La última función
Luis Landero

1058. No volverán tus ojos a mirarme
Marta Barrio

1059. Cuadernos de la guerra y otros textos
Marguerite Duras

1060. La ciudad y sus muros inciertos
Haruki Murakami

1061. Mosturito
Daniel Ruiz

1062. Peces abisales
Rosa Ribas

1063. Los rieles
Aurora Venturini

1064. El niño
Fernando Aramburu

1065. Suzuran
Aki Shimazaki

1066. Arde ya la yedra
Gonzalo Hidalgo Bayal

1067. El enigma de West Heart
Dann McDorman

1068. Cualquier cosa pequeña
Rafael Reig

1069. La tarde que Bobby no bajó a jugar
Mayra Montero

1070. El limo
Rosa Jiménez

1071. Las furias
John Connolly

1072. Una tienda en Chicken Hill
James McBride

1073. Nela 1979
Juan Trejo

1074. Casi perra
Leila Sucari

1075. Conquistadores
Éric Vuillard